英語辞書学への招待

Lexicography: An Introduction

ハワード・ジャクソン
【著】

南出康世／石川慎一郎
【監訳】

大修館書店

Lexicography
An Introduction
by Howard Jackson
Copyright © 2002 Howard Jackson
All Rights Reserved.

Authorized translation from English language edition published by Routledge,
a member of the Taylor & Francis Group.

Japanese translation rights arranged with Taylor & Francis Books Ltd., London through
Tuttle-Mori Agency, Inc., Tokyo

Taishukan Publishing Company, 2004

序　文

　以前に辞書の諸問題を扱った著書 *Words and Their Meaning*（Longman, 1988）を上梓してから12年ほどたつ。その間に，辞書編集と学術的な辞書研究の両方において，多くのことが起こった。当時は，いわゆる「コーパス革命」（Rundell and Stock 1992）はまだ始まったばかりで，同書では，*Collins COBUILD English Dictionary* の初版（1987）になんとか言及しただけであった。今日では，英国で出版されている辞書の事実上すべてが，編集にコンピュータを利用したと主張している。そしてこの間，学習者用辞書は飛躍的に進化した。当時は第3版だった *Oxford Advanced Learner's Dictionary*（OALD）が第6版になったし，完成がはるか先であった *Cambridge International Dictionary of English*（CIDE）も出版された。こうした学習者用辞書のみならず，母語話者用辞書も大きく進化した。1998年には *The New Oxford Dictionary of English*（NODE）が出版され，*The Concise Oxford Dictionary*（COD）は3度改訂を重ねた。そして，いうまでもなく，1989年には *The Oxford English Dictionary*（OED）の第2版が公刊され，2010年予定の第3版につながる大規模な改訂作業が始まったのである。

　この間，電子媒体（特に多いのは CD-ROM 版）の辞書も登場した。電子媒体の辞書は，辞書の利用法・活用法のみならず，辞書内容の体系化・提示の方法についても，新しい可能性を開くものである。また，インターネット経由による辞書のオンライン閲覧も可能になった。これには OED も含まれ，オンライン版契約者は年に4回更新される3版向けの改訂内容を見ることができるのである。

　過去10数年の間に辞書学の研究は進歩し盛んになった。1988年には雑誌 *International Journal of Lexicography* が創刊され，すばらしい成功をおさめている。最初の10年間の編集者はロバート・イルソン（Robert Ilson）で，次の10年間はトニー・カウイー（Tony Cowie）である。3巻本の大規模な *Encyclopedia of Lexicography*（Hausmann et al. 1989-91）は辞書研究の最先端の水準を示し，*Dictionary of Lexicography*（Hartmann and James 1998）は辞書学という研究領域の見取り図を描いた。より最近では，ラインハート・ハートマン

(Reinhard Hartmann)の *Teaching and Researching Lexicography*（2001）が，学術的な辞書学の仕事の指針を示した。シドニー・ランドウ（Sidney Landau）は，興味深い著書 *Dictionaries: The Art and Craft of Lexicography*（初版1989，第2版2001）を米国の視点も入れて改訂した。

　英国においても，辞書という話題を新たに扱う好機である。本書の企画を進めてくれたルイーザ・セムリェン（Louisa Semlyen）とルートリッジ社（Routledge）に感謝申しあげる。そして，思い出せないぐらいの長い年次にわたって，英国バーミンガムのセントラル・イングランド大学英語課程の最終学年において，私の「辞書学」の単位を履習してくれた学生の皆さんに本書を捧げたい。彼らのおかげで，私は本書で扱った内容を発展させることができたのである。

ハワード・ジャクソン（Howard Jackson）
バーミンガム

2001年8月

日本語版への序文

　拙著 *Lexicography: An Introduction* の日本語版の刊行にあたり，序文の依頼をいただいたことをうれしく思っている。この翻訳の仕事を主導された南出康世・石川慎一郎の両氏，ならびに出版にあたられた大修館書店に感謝を申しあげる。英語辞書学に深い知識と熱意を持つ人々によって本書の翻訳がなされたことを，著者としてまことに名誉に思うしだいである。

　英語辞書学の研究は日本において長い歴史を持っており，日本人研究者グループによる非常にすぐれた英語辞書批評の例もある（本書14章参照）。この日本語版が，日本の連綿とした辞書学研究の伝統にいささかでも貢献することを切望している。

　本書は，学術的辞書研究の枠内にある幅広い諸問題を扱い，外国語ないし第2言語として英語を学ぶ学習者用の辞書（本書11章参照）を含め，入手可能な各種英語辞書のいくらかを包括的に論じようとするものである。だが一方で，本書は2つの点で対象範囲を限定している。第1に，本書は主として英国で出版された辞書を中心的に扱っている（ただし6章では米国の辞書の発展についても簡単に触れている）。第2に，本書は1言語辞書のみを扱っており，2言語辞書にはまったく言及していない。2言語辞書については別に一冊にまとめる価値があろう。こうした対象範囲の限定はあるものの，本書で論じたことの大半は，広く辞書編集の研究と実践に応用可能なものである。

　本書の英語版原著が出てまだ3年にもならないが，この短期間に，特に学習者用辞書において，英国における辞書編纂はいっそう進化した。*Collins COBUILD* は第4版（2003）が出たし，*Longman Dictionary of Contemporary English* も第4版（2003）が刊行された。*Cambridge International Dictionary of English* も第2版が出版され，*Cambridge Advanced Learner's Dictionary*（2003）と改称された。さらに，新しい学習者用辞書として *Macmillan English Dictionary for Advanced Learners* が2002年に上梓された。こうした最新世代の学習者用辞書は，見出し語の色刷りなどの諸特徴を備え，語のコロケーションにいっそうの関心を払うなど，情報の提示方法が改良されてい

る。また，すべてに **CD-ROM** が同梱されている。辞書により内容は異なるものの，**CD-ROM** 版では，辞書本文に加えて付随的な情報が含まれており，例えば，学習者向けの語彙学習用練習問題などが入っている。

母語話者用辞書の世界もまた，動きがなかったわけではない。辞書本文を電子媒体に移すことは，新版刊行が従来よりもはるかに迅速にできるということを意味する。例えば，*Chambers English Dictionary* は1901年から1952年の間は新版がまったく出版されず，その間は1901年版に新語の補遺を加えるだけであった。しかし，過去15年の間に，現行版に至る4つの版が刊行され，1988年，1993年，1998年を経て2003年には現行の第9版が出た。最新の第9版は，これまでの Chambers の特徴の大半を残しながらも，情報の提示方法という点で従来から大きく踏み出し，以前は追い込みで記載されていた派生語や複合語なども見出し語扱いされるようになっている。*The Shorter Oxford English Dictionary* は2002年に第5版が刊行されたが，新版では情報の提示がいっそう改善され，より明快になっている。そして *The New Oxford Dictionary of English*（NODE）は，タイトルから New の文字を削り，*Oxford Dictionary of English* と改称した上で第2版が2003年に刊行された。*Encarta Concise English Dictionary*（2001）は，本書英語版の印刷前になんとか情報を盛り込んだものである。この辞典は，対象読者をより明確にした上で，2003年に *Encarta Concise Student Dictionary* というタイトルで再刊された。

一方，*The Oxford English Dictionary*（OED）の第3版に向けた全面改訂作業も進行中であり，同辞典のウェブサイト（www.oed.com）には，年に4回，更新・補遺が掲載されている。最近の改訂（2004年3月度）には，nud（イングランド・チェシャー方言：特にえさを食べているときに，〈動物が〉頭部で軽く突くこと）や，ollycrock（貝の一種を指す南アフリカの言葉）などの語が含まれている。ここで注意すべきは，改訂作業が m の項目から始まったということである。

最後になったが，本書日本語版が日本における英語辞書学の研究促進に寄与し，日本人英語学習者・指導者が辞書という形で供される様々な情報を正しく理解する一助となることを願っている。加えて，英日の2つの文化の間により広く深い理解がいくらかでも醸成されることを願いつつ筆を擱く。

ハワード・ジャクソン
バーミンガム，セントラル・イングランド大学

2004年4月

目　次

序　文　iii
日本語版への序文　v
引用辞書一覧　xi
担当者一覧　xiii

第1章　語 ……………………………………………………………1
　1.1　語とは何か　1
　1.2　同音，同綴，異語　2
　1.3　語彙素と変化形　4
　1.4　war chests と wards of court　7
　1.5　語の分類　10
　1.6　語を細分化する　12
　1.7　関連文献紹介　15

第2章　語に関する事実 ……………………………………………16
　2.1　英語において語はそもそもどこから来たのか　16
　2.2　新語の誕生　18
　　2.2.1　複合語　18
　　2.2.2　派生語　19
　　2.2.3　頭字語　21
　　2.2.4　借用語　22
　2.3　語の意味　24
　　2.3.1　指示関係　24
　　2.3.2　言外の意味　25
　　2.3.3　意味関係　26
　　2.3.4　コロケーション　28
　2.4　語の記述　29
　2.5　関連文献紹介　31

第3章　辞書 …………………………………………………………32
　3.1　辞書とは何か　32
　3.2　「唯一の辞書」ではなくさまざまな辞書　35

3.3　辞書には何が書かれているか　37
3.4　辞書の編集　40
3.5　辞書の評価　43
3.6　関連文献紹介　44

第 4 章　草創期 ……………………………………………………… 45
4.1　2 言語辞書の始まり　45
4.2　難語　47
4.3　内容の網羅性　52
4.4　英語の確定と固定　56
4.5　サミュエル・ジョンソン（1709-84）　60
4.6　関連文献紹介　65

第 5 章　『オックスフォード英語大辞典』……………………………… 66
5.1　歴史言語学協会　66
5.2　初版　67
5.3　OED に含まれるもの　72
5.4　補遺と第 2 版　79
5.5　第 3 版　82
5.6　関連文献紹介　84

第 6 章　現在まで ……………………………………………………… 85
6.1　ノア・ウェブスター（1758-1843）　85
6.2　辞書戦争　87
6.3　『ウェブスター新国際英語辞典第 3 版』（Webster 3）　90
6.4　カレッジ版辞書　93
6.5　英国の辞書　94
6.6　学習者用辞書　96
6.7　電子版辞書　97
6.8　未来　101
6.9　関連文献紹介　102

第 7 章　辞書の使用者と使われ方 ……………………………………… 103
7.1　辞書の目的　103
7.2　辞書の使われ方　106
7.3　利用しやすさ　108
7.4　記録文献か参照図書か　113
7.5　学習者　115
7.6　関連文献紹介　117

第8章　辞書における意味 ……………………………………………………118
- 8.1 定義の対象　118
- 8.2 大きくまとめるか細かく区分するか　122
- 8.3 定義　131
- 8.4 意味関係　136
- 8.5 慣用句表現　139
- 8.6 関連文献紹介　142

第9章　語義以外の情報 ……………………………………………………143
- 9.1 綴り　143
- 9.2 発音　145
- 9.3 屈折形　149
- 9.4 語類　151
- 9.5 他の文法情報　153
- 9.6 語法　156
  - 9.6.1 方言　156
  - 9.6.2 正式度　158
  - 9.6.3 社会的地位　159
  - 9.6.4 感情的効果　160
  - 9.6.5 歴史　162
  - 9.6.6 主題と分野　163
  - 9.6.7 論争語法　164
- 9.7 関連文献紹介　165

第10章　語源 ………………………………………………………………166
- 10.1 語源情報欄の読み方　167
- 10.2 創始期の英語　169
- 10.3 ラテン語からの借用語　170
- 10.4 他の借用語　174
- 10.5 通時的辞書とその記述内容　176
- 10.6 語源欄は必要か？　180
- 10.7 関連文献紹介　182

第11章　学習者用辞書 ……………………………………………………183
- 11.1 学習者用1言語辞書の台頭　183
- 11.2 受信の際に役立つ情報　189
- 11.3 発信の際に役立つ情報　193
- 11.4 付加的な情報　202
- 11.5 **CD-ROM** 版の学習辞書　203
- 11.6 関連文献紹介　208

第12章　アルファベット配列を捨てて ································· 209
　12.1　A-Z方式の欠点　209
　12.2　辞書学におけるテーマ別配列の伝統　213
　12.3　専門家用のシソーラス　217
　12.4　学習者用のテーマ別配列辞書　223
　12.5　伝統を引き継いで　229
　12.6　関連文献紹介　230

第13章　辞書の編集 ·· 231
　13.1　計画　231
　13.2　資料　237
　13.3　方法　241
　13.4　結果　243
　13.5　関連文献紹介　245

第14章　辞書批評 ··· 246
　14.1　批評作業　246
　14.2　方法　248
　14.3　内的基準・外的基準　250
　14.4　提示　251
　14.5　内容　253
　14.6　観点　256
　14.7　目的　257
　14.8　関連文献紹介　258

参考文献　259
訳者あとがき　264
英和術語対照表　266
索　　引　273

引用辞書一覧

　本書で引用した辞書は以下のとおりである［訳注：原著刊行以降に出た主要辞書も含め，適宜増補して記載する。「日本語版への序文」もあわせて参照されたい］。

［凡例］
　　　出版年右上の肩付き文字は当該辞書の版を示す。例えば1988^2は，1988年出版の第2版を示す。
　　　スペースを節約するため，頻繁に引用される辞書についてはかっこ内に記した略号を使用する。略号の後の数字は辞書の版を示す。例えば **COD8** は *Concise Oxford English Dictionary*, 8th edition のことである。

母語話者用辞書
Chambers English Dictionary（1988^7）編者：Catherine Schwarz, George Davidson, Anne Seaton and Virginia Tebbit（Chambers）
Chambers 21st Century Dictionary（1996）編者：Mairi Robinson.
Collins Pocket English Dictionary（1996^5）（CPED）
Collins Concise Dictionary（1982, 1988^2, 1992^3, 1999^4）編者：Diana Treffry（CCD）
Collins English Dictionary（1979, 1986^2）編者：Patrick Hanks／(1991, 1994^3）編者：Marian Makins／(1998^4）編者：Diana Treffry／(2000^5, 2003^6）編者：Jeremy Butterfield（CED）
Encarta Concise English Dictionary（2001）編者：Kathy Rooney（ECED）
Encarta World English Dictionary（1999）編者：Kathy Ronery
Longman Dictionary of the English Language（1984, 1991^2）編者：Brian O'Kill（LDEL）
Merriam-Webster's Collegiate Dictionary（2003^{11}）編者：F.C. Mish
A New English Dictionary on Historical Principles（1888-1928）編者：James Murray, Henry Bradley, W.A. Craigie and C.T. Onions
The Concise Oxford Dictionary of Current English（1911）編者：H.G. and F.W. Fowler／(1929^2, 1934^3, 1951^4, 1964^5, 1976^6, 1982^7, 1990^8, 1995^9, 1999^{10}）編者：Judy Pearsall（COD）
The New Oxford English Dictionary of English（1998）編者：Judy Pearsall（NODE）
The Oxford English Dictionary（1933）編者：James Murray *et al.*／(1989^2）編者：John Simpson and Edmund Weiner『オックスフォード英語大辞典』（OED）
The New Shorter Oxford English Dictionary on Historical Principles（1993^4）編

者：Lesley Brown（SOED）
The Shorter Oxford English Dictionary on Historical Principles (2002⁵) 編者：William Little *et al.*
Webster's New International Dictionary of the English Language (1934) 編者：W.A Nelson *et al.*
Webster's Third New International Dictionary of the English Language (1961) 編者：Philip Gove（Webster 3）

学習者用1言語辞書

Cambridge Advanced Learner's Dictionary (2003) 編者：Patrick Gillard（CALD）
Cambridge Dictionary of American English (2000) 編者：Sidney Landau
Cambridge International Dictionary of English (1995) 編者：Paul Proctor（CIDE）
Collins COBUILD English Dictionary (1987, 1995², 2001³) 編者：John Sinclair（COBUILD）
Collins COBUILD Advanced Learner's English Dictionary (2003⁴) 編者：John Sinclair
Longman Dictionary of Contemporary English (1978) 編者：Paul Proctor／(1987²) 編者：Della Summers and M.Rundell／(1995³) 編者：Della Summers／(2003⁴) 編者：Della Summers（LDOCE）
Longman Language Activator (1993, 2002²) 編者：Della Summers（Activator）
Longman Lexicon of Contemporary English (1981) 編者：Tom McArthur
Oxford Advanced Learner's Dictionary of Current English (1948) 編者：A.S. Hornby, E.V. Gatenby and H. Wakefield／(1963²) 編者：A.S. Hornby, E.V. Gatenby and H. Wakefield／(1974³) 編者：A.S. Hornby, A.P. Cowie and J. Windsor Lewis／(1989⁴) 編者：A.P. Cowie／(1995⁵) 編者：Jonathan Crowther／(2000⁶) 編者：Sally Wahmeier（OALD）

シソーラス

A Thesaurus of Old English (1995) 編者：Jane Roberts and Christian Kay, 編集協力：Lynne Grundy
Longman Dictionary of Scientific Usage (1979) 編者：A.Godman and E.M.F. Payne
Longman Language Activator (1993, 2002²)（上記参照）
Longman Lexicon of Contemporary English (1981)（上記参照）
Thesaurus of English Words and Phrases (1852) 編者：P.Roget（*Roget's*）
The Scots Thesaurus (1990) 編者：Isabail McLeod

担当者一覧

第1章	語	西川　真由美
第2章	語に関する事実	小原　金平
第3章	辞書	畠山　利一
第4章	草創期	中根　貞幸
第5章	『オックスフォード英語大辞典』	石川　慎一郎
第6章	現在まで	中根　貞幸
第7章	辞書の使用者と使われ方	関山　健治
第8章	辞書における意味	鈴木　三千代
第9章	語義以外の情報	森口　稔
第10章	語源	小原　金平
第11章	学習者用辞書	関山　健治
第12章	アルファベット配列を捨てて	石川　慎一郎
第13章	辞書の編集	畠山　利一
第14章	辞書批評	畠山　利一

第1章　語

1.1　語とは何か

　棚から辞書を取り出したり，コンピュータで辞書を立ち上げたりして，辞書のページを開くのは，「語」(word) を調べたいからである。辞書とは語の宝庫である。辞書では，語はアルファベット順に配列されている。印刷版辞書では段組みの一段を，電子版辞書では見出し語リストを上から下に見ていくと，一連の語を読んでいることになる。だが，我々が読んでいるのは本当に語なのだろうか。以下に示すのは，COD10 (*Concise Oxford Dictionary*, 10th Edition) の中の want から wardrobe までの25項目の「見出し語」(headword) リストである。

  want（欲する）
  wanting（欠けている）
  wanton（理不尽な）
  wapentake（〘英史〙郡）
  wapiti（〘動〙ワピチ：北米のシカ）
  War.（Warwickshire（英国ウォリックシャー）の略）
  war（戦争）
  waratah（〘植〙ワラタ）
  war baby（戦争中に生まれた子［私生児］）
  warble[1]（さえずる）
  warble[2]（〘獣病理〙牛皮腫：（ウシバエの幼虫による）家畜の背のはれもの）
  warble fly（〘昆虫〙ウシバエ）
  warbler（〘鳥〙ムシクイ）
  warby（《豪俗》みすぼらしい）
  war chest（《米》戦費）
  war crime（戦争犯罪）
  war cry（ときの声）
  ward（区）
  -ward（［接尾辞］…の方向の［へ］）
  war dance（出陣の踊り）
  warden（監視人）
  warder（《米》監視人）
  ward heeler（《米》（政党の）運動員）
  ward of court（被保護者）
  wardrobe（洋服だんす）

上記のリスト中には，語とは何であるかに関して我々がふつう抱いている概念，つまり，「両端を空白ではさまれた一続きの文字列」というような概念にあまり

そぐわないものも多い。実際，こうした概念に合致するのは25項目のうち15項目だけである。その他の10項目のうち，短縮形のWar.（Warwickshire の略語）と，接尾辞の -ward（backward や skyward などの語を形成する。2章参照）の2つは，完全な語とは言い難い。残り8項目はすべて2つ以上の「語」から成っており，そのうち7項目は2語から，ward of court は3語から成っている。さらに，同一の語（warble）が2度現れていることにも気づくだろう。結局，「語」とは何なのだろうか。

　COD10 の見出し語リストの中で want の直前に出てくる語は wannabe（熱烈なファン）である。これは1語だろうか，それとも3語（want to be）だろうか。我々が通常持っている語の概念で言うと，「両端を空白ではさまれた一続きの文字列」であるから1語ということになる。もちろん，語に対するこうした考え方は，語を最も意識する書き言葉という媒体から来ている。そして，辞書は書記形態の言語を基本にしている。話し言葉では，語は音声と音節で構成されており，会話の流れの中で空白も休止もなく互いに連なっている。書き言葉において war baby が2語で wardrobe が1語であろうとも，話し言葉では，前者の方が間の休止が長いということはない。

　明らかに，ここには多少の混乱があり，語や辞書に関する本においては何らかの分類が必要となる。下記のように用語を分けてみよう。

> **綴り語**（orthographic word）：書き言葉での語，空白ではさまれた文字列
> **音韻語**（phonological word）：話し言葉での語，音声列（音韻語の区切りは音節構造，強勢などの規則により決定される）
> **語彙素**（lexeme）：ある言語の語彙に含まれる独立した要素としての語。辞書の見出し語の候補である。

したがって，warble fly, war chest, ward of court のように，1つの語彙素が2語以上の綴り語で構成されていることもある。短縮形や接辞（1.6参照）は，たとえそれらが見出し語としてリストにあがっていても，語彙素というカテゴリーからは除くべきである。

1.2　同音，同綴，異語

　warble は COD10 では2回現れる。COD10 の編集者は通常の慣習に従い，同じ綴りを持つ（また，時には同じ発音を持つ）2つの異なる語彙素の存在を認

めている。最初に出てくる warble は，鳥が「さえずる」という意味の動詞である。2番目の warble は，「ウシバエの幼虫の寄生によって生じたウシの背の皮膚下のはれもの」を意味する名詞である。しかし，2つの語彙素の意味がまったく関連していないことが，それらを区別する主要基準になっているわけではない。ある綴り語が2つ以上の語彙素を表していると辞書で決められる際には，ふつう語源という基準が使用される（10章参照）。もし1つの綴りが2つ以上の語源を持っていることが示されれば，それは2つ以上の語彙素に相当するのである。warble の場合で考えてみよう。COD10 によれば，「さえずる」という語彙素は，古フランス北部方言（Old Northern French）の語である werble を起源とし，werble は中英語期（1066-1500）に英語に入ってきたとされている。一方，「はれもの」という語彙素も中英語期に起源を持つが，COD10 によれば語源は不明である。

同じ綴りと同じ音を持ちながら，異なる語源を持つ語彙素は，「同音同綴異義語」（homonym）と呼ばれる。homonym とは，ギリシャ語で「同じ（homo）名前（nym）」という意味である。[訳注：本書では「同音同綴異義語」（homonym），「異音同綴異義語」（homograph），「同音異綴異義語」（homophone）を区別して論じている。]

二重に見出し語に加えられるもう1つのタイプの綴り語としては tear がある。一方の tear は [teər] と発音し，「引き裂く」ことをいう。もう一方の tear は [tiər] と発音し，「涙」「泣く」を意味する。この場合，同じ綴りの語が異なる発音を持っており，2つの音韻語ということになる。辞書は綴りをもとにして作られるので，tear は2度出てくるということになる。また，予想される通り，「引き裂く」の意味の tear と「泣く」の意味の tear は異なる起源を持つ。どちらも古英語起源であるが，「引き裂く」意の tear は teran に由来し，「泣く」意の tear は tēar に由来する。同じ綴りを持つが音が異なる語彙素は「異音同綴異義語」（homograph）と呼ばれる。homograph とは，ギリシャ語で「同じ（homo）書体（graph）」という意味である。同音同綴異義語と比べると異音同綴異義語の数は英語ではそれほど多くはない。理解を深めるために，さらにいくつかの例を紹介しよう。

bow（弓 [bou]／おじぎする [bau]）
curate（補助司祭 [kjúərət]／（学芸員として）管理する [kjuəréit]）
denier（否定する人 [dináiər]／（糸の太さの単位を示す）デニール

[dəníər])
irony（皮肉［áiərəni］/鉄のような［áiəni］）
prayer（祈り［préər］/祈る人［préiər］）
refuse（拒否する［rifjúːz］/がらくた［réfjuːs］）
reserve（取っておく［rizə́ːrv］/再び仕える［risə́ːrv］）
sow（種をまく［sou］/雌ブタ［sau］）
supply（供給する［səplái］/しなやかに［sʌ́pli］）
wind（風［wind］/曲がる［waind］）

　異音同綴異義語と正反対の関係にある語，つまり，発音は同じだが綴りが異なる語彙素というのは，英語でははるかにたくさんある。例えば［peil］という発音の pale（青白い）と pail（バケツ）などがそうである。このような例に関しては，辞書ではなんの問題も生じない。辞書では綴りが優先されるからである。それぞれの語はアルファベット順の適切な位置に見出し語として記載される。このように，同じ音を持ちながら異なる綴りを持つ語彙素は，同音異綴異義語（homophone）と呼ばれる。ギリシャ語で「同じ（homo）音（phone）」という意味である。英語での同音異綴異義語の例をいくつか紹介しよう。

bare/bear（裸の/運ぶ）　　　　paw/poor（（動物の）前足/貧しい）
gait/gate（足どり/門）　　　　pore/pour（毛穴/注ぐ）
haul/hall（引く/ホール）　　　sew/sow（縫う/種をまく）
leak/leek（漏れる/〔植〕リーキ）stake/steak（杭/ステーキ）
miner/minor（鉱夫/重要でない）taught/taut（教えられた/張った）

　ほとんどの同音異綴異義語は，綴りによって表されるように，異なる音を持つ母音が歴史的な音の変化の流れの中で同じように発音されるようになったことによって生じていることがわかる。

1.3　語彙素と変化形

　辞書で sung をひくと，見出し語が見つかるが，項目には「sing の過去分詞形」とあって，sing への簡単な相互参照指示が記載されているだけである。talk の過去分詞である talked をひくと，見出し語にも現れない。いずれの場合も，語義記述は一箇所の見出し語の下でなされており，sung は sing の箇所で，talked は talk の箇所で記述されている。sung や talked を sing や talk と別に扱う必要はない。なぜなら，sing に当てはまることは sung にも当てはまり，talked に当てはまることは talk にも当てはまるからである。それらは見出し語の単なる変化形（variant）にすぎず，実際には同じ語なのである。

　例えば，sing という語彙素は，sing, sings, sang, singing, sung という5種類の変化形を持っている。talk という語彙素は，talk, talks, talked, talking のように，sing より1つ少ない4種類の変化形を持っている。これらは英語の動詞の屈折形なのである。

原形・現在形	sing	talk
三人称単数現在形	sings	talks
過去形	sang	talked
現在分詞	singing	talking
過去分詞	sung	talked

talk は規則変化動詞で，過去形と過去分詞は，同じ語形に -(e)d という接尾辞がついたものである。動詞 sing は不規則変化動詞の1つである。

　sing, sings, sang, singing, sung がすべて同じ語であるということは，同じ語彙素の異なる顕在化，つまり，特定の文法的文脈に従って選択された語彙素の変化形であるということである。例えば，文の主語が三人称単数（he, she, it）であり，話し手・書き手が現在形を選んだら，動詞には三人称単数現在形を示す接尾辞の -s がつき，動詞の形は sings または talks となる。例えば until the fat lady/she sings（その太った女性［彼女］が歌うまで）のようになる。こうしたタイプの「語」を識別するために，さらに専門的な用語が必要となる。それが下記である。

　語形（word-form）：語彙素の屈折変化形（inflectional variant）

　語形を例示するに当たって，これまで動詞を選んできた。これは動詞の語彙素が英語の他のどの品詞の語彙素より多くの屈折を持っているからである。他にも，名詞と形容詞という2つの品詞において，通常2つ以上の屈折変化形を持つものがある。もっとも，名詞や形容詞に属するすべての語彙素が動詞のように屈折を持っているわけではない。biscuit（ビスケット），coin（コイン）などの可算名詞は複数形屈折を持っているが，dough（練り粉），salt（塩）などの不可算名詞にはそれがない。ある種の名詞，主に生物を指す名詞は，所有形屈折を持

つ。複数名詞の語形は，規則的な屈折として -(e)s 接尾辞を持つ（bananas（バナナ），oranges（オレンジ），mangoes（マンゴー）など）。また，少数ではあるが，複数形が不規則変化する可算名詞もある。feet（＜foot 足），geese（＜goose ガチョウ），mice（＜mouse ハツカネズミ），teeth（＜tooth 歯）；children（＜child 子供）；knives（＜knife ナイフ），loaves（＜loaf パン1個）；nuclei（＜nucleus 核），millennia（＜millennium 千年間），formulae（＜formula 公式），hypotheses（＜hypothesis 仮説），criteria（＜criterion 基準）などがその例である。さて，所有形屈折の場合は，単数名詞なら語尾に「アポストロフィ（'）＋s」がつく（cat's, girl's, nephew's など）。複数名詞ならアポストロフィ（'）のみが複数接尾辞の s の後に置かれる（cats', girls', nephews' など）。もちろん，これは書き言葉について言えることである。話し言葉では，所有格も複数形も語尾に -(e)s に相当する音が付加されるだけで，発音上は区別がつかない。また，複数形所有格も，複数形が不規則に形成される場合（例 mice's, children's, women's）を除いて，通常の複数形の時と発音は同じである。名詞語彙素（girl, child）の語形をまとめると下記のようになる。

語・単数	girl	child
複数形	girls	children
所有単数形	girl's	child's
所有複数形	girls'	children's

girl の3つの（規則的）屈折変化形の発音は，どれも同じであることに注意されたい。

　英語の形容詞の語彙素の中にも，「比較級」「最上級」という語形を持つものがある。ただし，これは long, quick, small などの段階的（giadable）形容詞に関して言えることで，daily（毎日の），mortal（必滅の），sterile（不妊の）などの非段階的（ungradable）形容詞には当てはまらない。1音節，および2音節の段階形容詞の大半には，比較級・最上級の変化形があり，比較級の規則的屈折は -er で，最上級は -est である（例 longer/longest, quicker/quickest, smaller/smallest）。非常に少ないが，good/better/best, bad/worse/worst のように不規則な語形を持つものもある。比較を表すもう1つの方法は，more/most skilful や more/most treacherous のように，副詞 more および most を前につけることである。一部の2音節形容詞，および3音節以上の段階形容詞の大半がこのタイプに当てはまる。形容詞語彙素（slow, good）の語形をまとめると次の

ようになる。

原形	slow	good
比較級	slower	better
最上級	slowest	best

1音節形容詞が -er/-est の接尾辞が付いた語形を許容しないとしたら，それは多くの場合，その発音が何となく妙に聞こえるからである（例：sourer, wronger〔訳注：sourer については許容する辞書もある〕）。

1.4　war chests と wards of court

　1.1のCOD10の見出し語リストの中には，2つ以上の綴り語から成る語彙素がある。war chest, war crime, war cry, war dance のように，その多くが war を先行要素としている。2つの独立した語彙素が一緒になって，特別な意味を持つ新しい語彙素を形成し，独自の「名前」を持つに値すると思われる何らかの実体物を指すようになるのである。そのような語彙素を「複合語」（compound）（2章参照）と呼ぶ。war を含む例に見られるように，複合語は時として2つの要素の間にスペースが入ることがある。また，複合語の中には，warhead（弾頭），warload（武器），warpath（出陣の路），warship（軍艦）のように1つの綴り語として書かれるものがあり，さらに，war-torn（戦禍を被った），window-shop（ウインドーショッピングをする），world-class（超一流の）のように，2つの要素の間をハイフンでつなぐものもある。最近は「ハイフン付き複合語」（hyphenated compound）ではなく，全体で1つの綴り語となる「ハイフンなし複合語」（solid compound）か，2つ以上の綴り語となる「分離複合語」（open compound）がより好まれる傾向にある。

　見出し語中にある「複数項複合語彙素」（multi-word lexeme）としては他に ward of court がある。これは複合語というよりも句である。「句語彙素」（phrasal lexeme）はいくつかの共通の構造を持っており，ward of court に見られる「名詞＋前置詞＋名詞」はその1つである。この構造を持つ例をあげておく。

　　age of consent（〔法〕承諾年齢）
　　cash on delivery（〔商〕現金払い）

> chapel of rest（霊安室）
> home from home（(よそにあって)自宅同様にくつろげる場所）
> hostage to fortune（いつ失うかはかないもの）
> man about town（プレイボーイ）
> meals on wheels（給食宅配サービス）
> place in the sun（陽の当たる場所）
> rite of passage（〖文化人類〗通過儀礼）
> skeleton in the cupboard（他人に知られたくない家庭の秘密）

句語彙素を構成する2つ目の句構造は，「名詞の所有格＋名詞」である。例は下記の通りである。

> athlete's foot（〖病理〗水虫）
> banker's card（銀行発行のクレジットカード）
> collector's item（収集家にとっての珍品）
> fool's paradise（ぬか喜び）
> hair's breadth（間一髪）
> lady's finger（〖植〗オクラ）
> ploughman's lunch（《英》(パブなどの)軽い昼食［パン・チーズ・タマネギの酢漬けなど］）
> potter's wheel（陶工ろくろ）
> saint's day（聖人の祝日）
> smoker's cough（〖病理〗タバコの吸いすぎによる咳）
> traveller's cheque（トラベラーズチェック）
> writer's block（〖心〗ものが書けなくなるスランプ）

3つ目の句構造は，2つの同種の語（名詞・動詞・形容詞）が接続詞のandで結ばれたものである。これらは時として「二項複合語」(binomial)と呼ばれる。以下がその例である。

> bells and whistles（そえもの，おまけ）
> black and white（白黒のはっきりした）
> bow and scrape（右足を引いてお辞儀をする，ペコペコする）
> down and out（おちぶれはてて）
> fast and furious（わあわあと騒がしい）

hammer and tongs（猛烈な勢いで）
nip and tuck（互角の）
pins and needles（手足のしびれが直るときのぴりぴりする感じ）
rock and roll（ロックンロール）
sweet and sour（甘酸っぱい）
ups and downs（上り下り，浮き沈み）
you and yours（あなたとあなたの家族と親友）

　hop, skip and jump（三段跳び），hook, line and sinker（まったく，完全に）などの「三項複合語」（trinomial）の例も少しだがある。これらの項目のいくつかは隠喩的に使用されていることがわかる。例えば，hammer and tongs は鍛冶屋によって使用される字義通りの道具とはなんの関係もなく，何かがなされるときの勢い，活力の表現である。

　句語彙素の構造の4つ目は，「動詞＋副詞」の形を取る。この場合の副詞は「小辞」（particle）と呼ばれることもある［訳注：小辞は，冠詞・前置詞・接続詞などの総称］。これは，いわゆる「句動詞」（phrasal verb）を構成するものである。いくつかの例をあげておく。

break up（ばらばらになる）　　pass out（意識を失う）
calm down（落ち着く）　　　　show up（現れる）
find out（見破る）　　　　　　take off（離陸する）
give in（降参する）　　　　　 waste away（衰弱する）
look over（ざっと調べる）　　 wear out（すり切れる）

これらの句動詞の中には，字義通りの意味を持つもの，字義通りの意味に近いもの，また，多かれ少なかれ比喩的な意味を持つものもある。例えば，take off にはさまざまな意味があるが，そのうちの1つは字義通りの意味（「離陸する」）で，他には「真似をする」という比喩的意味もある。

　これらを語彙素に数えるとするならば，5つ目の句語彙素は，典型的な隠喩的・比喩的意味を持つ「イディオム」（idiom）である。それは，句から完全文に至るさまざまな構造を持っている。イディオムは2つの基本的特徴を有している。1つには，イディオムの意味は構成各部の意味の総和以上のものであり，たいていは比喩的で，比較的固定した構造を持っているということである。例えば，a storm in a teacup（コップの中の嵐）というイディオム（米語の

a tempest in a teapot に当たる）は、「ささいなことでの大騒ぎ」という比喩的な意味を持っており、その中の語を他の語で言い換えたり、その構造に何かを付け加えたりすることはできない。また、pull the wool over someone's eyes というイディオムの場合も、「だます」という比喩的な意味を持っており、言い換えの可能性は、動詞 pull が適切な屈折変化を起こすことと、someone's の箇所に適切な名詞・代名詞の所有格を入れることだけである。イディオムはすべての言語に広く存在しており、形と意味において多様性が見られる（より詳細な説明はFernando and Flavell (1981) を参照）。英語の例をもう少しあげておく。

 know which side one's bread is buttered（自己の利害にさとい）
 at the drop of a hat（合図があるとすぐに）
 go against the grain（性に合わない）
 come to a pretty pass（やっかいなことになる）
 take someone for a ride（人をだます）
 spill the beans（秘密をもらす）
 throw the baby out with the bathwater（不要のものと一緒に大事なものを捨てる）
 walk on eggshells（慎重に行動する）

take someone for a ride など、いくつかの例では、字義通りの解釈（「人をドライブに連れてゆく」）も可能であることに気づく。意図されているのが、字義通りの意味か比喩的な（つまりイディオム的な）意味かは、文脈 (context) によってのみ明らかにされる。

1.5 語の分類

　本章でもすでにそうしてきたが、語について語る場合は、しばしば品詞 (parts of speech) 別に大まかな慣習的分類を行なう必要がある。最近は品詞の代わりに、語類 (word class) という用語が好まれている。たいていの辞書はこのような分類が常識であると考えているが、この問題を少し議論してみよう。
　私たちは、学校で教わった定義通り、動詞とは「動作を表す語」であると考えているが、語は文構造の中での役割に基づいてもっと厳密に分類される。英語は4つの大きな語類を持ち、新語の大半はその類に入る。英語はさらに、より小さく、かつかなり固定的な4つの語類を持つ。まず、4つの大きな語類は次の通り

である。

名詞 (noun)：最大の語類で，文中で主語・目的語などとして働く有生物および無生物を指す。(例：beauty, cat, leaf, niece, nonsense, water)。

動詞 (verb)：当該文が示す動作・出来事・状態を表し，文中で重要な位置を占め，他にどのような要素が必要なのかを決定する (例：break, decide, fall, have, keep, love)。

形容詞 (adjective)：状態を描写する語で，名詞の前に来る (例：feeble, gigantic, lazy, new, rough, vain) だけでなく，be動詞のような動詞の後にも来る。

副詞 (adverb)：多様性の高い語類で，時 (again, always, sometimes, soon) や様態 (clearly, efficiently, quickly, tentatively) のような状況的情報を表したり，形容詞や他の副詞の修飾語 (quite, somewhat, very) になったり，文と文の連結 (however, moreover, therefore) をしたりする。

他の小さな4つの語類は，以下に示す通りで，その主な機能は文構造の中でより大きい語類の語を結びつけることである。

代名詞 (pronoun)：不必要な反復を防ぐために名詞やそれに付随する名詞句の代わりに使用され，人称代名詞 (I, you, he, she, it, we, they)，所有代名詞 (mine, yours, hers)，再帰代名詞 (myself, yourself, themselves)，関係代名詞 (who, whose, which)，不定代名詞 (someone, nobody, anything) を含む。

決定詞 (determiner)：名詞に付随し，同定詞 (identifier) や数量詞 (quantifier) に下位分類される。同定詞は冠詞 (a, the)・指示詞 (this, that)・所有格 (my, your, her, our, their) を含む。数量詞は数詞 (two, five, second, fifth) や不定数量詞 (few, many, several) を含む。

前置詞 (preposition)：主に名詞や名詞句と共に用いて，前置詞句を作る (at, for, from, in, of, on, over, through, with)。

接続詞 (conjunction)：節と節，文と文をつなぐためだけでなく，句と句，語と語をつなぐためにも使用される。接続詞には，等位接続詞 (and, but, or）と，従属接続詞（although, because, if, until, when, while）があり，後者の方が数が多い。

語類についてより網羅的な説明を読みたい場合は，文法書を見るとよい。

1.6 語を細分化する

これまで本章では，語の一部である接辞（affix）や接尾辞（suffix）といった用語に触れてきた。本節では，語を構成要素に分析し，語構造を論じる際に有益ないくつかの用語を示したい。まず，語の要素を示す用語が必要である。それは形態素（morpheme）である。語は形態素から成っている。多くの語は単純語（simple word）と呼ばれ，ただ1つの形態素から成り立っている。

bed（ベッド）	dream（夢）	go（行く）	in（中に）
over（上に）	please（喜ばせる）	shallow（浅い）	treat（扱う）
usual（通例の）	vote（投票）	whole（全体）	yellow（黄色い）

次は，2つ以上の形態素から成り立つ語である。

bedroom（寝室）	dreamy（夢見る）	going（行くこと）
live-in（住み込みの）	overland（陸上の）	displease（不快にする）
shallowest（最も浅い）	mistreatment（虐待）	usually（通例）
voters（投票者）	wholemeal（全麦の）	yellowish（黄色がかった）

これらの語は，その形態素の1つとして先述のリストに上げた単純語を持っており，それが，語の語根（root）を形成している。また，bedroomのような複合語の例では，語根の1つを形成している。語根形態素（root morpheme）はその語の核として主たる意味をにない，さまざまな形で他の形態素によって修飾される。

複合語は2つ以上の形態素から成っている。例えば，bedroom, live-in, overland, wholemealなどである。これらの複合語は，語根の品詞という点から考えるとさまざまな構造を持っている。例えば，「名詞＋名詞」，「動詞＋前置詞」，「前置詞＋名詞」，「形容詞＋名詞」などである。複合語の中には，bedroomのように，第1要素が第2要素を修飾し，かつその複合語全体の品詞が第2要素の品詞（この場合は名詞）と同じものが多い。bedroomは第2要素であ

る room の一種なのである。他の3つの複合語に関してはそうではない。例えば，live-in は第2要素が前置詞であるが，全体としては形容詞である（例：a live-in nanny（住み込みの家政婦））。また overland は第2要素が名詞であるが，全体は形容詞（例：an overland journey（陸路の旅行））もしくは副詞（例：we're travelling overland（陸路を旅している））である。さらに，wholemeal は第2要素が名詞であるにもかかわらず，全体は形容詞である（例：wholemeal bread（全麦パン））。

リストにあげた他の語はすべて「語根＋接辞」でできている。接辞は単独では単純語として使用されない形態素を指す一般的な用語である。それらは，もう1つの形態素に拘束されて用いられるだけである。それらが語根の前，つまり右側の語根に対して付けば，それらは接頭辞と呼ばれる（例：displease の dis-）。もし接辞が語根の後，つまり左側の語根に対して付けば，それらは接尾辞と呼ばれる（例：yellowish の -ish）。接辞を書く際には，接辞が付く側に，つまり，接頭辞の右側と接尾辞の左側にハイフンを入れる慣習があるということに注意されたい。

接尾辞の中には，屈折を表すものがある（1.3参照）。例えば，go-ing（現在分詞），shallow-est（形容詞の最上級），voter-s（複数形）などである。英語には屈折を表す接頭辞はない。屈折の結果できあがった語は，語根語彙素の屈折変化形である。

他の接辞は派生（derivation）を表す。接辞の付加は新しい派生語彙素を作り出す。8章で見るように，派生語彙素の扱いは辞書によってさまざまだが，派生語彙素は辞書の見出し語に加えられるべきだと考えられる。接頭辞が語根の品詞を変えることはめったにないが，接尾辞が付加されるとたいてい品詞が変わる。例えば，下記の通りである。

dream（名詞）＋-y　　　→ dreamy（形容詞）
dis-＋please（動詞）　　→ displease（動詞）
mis＋treat（動詞）　　　→ mistreat（動詞）
mistreat＋ment　　　　→ mistreatment（名詞）
usual（形容詞）＋-ly　　→ usually（副詞）
vote（動詞）＋-er　　　 → voter（名詞）
yellow（形容詞）＋-ish　→ yellowish（形容詞）

voters の s のような屈折接尾辞は，常に語の最後の接尾辞であることに注目され

たい。

　形態素に関する以上の議論から結論できることは，語根は常に「自由」(free)で，単純語として用いられる一方で，接辞は常に「拘束されて」(bound)いて，付く語根を必要とするということである。しかしながら，英語には，次例のように，拘束的な語根を持つものもある。その大半は複合語である。

　　anthropomorphic（神人同形説の）　astronaut（宇宙飛行士）
　　bibliography（文献目録）　　　　　biology（生物学）
　　neuralgia（神経痛）　　　　　　　 synchrony（同時性）
　　telepathy（テレパシー）　　　　　 xenophobia（外国人嫌い）

上記の語彙素は，古典語（ギリシャ語やラテン語）由来の（拘束的）語根から形成されている。語根は互いに結合して，多くの場合，元の古典語では知られていなかった新語を形成するのである。それらは新古典複合語（neo-classical compound）として知られ，それらの構成要素は連結形（combining form）と呼ばれている。次例がそれである。

　　anthropo-(人)＋-morphic（形の）
　　astro-(星)＋-naut（船乗り）
　　biblio-(本)＋-graphy（書く）
　　bio-(生命)＋-ology（研究）
　　neuro-(神経)＋-algia（痛み）
　　syn-(同一の)＋-chrony（時間）
　　tele-(離れた)＋-pathy（感覚）
　　xeno-(外国人の)＋-phobia（恐怖）

古典語由来の語根の中には，それがさらに他の要素で拘束される場合，派生形を持つものもある。例えば，chron-ic（慢性の），graph-ical（グラフの），naut-ical（海事の），neur-al（神経の），path-etic（哀れな）などがその例である。

　本章の内容を要約すると，下記の4点となる。

- 語は1つ以上の形態素から成っている。
- 形態素は語根か接辞（接頭辞か接尾辞）として機能する。
- 語根形態素はふつう自由形態素であり，接辞は常に拘束形態素である。

・拘束語根は通常ギリシャ語・ラテン語に由来する連結形である。

1.7 関連文献紹介

語と語の構造をより詳細に扱ったものとしては，Jackson and Zé Amvela (2000) や，Katamba (1994) を見るとよい。

第2章 語に関する事実

　第1章において，「語」（word）という用語がいかに曖昧であるかを検討し，一連の用語を提案することでその曖昧性を解決しようとした。その際，英語における語の形態論の概略を述べ，語の構造を議論するための用語も提案した。この章では，さらに英語の語彙論（語の研究）についての学問的知識を加えて，次章の辞書の研究（辞書学）に進んでいきたい。

2.1 英語において語はそもそもどこから来たのか

　他言語の語彙に比べ，英語語彙では，語はより数多くの起源を持っている。これは，英語の歴史や英語話者と他言語話者の幾多の接触の結果である。英語語彙の基本的部分は，地学で言う岩層のように，いくつかの層から成り立っているとみなすのが有益であろう。英語の基層はアングロ・サクソン語である。つまり，5世紀にローマ軍が去った後に，ケルト族をウェールズやコーンウォールの辺境に追いやって，イングランド地方を植民地化したアングル族，サクソン族，ジュート族が持ち込んだ方言の集まりである。この時期に「英語」（English）という言葉が使われるようになり，以後11世紀半ばに至るまでの時期の言葉を「古英語」（Old English）と呼んでいる。この時期に外部から英語に唯一の重要な影響を与えたのは，はるばる北海を渡って襲来してくる北欧バイキング（デーン人と呼ばれた）たちで，彼らもゲルマン語の1つである古ノルド語（Old Norse）を話していた。彼らの侵入により一時的に英国土は分断され，チェスターからウォッシュ湾までを結ぶ線の西側は「デーン法地域」（Danelaw）となった。古英語と古ノルド語はかなりの程度まで相互理解ができたので，英語に対する言語面での影響は限られていた。バイキングたちの残した言語的遺産としては，-byや -thorpe で終わる地名がある。また多くの sk- で始まる語も古ノルド語から来ているし，they, them, their などの三人称複数の人称代名詞もそうである。しかし，このような事実があっても，古英語の語彙は本質的にゲルマン語であった。ケルト語からは，ほんの一握りの語が入り，ラテン語からは，597年の聖ア

ウグスティヌスによるキリスト教布教によりローマのキリスト教が紹介されたことで，多くの教会関係の語が入ってきた。（古英語の語彙記述については Roberts *et al*. 1995 参照）

　次の語彙層は1066年のノルマン人の征服に伴い形成され始めた。この事件とそれによってもたらされた政治的・社会的変化が英語の語彙に与えた影響には巨大なものがあり，その影響が完全に全貌を現すには2，3世紀の期間を要した。政治，行政そして法律の世界で使用される言語が（ノルマンディー方言の）フランス語に取って代わられたのである。つまり，正式な文書に英語は使用されなくなり，やがてそのうちに，多くの人々，特に勃興しつつあった商人階級が英語とフランス語の両方を話せるようになった。12世紀から14世紀の間に1万語以上のフランス語が英語に入ったと推定されている。フランス語はロマンス語であり，その祖先はラテン語である。つまり，ラテン語の層がアングロ・サクソン語の基層の上に重ねられつつあったということになる。実際この基層はかなり侵食され，古英語語彙のかなりの部分が上層であるラテン語に取って代わられたのである。

　さらにもう1つのラテン語の層が16世紀後半から17世紀にかけて，つまり「ルネサンス」と呼ばれる時期に上積みされた。これはギリシャ・ローマの古典文明が再発見され，賞賛・賛美された時期であった。ギリシャ・ローマの文学が再出版され，広範に研究され，翻訳され，模倣された。すでに数世紀にわたり，さまざまな語がラテン語から直接あるいはフランス語経由で英語に入ってきていたが，今やこの細い流れが洪水となって溢れ出し，何千というラテン語が，ギリシャ語（多くはラテン語経由だったが）と同様，英語に加わったのである。ルネサンス期はまた，大航海時代が始まった時期でもあり，これが18，19世紀には植民地化と帝国主義に展開していった。英語は，多くの異なる文化・言語と接触することで，様々な言語から語を採取し，語彙を豊かにしていった。

　英語語彙の基層はアングロ・サクソン語であり，最も使用頻度の高い100語は，書き言葉でも話し言葉でも，アングロ・サクソン語源である。この基層にかぶさっているのが，中世からの，主にフランス語を起源とするラテン語系の語彙層であるが，我々はもはやこの大部分をあえて外来語とは思わなくなっている。それくらいすっかり同化してしまっているのである。この層にさらに重なって別のラテン語の層があるが，これはルネサンス期とそれ以後に直接ラテン語から採取されたもので，その多くは今でもラテン語であると判別でき，大部分は学術語及び専門語である。これに加えて，さらに英語は世界の数知れない言語から語を広く取り入れてきており，今もそれは続いている（Crystal 1995:126f 参照）。

2.2 新語の誕生

　ある言語がその語彙を増やすには2通りの基本的方法がある。1つはすでに存在する材料（つまり形態素）を利用して（1.6参照）それらを新しい形に結合させることである。もう1つの方法は別の言語から輸入することであり（2.1で既述），この過程を「借用」（borrowing）と呼んでいる。もっとも，「借用」といっても，借り入れた借用語（loanword）を返却する意図はないのだから，これは少し奇妙な言い方である。こういう新語のほとんどは4つの主要な語類（word class）（1.5参照）に属しており，大部分は名詞で，他は主として動詞・形容詞である。

2.2.1 複合語

　複合語（compound）は，2つあるいはそれ以上の語根形態素（root morpheme），あるいは（古典語の）連結形（combining form）（1.6参照）が結合して1つの語彙素になることで形成される。それまでにない新しい発見・製品・感覚・過程に対しては，しばしば複合語による名称が適切なことが多く，それらの複合語は使用されているうちにしだいに定着し，さらには辞書に採取されることで語彙素としての位置付けが確実になっていく。複合語は，しばしば意味が慣用的で全体の意味が類推できなくなっているか，あるいは少なくとも，そのままでは必ずしも意味がわからないことが多い。例えば，seat belt（シートベルト：自動車や飛行機で使われる安全のための固定器具）の意味は，この語を構成している2つの語から直ちにわかるとは言えない。この器具そのものを知らない人に対しては，多少の説明がいることだろう。これがもっともはっきり当てはまるのは，新古典複合語（neo-classical compound）の場合で，ギリシャ語やラテン語の知識がないと意味解釈ができないのである。calligraphy（美しい＋書き物＝書道），mastectomy（胸＋切り取る＝乳房切除），pachyderm（厚い＋皮＝厚皮動物：象のような厚い皮膚をした大型哺乳類のこと），stenothermal（狭い＋熱＝狭温性の：わずかの温度変化にしか耐えられないこと）などがこの例である。

　複合語が3つ以上の語根から成るときは，部分間の構造はふつう明確であり，複合語の書き方に反映されている。例えば，four-wheel drive（四輪駆動）の場合，最初 four と wheel が結合し，それがまとまって drive と結合したことを示している。golden handshake（「黄金の握手」：高額の退職金）の場合は，hand と shake がまずまとまりを成し，そこに golden が付加されたことを示してい

る。

興味深い複合語の例として、2つの語根に -ed 接辞を付加して形成される形容詞がある。この -ed 接辞は動詞の過去分詞形に見られるが（1.3参照）、実は動詞はこの語形成には関与していない。いくつかの例をあげると, dark-haired（黒髪の）, empty-handed（手ぶらの）, hard-nosed（鼻っ柱の強い）, jet-lagged（時差ぼけの）, muddle-headed（頭が混乱した）, open-minded（心の広い）, quick-witted（機転のきく）, round-shouldered（猫背の）, sharp-tongued（言葉が辛辣な）, warm-hearted（心の温かい）などがある。全部がそうではないが、これらはたいてい、形容詞＋名詞＋-ed という構成である。

特別な複合語の型として、2つの語根の混合がある。これは最初の語根が末尾の文字や音を落とし、後の語根が語頭部を落として結合することで形成される。例えば, breakfast＋lunch＞brunch（朝昼兼用の食事）, smoke＋fog＞smog（スモッグ）, transfer＋resistor＞transistor（トランジスタ）などがある。語根の1つがどこも失わないでそのまま結合することもある。例えば, car＋hijack＞carjack（車の強奪）, cheese＋hamburger＞cheeseburger（チーズバーガー）, circle＋clip＞circlip（〖工学〗サークリップ）, floppy＋optical＞floptical（フロプティカル）, twig＋igloo＞twigloo（枝で作った樹上の小屋）などである。

2.2.2 派生語

語彙素に派生をもたらす接頭辞（prefix）や接尾辞（suffix）が付加されることにより派生語（derivative）が形成される。その語彙素は形態素が1つの「単純語」（simple word）であったり、複合語であったり、すでに派生語であったりする。例えば care-ful（注意深い）, landscape-(e)r（造園家）, national-ity（国民性）などである。派生接辞には、アングロ・サクソン語源のもの（例：-ful, -er）の他に、フランス語またはラテン語に源をもつもの（例：-al, -ity）がある。一応の傾向としては、アングロ・サクソン語の語根にはアングロ・サクソン語の接辞、ラテン語系の語根にはラテン語系の接辞を使うと言えるが、混じり合う場合もある。ラテン語系の語根にアングロ・サクソン語の接辞がつく例としては, beauti-ful（美しい）や preach-er（牧師）など、アングロ・サクソン語の語根にラテン語系の接辞がつく例としては fals(e)-ity（虚偽）や ship-ment（船積み）などがある。

接頭辞はふつう2つ以上語根に付加されることはない。そしてできあがる語の品詞は通例元と変わることはない。一般的な接頭辞に含まれるものとして、

dis-, in-（及びその変化形の il-, im-, ir-），un- などは否定や反対の意味を表す。re- は反復，pro- や anti- は賛否の態度を意味する。他に self- も接頭辞である。以下にそれぞれの例を1つずつあげておく。dis-please（不快にする），in-decision（優柔不断），il-legible（読みにくい），im-patient（我慢できない），ir-reversible（撤回できない），un-certain（不確定な），re-read（再読する），pro-life（中絶合法化反対の），anti-freeze（不凍液），self-addressed（本人宛の）。

　接尾辞は数が非常に多く，付加されてできる語の品詞を変えるのがふつうである。動詞を名詞に変えるものには -er（行為者・動作主の接尾辞）のほか，-(t)ion, -ment, -ance がある。例としては，bak(e)-er（パンを焼く人），educat(e)-ion（教育），enjoy-ment（楽しみ），perform-ance（遂行）などがある。形容詞を名詞に変えるものには，-ity, -ness があり，例として sincer(e)-ity（誠実），smooth-ness（円滑さ）などがあげられる。形容詞を動詞に変えるものには，-en, -ify, -ise があり，thick-en（厚くする），solid-ify（凝固させる），internal-ise（内面化する）などの例がある。動詞を形容詞に変えるものには，-able/-ible があり，avoid-able（避けられる），collaps(e)-ible（折りたためる）などがその例である。名詞を形容詞に変えるものには，-al, -ful, -ly があり，cultur(e)-al（文化の），hope-ful（望みを抱いた），friend-ly（友好的な）などがこの例である。形容詞を副詞に変えるものには -ly があり，quick-ly（素早く），smooth-ly（円滑に）などの例がある。2つ以上の派生接尾辞を語根に付加することも可能である。friend-li-ness（友好），recover-abil-ity（回復可能性），care-ful-ly（注意深く），nation-al-is(e)-ation（国有化）などがその例である。

　特別な形をとるものとして，語彙素の品詞は変えるが接尾辞は付加しないという派生がある。これは転換（conversion）と呼ばれている。例えば，bottle（ビン）は元来名詞であるが，転換によって「ビンに詰める」という意味の動詞としても使うことができる。これと逆方向の転換が catch（捕らえる）に見られる。catch は「獲物」を表す名詞としても使われるのである。転換の例は数が多い。dirty（形容詞「汚い」→動詞「汚す」），skin（名詞「皮」→動詞「皮をはぐ」），spill（動詞「こぼす」→名詞「流出」），spoon（名詞「スプーン」→動詞「スプーンですくう」）などがその例である。こうした転換例は現在も生み出され続けている。特に名詞から動詞への例が多い。例えば，doorstep（「戸口の踏み段」→「戸別訪問する」），handbag（「ハンドバッグ」→「（女性議員が）激しく攻撃する」），progress（「進歩」→「進歩する」），showcase（「展示」→「展示す

る」), text-message (「携帯電話への文書メール」→「携帯電話へ文書メールを送る」) などがそうである。

　比較的数が少ない派生として，逆成（backformation）がある。これは一種の逆方向の派生で，あるはずだと想定された接尾辞が語から除かれるのである。これにより，名詞の editor（編集者）から，想定される行為者接尾辞 -or（actor, advisor などと同じ）を削除して，動詞の edit（編集する）が派生したのである。同様の逆成には，babysitter（ベビーシッター）→ babysit（ベビーシッターをする），commentator（(テレビ・ラジオの) 解説者）→ commentate（(テレビ・ラジオで) 解説する），malingerer（仮病を使う人）→ malinger（仮病を使う），scavenger（ゴミ箱をあさる人）→ scavenge（あさる），などが派生している。automate（オートメーション化する）は automation（オートメーション）から逆成で派生し，destruct（自滅する）は destruction（破壊）から，enthuse（熱狂する）は enthusiasm（熱狂）から，greed（欲）は greedy（欲張りな）から，sedate（鎮静剤を与える）は sedation（鎮静作用）から，televise（テレビ放送する）は television（テレビ）から派生した。

2.2.3 頭字語

　比較的数は少ないが頻度の高い語形成の型として，句を構成する語のそれぞれの頭文字を取って語を生み出すものがあり，こういう語を頭字語（acronym）と呼ぶ。頭字語はふつうの語のように発音される場合と，アルファベット文字を個々に発音する場合がある。前者の例としては，AIDS［eidz］(Acquired Immune Deficiency Syndrome：後天性免疫不全症), UNESCO［ju(:)néskou］(United Nations Educational, Scientific and Cultural Organisation：国連教育科学文化機関，ユネスコ) などがあり，後者の例としては，ATM (Automated Teller Machine：現金自動預入払出機), HIV (Human Immunodeficiency Virus：ヒト免疫不全ウイルス) などがある。2つの発音方式が1語の中で併用される場合もあり，例えば CD-ROM (Compact Disc-Read Only Memory) は，前半は文字を個々に発音し，後半はふつうの語のように発音する。頭字語は通常大文字で書かれるが，今ではそうした頭字語の起源を喪失してしまったものもある。例えば，laser（レーザー）は，元は light amplification by stimulated emission of radiation の頭字語だったが，今では小文字で綴られる。頭字語の例をさらにいくつかあげておこう。まず，1語読みの例としては，DAT［dæt］(Digital Audio Tape：ディジタル・オーディオ・テープ)，

DWEM [dwem]（Dead White European Male：歴史上の白人欧州系男性［訳注：白人であるが故に欧州文化形成上（必要以上に）高い評価を受けてきた男性（の学者・作家など）］），MIDI [mídi]（Musical Instrument Digital Interface：電子楽器とコンピュータなどを接続する規格），SIMM（Single In-line Memory Module：シム［訳注：RAMチップを一列に並べた基板］）などがある。次にアルファベット読みの頭字語，いわゆる頭文字語（initialism）の例としては，BSE（Bovine Spongiform Encephalopathy：狂牛病），CSA（Child Support Agency：児童保護局），FAQ（Frequently Asked Question：よくある質問とその回答集［訳注：[fæk]と一語読みされることもあるが，音がfuckを連想させるためアルファベット読みされることが多い］），HTML（HyperText Markup Language：（ホームページなどを記述する）HTML言語），LMS（Local Management of Schools：（英国の）公立学校自主管理制度）などがある。

　また他の頭字語の型として，句の構成語のそれぞれの最初の音節を取って形成されるものがある。例として，biopic（biographical picture：伝記映画），infotech（information technology：情報工学，IT），Ofsted（Office of Standards in Education：（イングランド・ウェールズの）教育水準評価機関），pixel（picture element：画素，ピクセル）。Ofstedの場合，2番目の要素stは完全な音節ではないし，pixelの場合2つの音節をつなぐのにxが加えられている。このような音節的頭字語（syllabic acronym）は比較的まれである。

2.2.4　借用語

　ある語が別の言語から「借用されて」（borrowed）語彙に加わると，その語は「借用語」（loanword）となる。借用語には，blitzkrieg（電撃戦＜ドイツ語），kibbutz（キブツ＜ヘブライ語），spaghetti（スパゲティー＜イタリア語）などのように，元の外国語の綴り字・発音の一方または両方をそのまま残して借用語になるものもあり，coach（馬車＜ハンガリー語），gong（ゴング＜マレー語），tycoon（大君，大物＜日本語）などのように英語への同化が進んだものもある。

　英語に借用語が入ってくる理由は数多くある。ノルマン人の征服により，新しい言語が英語の上に積み重ねられたが，その結果，例えば，beef（牛肉）とcow（牛），mutton（羊肉）とsheep（羊），pork（豚肉）とpig（豚）が並存することになった［訳注：飼育対象としての牛・羊・豚は被支配層の在来語で表し，食肉は支配層の言語で表した］。ルネサンス期には，ローマ・ギリシャの文化・言

語を過剰なほど賞賛した結果，英語の学問的な語彙が欠如していると思われる部分を補正するため，ラテン語やギリシャ語から大いに借用することになった。その結果，hide に対して abscond（失踪する），count に対して calculate（計算する），shop に対して emporium（商店），book に対して manuscript（写本），ward に対して protect（保護する），sin に対して transgress（道徳上の罪を犯す），farewell に対して valediction（告別）が借用された。

探検家や植民地開拓者が新しい国々へ出て行き，そこで珍しい食物に接し，それまで見たこともない動物や植物に出くわした時，しばしば彼らはその名称をその土地の言語のままで持ち帰った。そういう例として次のような語がある：chipmunk（〚動〛シマリス）は北米アルゴンキン語族から，kookaburra（〚鳥〛ワライカワセミ）はオーストラリアのウィラジュリ語から，kiwi（〚植〛キーウイ）はニュージーランドのマオリ語から，chutney（〚インド料理〛チャツネ）はヒンディー語から，poppadom（〚インド料理〛ポペダム）はタミール語から，lychee（〚植〛レイシ）は中国語から，sushi（寿司）は日本語から，impala（〚動〛インパラ）はズールー語から，sherbet（シャーベット）はトルコ語から借用された。何世紀にもわたり，ある文化が何かの分野で優秀だと賞賛されると，英語はそこで使われる用語を借用してきた。例えば，イタリア語からは音楽用語を（concerto（協奏曲），opera（オペラ），soprano（ソプラノ），tempo（テンポ）など），フランス語からは料理関係の用語を（casserole（キャセロール），fricassee（フリカッセ），au gratin（グラタン風の），purée（ピューレ），sauté（ソテー）など）を借用した。

専門的職種において，その分野を他から区別する学問的な語彙が捜される場合，たいていは古典語に目を向けて専門語を求めたものだった。例えば，法律の分野では多くの用語をラテン語から借用している。ad litem（当該訴訟に関して），bona fide（真実の［に］），corpus delicti（罪体），ejusdem generis（同類の），in personam（対人の），lis pendens（係争中の訴訟），obiter dictum（裁判官の付随的意見），prima facie（一見したところ），subpoena（出廷召喚状），ultra vires（権限踰越の）などがそうである。一方，医学では，ギリシャ語に専門語を求めた。例えば，炎症を表す語は -itis で終わり（bronchitis（気管支炎），peritonitis（腹膜炎）など），外科手術を表す語は -ectomy で終わる（hysterectomy（子宮摘出），vasectomy（精管切除）など）。特定の患者層を対象にする治療分野の語は -iatrics で終わる（geriatrics（老人医学），paediatrics（小児科学）など）。

英語は今も世界中の言語から借用語を取り入れて語彙を豊かにし続けている。最近の借用語の例には次のようなものがある。balti（バルティ：香辛料の入ったインド料理の一種＜ウルドゥー語），ciabatta（チャバッタ：オリーブ油入りパン＜イタリア語），gite（貸別荘：フランス語），intifada（インティファーダ：民衆蜂起＜アラビア語），juggernaut（不可抗力：ヒンディー語），karaoke（カラオケ：日本語），nouvelle cuisine（ヌーベルキュイジーヌ：新感覚フランス料理＜フランス語），ombudsman（オンブズマン：行政見張り人＜スウェーデン語），paparrazi（パパラッチ：有名人を追うカメラマン＜イタリア語），perestroika（ペレストロイカ：ソ連末期の行政改革＜ロシア語），salsa（サルサ：ラテン系のダンス＜スペイン語），tikka（ティーカ：肉・野菜の串焼き料理＜パンジャブ語）。

2.3　語の意味

　辞書学者の重要な仕事の1つに，語の「意味」（meaning）を「定義」（definition）という形でとらえる仕事がある（8章参照）。まず，我々は語の意味を構成しているものを明確にしなければならない。これがこのセクションの目的である。語の意味はいくつかの特性から構成されていると考えることを提案したい。つまり，語と実世界との関係，その語の持つ連想関係，語彙体系の中での他の語との関係，そして文や文章において他の語と規則的に結びつく連語関係である。
　多くの語は複数の意味を持つ。これは「多義性」（polysemy）と称される。辞書学者にとって，ある語彙素がいくつの意味，あるいはいくつの「語義」（sense）を持っているかを確定し，それらをどう配列するかは難解な問題である。だから，辞書によってはその分析に著しい違いがありうる。しかし，ここでまず検討するのは辞書のどの項目，あるいはどの語義にも通用するような一般的要因である。

2.3.1　指示関係

　なにかを意味するということの主要な特性として，語彙素とそれが実世界の中で指す対象物（人，物体，感覚，観念，特質，など）との間の指示関係（reference）がある。この関係の本質をとらえようと昔から多くの言語学者，哲学者が頭を悩ませてきた（Lyons 1977）。我々は多くの語を使うことで，自分の住んでいる世界やその中での経験を語り，もしもああだったらどうなるだろう，

どうなっていただろうかなどと思いを巡らしたり，他の可能な世界や可能な筋書きの空想を言葉にしたりもする。我々の世界には，人間やその他の生物が生息し，自然物と人工物，我々の考え，意見や信念などが存在していて，これらが独自の性質を持ちながら，無数の形で相互に作用し合っている。そして，同じ言語を話す人同士なら，これらのものについて話し合い，伝達し合うことができる。なぜなら，語彙と文法が共有されているからである。特に大事なのは，どの語がどういう現実の一側面や経験を指すかについて同意が成立していることである。

　ある種の語は指示関係が比較的明白で，記述も容易である。それらは特に，手に触れることのできる物や物理的な活動を指す語である（jump（跳ぶ），spill（こぼす））。しかし，もっと抽象的なものを指す語になると，指示関係がはっきりとは認めにくくなる。多くの抽象名詞（deference（尊敬），solitude（孤独）），精神的・感情的な状態・過程を表す語（think（考える），worry（心配する）），そして形容詞全般，特に段階的形容詞（long（長い），warm（暖かい））や評価的な形容詞（ridiculous（こっけいな），superb（最高の））などがそうである。さらに，名詞・動詞・形容詞・副詞という4つの主要語類以外の下位語類に属する語になると（1.5参照），指示関係はほとんど認められない（about，this）。

　辞書学的観点を含めて，我々がよく関心を寄せるのは，類似した指示を持つ語がお互いにどう区別されるかである。例えば，happen/occur/befall/transpire，これに仮にmaterialiseを加えたとして，これらの語はどう違うのだろうか。どの語も「生ずる」とか「起きる」とかいう意味を持っている（LDEL2：718）。これらの語の意味の違いは微妙だが，指示そのものにはたいして関わりはなく，むしろ使用場面に関係があるだろう。つまり，occurはhappenより正式な場面で現れるだろうし，befallには古風な響きがあるし，transpireやmaterialiseはたぶん特殊な種類の「生ずる」という意味を持つと言えるだろう。語の意味は，その語が生起する典型的な使用状況からも，その語と他の語との関係からも切り離して扱うことはできない。

2.3.2　言外の意味

　語の意味として，明示的・直示的意味（denotation）と，暗示的意味，つまり言外の意味（connotation）を区別することがよくある。明示的意味とは，語とその指示物との間の直接的で中立的な関係であるが，言外の意味は，話し手個人あるいは言語集団全体がその語に対して持っている（しばしば情感的な）連想を伴っている。例えば，多くの英語話者にとって，champagne（シャンペン）と

いう語はフランスの一地方産の発泡ワインを指示する一方，お祝いとか高価な暮らしという言外の意味を持っている。

　語によっては，否定的あるいは肯定的な含意（意味的な韻律）を持っているものがあり，それが使われる句や文の中に現れている。例えば，fundamentalist（原理主義者）や fundamentalism（原理主義）は「ある教義や宗教の基本原理の遵守（者）」という意味であるが，ふつうは否定的文脈で使われ，好ましくない狂信的言動を暗示する。一方，inspire（鼓舞する）は「何かをしたり，感じたりする意欲を生み出す」という明示的意味であるが，通常肯定的な含意がある。意味上の肯定的な調子は，confidence（自信），enthusiasm（情熱），loyalty（忠誠）といった名詞と典型的に共起することで醸し出されている。

　こうした言外の意味は広く共有されており，ある言語の使用者が一般的にその語を位置づける文脈では，もはや固有のものと言えるかもしれない。言外の意味は，明示的意味より限定された範囲に適用され，特定の世代に限定されるもの（例：第二次世界大戦を経験した世代に対する blitz（電撃）），特定集団を対象とするもの（例：危険な職業の従事者に対する safe（安全を保証する）），さらには個人を対象とするものなどがある。多くの話者に共有されているような言外の意味は，その語の意味の重要な一要素と見なすことができるだろう。

2.3.3　意味関係

　語彙素の意味，あるいは特定の語義をとらえるための第3の要素は，全体語彙の中での他の語との関係である。これを指して「意味関係」(sense relation) という用語が使われる。意味が同じか，もしくは類似していることを指す「同義性」(synonymy)，意味が反対であることを指す「反義性」(antonymy)，「〜の一種」であるような関係を指す「下位性」(hyponymy)，そして「〜の一部」であるような関係を指す「部分性」(meronymy) がここに含まれる。

　同義性は英語に広く見られる関係であり，その主な理由は語彙を構成している複数の層に類似した意味を持つ語が存在するからである（2.1参照）。例えば，begin（始まる）はアングロ・サクソン語であるが，同義語 commerce が中世にフランス語から入ってきた。同様な例として，keep と retain（保つ），leave と depart（去る），tell と inform（知らせる），live と reside（住む），share と portion（分け前）などがある。同様にして，中世のフランス語から入ってきた語と，ルネサンス期にラテン語から入ってきた語で同義的対語が生じている。例えば，complete/plenary（完全な），join/connect（接続する），sign/portent

(兆し), taste/gustation (味覚), vote/plebiscite (投票) である。さらには, 3層にそれぞれ類義語があるために3語の組語ができるケースもある。例えば, end/finish/terminate (終わる), hatred/enmity/animosity (憎しみ), kingly/royal/regal (王の), sin/trespass/transgression (罪) である。これらの例からわかるように, 一般的に言えば, ラテン語層の同義語の方が, 基層にあるアングロ・サクソン系の語に比べてより正式な場面で使われる傾向がある。

　同義語のペアが生まれるもう1つの重要な理由は, 方言の差である。それは国による変種であったり (例：イギリス英語とアメリカ英語), 国の中での方言であったりする。イギリス英語とアメリカ英語の主な違いは文法ではなく, 語彙に見られる。以下に例を示す (最初がイギリス英語で次がアメリカ英語)。biscuit/cookie (クッキー), car park/parking lot (駐車場), drawing pin/thumbtack (画びょう), flannel/washcloth (浴用小型タオル), lorry/truck (トラック) と, single (ticket)/one-way (片道切符), waistcoat/vest (チョッキ) などである。スコットランド英語とイングランド英語の同義語のペアとしては以下の例があげられる (最初がスコットランド英語で次がイングランド英語)。birl/whirl (回る), dree/endure (耐える), fankle/entangle (混乱させる), kirk/church (教会), lum/chimney (煙突), neep/turnip (カブ), outwith/outside (外側), vennel/alley (路地)。

　反義性は同義性ほど多くは見かけない。最も多いのは, 段階的形容詞で, 反義語が互いに尺度の両極を示す場合である (例：big/small, wide/narrow, beautiful/ugly (醜い), quick/slow)。他の品詞にも反義語があり, 動詞の begin/end, 名詞の bottom/top, 前置詞の into/out of, 副詞の above/below がその例である。反義関係は全部が同じ型ではない。段階的形容詞の場合, その反義関係は「より以上かより以下か」(more/less) という関係にある。例えば, wide と narrow の指示するところは同じ領域で重複するが, 対象物がある規準に対して wide であったり narrow であったりする。これと対照的に, 「二者択一」(either/or) 関係の反義語もあり, 例えば win (勝つ) と lose (負ける) はお互いに相容れない関係にあり, 勝つか負けるかである。第3の型として, 「換位関係」(converse relation) がある。例えば, buy (買う) と sell (売る) は換位関係にあり, XがYに物を売るということは, YがXからその物を買うことである。

　下位性とは, 語の階層関係において, 上位語 (superordinate word/hypernym) が下位語 (subordinate word/hyponym) より一般的な意味を持ってい

ることを指す。下位語は上位語に対して,「〜の一種」という関係にある。例えば, knife/fork/spoon は cutlery（食卓用金物）の一種である。cutlery がより一般的な意味を持つ上位語で, knife/fork/spoon はより特定された意味の下位語となる。そして下位語もまた, さらに下位語から見て上位語となる。例えば, spoon は, teaspoon（茶さじ）, tablespoon（テーブルスプーン）, dessertspoon（デザートスプーン）, ladle（玉しゃくし）などの下位語を持っている。語彙構造のかなりの部分は, 下位性という概念で関連付けられていると見なせる。だが, 言語というものが一般的にそうであるように, 英語の語彙体系全体を組織するような下位性関係のきっちりした体系があるわけではない。

　部分性は, 語を階層的に結びつけるという点で下位性に似ているが, むしろ「〜の一部」という関係である。部分語（meronym）は上位語の構成部分を示す。例えば, ball（足親指の付け根）, heel（かかと）, instep（甲）は foot（足）の部分語であり, hub（ハブ）, rim（リム）, spoke（スポーク）は wheel（車輪）の部分語であり, flower（花）, root（根）, stalk（茎）は plant（植物）の部分語である。下位性と部分性は語彙を意味集合, すなわち, 同じ意味領域を共有する「語彙領域」（lexical field）にグループ分けするのに役立っている。（詳細は12章参照）。

2.3.4　コロケーション

　語と語の相互の意味関係は,「範列的」（paradigmatic）関係にある。同義語・反義語・下位語・部分語のいずれもが, 文構造のどこかの枠において対応語と交代が可能である。語の意味はまた,「連辞的」（syntagmatic）関係, もっと厳密に言うとコロケーション（collocation）によって決定される。ここでコロケーションとは, 文・談話構造中で当該語に典型的に共起する他の語との関係のことである。例えば, 名詞の ban（禁止）は典型的に形容詞の total（全面的な）や complete（完全な）によって修飾され, impose（課す）や lift（解除する）といった動詞と結びつき, 前置詞 on を後に伴う。また, 動詞 spend を伴った文では, その典型的目的語は, 金額（two hundred pounds（200ポンド）など）か時期（last weekend（先週末）など）のいずれかであろう。形容詞 flippant（軽率な）ならば, 何かの発言を表す名詞（remark（発言）, answer（答え）, comment（コメント）など）か, そうでなければ attitude（態度）という名詞と典型的に結びつく。

　コロケーションを語るときには, 上のように「典型的に」（typically）という

断りが出てくるが，それはコロケーションが2つの語が共起する統計的蓋然性あるいは可能性に関わることだからである。ペアの一方の語がもう一方の語より引力が強い場合もある。例えば，wine が red と共起する可能性は，red が wine と共起する可能性よりも高い。なぜなら，red は他の多くの名詞と共起するが，wine はごく少数の形容詞と共起するに過ぎないからである。コロケーションの記述には，大規模なテキスト資料を蓄積したコンピュータ・コーパスに基づくのが最も信頼できる。これによって適切な統計データを出すことができる。

要約すると，語彙素の意味（語義）の構成要素としては，明示的意味と言外の意味という形での「現実世界」との関連性，語彙体系の中での他の語彙素の意味（語義）との関連性，文構造の中で典型的に共起する他の語彙素との関連性などがある。

2.4　語の記述

この章最後のセクションでは，語彙素の記述に何が含まれるかを検討する。言い換えるなら，辞書の見出しを立てる時，辞書編集者はどんな情報を提供する必要があるのだろうか。Hudson (1988) に従うならば，「語彙事実」(lexical fact) に含まれるものは，語の形式・構造・意味・文法・語法・語源である。

語の「形式」(form) というのは，発音（音韻）と綴り（正書法）のことである。発音の記述で示されるのは，その語がどういう音（音素）を持つか，2音節以上の語の場合はそれぞれの音節の強勢がどうなっているか，発音が実際の談話の中で変化するかどうか（例えば，母音弱化は生ずるか，強勢は変化するか）である。綴りの記述は，その語を形成している文字とその変化形を明記し，場合によっては語の途中で改行する時にその語をどう分綴すればよいかを明記することに関わる。

語の構造というのは，それを構成している形態素（1.6参照）が何であるか，また複合語では語根がお互いにどういう関係にあるか，語にはどういう接頭辞，接尾辞が含まれていて，どのように語根の意味を修飾しているか，ということに触れなければならない。その構造記述ではまた，形態素が結合して新語を形成する時，語根・接辞の発音や綴りに何らかの変化が起きるかどうかも示さなくてはいけない。例えば，clear [klíər] は，接尾辞 -ify が付加されると，clarify [klǽrifai]（明らかにする）となり，発音も綴りも変化する。discreet [diskríːt]（慎重な）に接尾辞 -ion が付加されると，discretion [diskréʃən]（慎重さ）にな

るのと同様である。bake（焼く）は -er が付加されて baker（パン屋）になると e を失うが，debate（討論する）も接尾辞 -able が付いて debatable（論議の余地ある）になって，同様なことが起きる。-able は付加されるラテン語語根によっては -ible（例：discernible）と交代するが，発音は変化しない。

　語の意味については，2.3 でかなり詳しく検討した。語の意味を適切に説明するためには，指示関係と他の関連する意味上の関係（意味関係・コロケーション）の両方の記述が必要である。

　文法の記述には，屈折と文構造への組み込まれ方という 2 つの側面がある。屈折については，どういう屈折をするか（1.3 参照），発音と綴りはどうか，付加によって語根に変化が生ずるかどうか，が記述されなくてはならない。例えば，複数接辞の -(e)s が付加されると hoof（ひずめ）は hoov-es と変化し，city（市）は citi-es と変化する。また，過去形・過去分詞形の接辞 -(e)d の付加で，cry（泣く）は cri-ed に，slap（ぴしゃりと打つ）は slapp-ed に変わる。語が不規則形を持つ場合も記述を必要とする。名詞の不規則複数変化の例としては，foot/feet（足），appendix/appendices（付加物），criterion/criteria（基準）などが，動詞の不規則変化の例としては，buy/bought（買う），tell/told（言う），see/saw（見る）などがある。

　語の統語的機能の記述は，まず語類（1.5 参照）を定めることから始まる。それにより，文構造の中でその語がどこに使われるかがとりあえず決まる。この通常の位置から逸脱する場合は，その情報を述べておく必要がある。例えば，形容詞の中には，限定用法（attributive use）として名詞の前に来る場合（例：the brown suit（茶色のスーツ）），後置用法（postpositive use）として名詞の後に来る場合（例：time enough（十分な時間）），叙述用法（predicative use）として動詞の後に来る場合（例：the suit is brown（そのスーツは茶色だ））があるが，形容詞の現れる場所が，これらの 3 つの位置のうちの 1 つに限定されている場合はそれを記述しなければならない。例えば，形容詞 awake（起きている）は，the baby is awake（その赤ん坊は起きている）のように叙述的に使われるが，限定的には使用されないし，chief（主要な）は our chief concern（我々の主要な関心）のように限定的に使われるが，叙述的には使われない。galore（たくさんの），emeritus（名誉退職の），extraordinaire（並はずれた）などは，後置的に使用されるのみである。動詞については，その統語的特性の記述はいっそう複雑となり，目的語や補語などを取るかどうかだけでなく，どういう型の目的語（名詞句か名詞節か）を取るかなどがそこに含まれる。

語法の記述としては，語，もしくは語の持つ複数の語義のいずれかが，特定の場面に限定されて用いられるのかどうかを明示しなくてはならない。こうした限定としては，国による変種や方言のような地理的制限，廃語・古語などの時代的制限などがあり，また，語の使用場面の正式度（formality）や，言語の中でのその語の地位（俗語あるいはタブー語かどうか）なども関係する。また，こうした限定には，不賛成・侮辱・感謝など，話し手や書き手の態度に関わるものもある。ある語が特定集団の人々に侮辱的であるために，その語の使用が限定されている場合もある。

　語を記述する際に含まれる事柄の最後は語源である。アングロ・サクソン語から来たのか，あるいは借用語であるなら，どの言語からどの時期に借用されたのか，ということである。語源というのは，確認できる限りの「最古の起源」という意味である。例えば，中世にフランス語から取ってきた語について，その語源は古フランス語を経由してラテン語にまでさかのぼるかも知れない。こうした語源の記述は，語の形式（綴りと発音）の変化，意味の変化の歴史をたどって示すことにもなるだろう。

　以上で述べてきたものが語に関する特性であり，その語彙的記述である。辞書編集者はこれらの情報と取り組んで，出版される辞書の記述の中にどの情報を取り入れるかを決めなければならない。

2.5 関連文献紹介

　本章で扱った話題の多くについては，Jackson and Zé Amvela（2000）およびCrystal（1995），特にその第2部を参照されたい。

　新語については，Ayto（1999），Knowles and Elliott（1997）を参照のこと。「意味関係」は，Cruse（1996）に詳述されている。

　ディック・ハドソン（Dick Hudson）の論文 'Checklist of Lexical Facts'（1988）も参照されたい。

第 3 章　辞書

　「辞書で調べてみよう」と人が言うのを何度聞いたことがあるだろうか。あるいは，何度自分でも言ったことがあるだろうか。このようなコメントの背後には，「辞書」は，聖書のように版の違いはあっても1つのものであるという想定がある。一家に1冊の辞書があるとみなされている。子供は学校で辞書の使い方を習う。どの職場にも1冊の辞書がある。法律家は法廷で辞書を引用する。教師や講演者は辞書に頼る。政治家や説教者はその定義から議論する。辞書は社会という文化的な構造体の一部である。主要な新版辞書が出れば日刊紙で書評されるのは当然とされている。辞書に書いてあることは権威あるものと誰もが思っている。辞書にそう書いてあればそうなのだ。辞書が言葉についての議論の最終判定者でないならば人間の生活は不可能かもしれない。

　しかし，本当にそうだろうか。どこでもいいから書店へ入って辞書の置いてある棚を見て，2，3冊取り上げて中を調べ，カバーの見返しの宣伝文を読めば，辞書というものはすべて異なっていることがすぐにわかるだろう。おおむねアルファベット順に語が並んでいて，語についての説明がつけられているので，それらはすべて辞書とみなされうる。しかし，判型が異なり，ページ数に大きな違いがあり，ページレイアウトはバラエティに富んでいる。いくつか内容を比べて見ると，辞書は1つのものであるという観念が的を射ていないことがすぐにわかるだろう。各辞書に共通のものより各辞書を特色付けるものの方がよく目立つ。

3.1　辞書とは何か

　辞書は語についての参照図書であり，言語についての本である。最も近い類似物は百科事典であるが，百科事典は物・人・場所・観念，つまり現実世界についての本であって言語についての本ではない。辞書と百科事典の区別は常に容易というわけではない。一方に含まれる要素が他方に含まれることはよくあるが，見出し語リストは両者同じではない。例えば resemble は百科事典には出ていないであろう。両者に同じ見出し語があっても同じ情報を提供するものではない。

次の収録語 toad（ヒキガエル）を比べてみよう．

toad Any of the more terrestrial warty-skinned members of the tailless amphibians (order Anura). The name commonly refers to members of the genus Bufo, family Bufonidae, which are found worldwide, except for the Australian and polar regions.
　Toads may grow up to 25 cm/10 in. long. They live in cool, moist places and lay their eggs in water. The eggs are laid not in a mass as with frogs, but in long strings. The common toad B. bufo of Europe and Asia has a rough, usually dark-brown skin in which there are glands secreting a poisonous fluid which makes it unattractive as food for other animals; it needs this protection because its usual progress is a slow, ungainly crawl.

(*Hutchinson New Century Encyclopedia*)

toad（ヒキガエル）　尻尾のない両生類（カエル目）のなかで，より陸生的で皮膚にいぼのあるもの．オーストラリアと北極・南極圏を除いて世界中に見られる，ヒキガエル科ヒキガエル属に属するカエル．体長は25センチ（10インチ）になる．涼しくて湿気の多いところに生息し，水中に卵を産む．卵はカエル（frog）のように塊で産むのではなく，長い帯状に産む．ヨーロッパとアジアに生息するふつうのヒキガエルの皮膚はでこぼこがあり，通例濃い茶色で，有毒の液体を分泌する腺がある，そのため他の動物はヒキガエルを餌にしない．ヒキガエルは通常ゆっくりとぎこちなく歩くので，こうした身を守るすべを必要とする．

toad/təʊd/*n*. **1** any froglike amphibian of the family Bufonidae, esp. of the genus Bufo, breeding in water but living chiefly on land. **2** any of various similar tailless amphibians. **3** a repulsive or detestable person. **toadish** *adj*. [Old English *tadige, tadde, tada*, of unknown origin]

(COD9)

toad ... 名　**1** ヒキガエル科，特にヒキガエル属のカエルに似た両生類．水中で繁殖するが主に地上性．**2** これに似た尻尾のない両生類．**3** いやな憎悪すべき人．**toadish** 形［語源不明の古英語 tadige, tadde, tada より］

　辞書は通例見出し語のアルファベット順に配列されている．事実,「辞書の順」という表現は「アルファベット順」と同じ意味である．しかし，アルファベット順ではなく，トピックまたはテーマによって配列されたことばの本があり（12章参照），その歴史は長い（Hüllen 1999; McArthur 1986）。
　辞書は参照図書であり，語の情報を見つけ出すために辞書を引く．辞書編集者

（レキシコグラファー（lexicographer））は，辞書使用者が検索するとわかっている情報や，検索すると予想される情報を辞書に入れるものと考えるかもしれないが，使用者が引かないと予測される情報を辞書から省くなどとは考えないだろう。辞書は単なる参照図書以上のものである。それはまた，ある言語の語彙の（部分的な）記録でもある。どんな辞書でも，すでに知っているとか関心をひきそうもないなどの理由で，引く人がいないか，いたとしてもごくわずかしかいないような見出し項目や情報を載せている。the という語を辞書で引く人はまれであろうが，the を見出し語に載せない辞書はないだろう。もっとも，真剣に英語の定冠詞の詳細を明らかにしようとする人なら，辞書よりは文法書を参照する可能性が高いと思われる。

　辞書は，参考図書としては百科事典とは区別され，語の記述資料としては文法書と区別される。文法書は言語の文法体系を記述したものであり，文構造の一般的規則と慣用を扱い，語を各種の集合または下位集合として扱う傾向がある。一方，辞書は個々の語彙項目の働きを記述し，関連がある場合には，それらが文法の一般的パターンとどう適合するかを記述する。文法と辞書は言語記述において相補的関係にあり，辞書は文法で定義された用語を使う。文法と辞書が，語の扱いについて一致する点は，定冠詞などのいわゆる文法語（grammatical word）である。それらは文法において重要でしばしば複雑な役割を担っている。

　ではどんな人が，何のために辞書を使うのであろうか。頻繁とまではいかないにしても，辞書をよく使う人としてすぐに思いつくのは，学生・学習者・研究者・言葉遊びやクロスワードパズルの愛好家などである。たいていの人は時々辞書を引くことがあるだろう。そして多くの人は，テレビの長寿クイズ番組 *Call My Bluff* や *Countdown* ［訳注：前者は英国 BBC，後者は Channel 4 で放映。でたらめに並べられた文字列からどれだけ長い単語を作れるか，といった各種ワードゲームのコーナーを含む］が示しているように，言葉と辞書に愛着を持っている。私たちはときどき，あやふやで自信のない派生語などが本当に語として存在するかどうかを確かめたり，スペリングを確認したり，見慣れない語に出会ってその意味を調べたりする。調査で明らかになったように，人が辞書を使うのは主にこのようなときである。また，文字として見たことしかない語の発音を調べたり，漠然とした関心から語源を調べたりすることもある。

　このことから，どの辞書にも，使用者が検索するとは思えないたくさんの情報が入っているという結果になる。辞書には，特定言語の語彙情報を記述する記録の機能があるためこのようになる。記録機能を完全に実現させようとすると，探

しやすい形で有益な情報を提示するという辞書の検索機能と対立することがある。このような問題のいくつかは7章でさらに詳しく論じる。

3.2 「唯一の辞書」ではなくさまざまな辞書

　「唯一の辞書」というものがないならば，どのような出版物が「辞書」と呼ばれているのだろう。まず第1に，1言語だけを扱う辞書と2つ以上の言語（通例2言語）を扱う辞書を区別するべきである，前者は1言語辞書（monolingual dictionary），後者は2言語辞書（bilingual dictionary）である。4章で見るように，2言語辞書には長い歴史がある。それらは部分的には1言語辞書と類似の情報を掲載しているが，1言語辞書とはまったく異なった機能を果たしており，多くの重要な特徴がある。特に2言語辞書は2つのグループに分けられる。A言語からB言語へというグループ（例：英独辞典）とB言語からA言語へというグループ（例：独英辞典）である［訳注：ヨーロッパでは，2言語辞書は英独＋独英のような2部構成をとることが多い］。2言語辞書における語の定義は，その語を他言語で置き換えた訳語となる。本書では1言語辞書のみを扱うこととする。

　第2に，1言語辞書を，歴史的記述を主な目的とするものと，特定の時点・時期における語彙の記述を目的とするものとに区別すべきである。英語の歴史的辞書で最も重要なのは，多数の巻からなる *The Oxford English Dictionary*（OED；『オックスフォード英語大辞典』）とその簡約版の *The Shorter Oxford English Dictionary*（SOED）である。両辞書の目的は，OEDは1150年以降の，SOEDは1700年以降の，英語語彙を構成している個々の語の形態と意味の誕生・消滅・変化を記録することである。対照的に，「共時的」（synchronic）辞書は，ある時点における語彙を記録したものである。共時的辞書は，古英語（Roberts *et al.* 1995）や中英語（例えば Kurath and Kuhn 1954），もっと一般的には現代語の語彙を記録する。本書は5章で辞書学の発展に重要な役割を果たしたOEDを取り上げるが，その他は主に現代語の語彙を記録している辞書を取り扱う。

　現代語の辞書に限っても驚くほど多様である。大きさは，机上版からコンサイス版，ポケット版，さらに小さいものまであり，ページ数や収録語彙の範囲もさまざまである。どの辞書も現代語の語彙を選択して提示しているが，収録された語の数え方は大きく異なっているので，比較は非常に困難である（Jackson 1998）。表3.1は大まかに見積もった辞書の相対的サイズを示すものである。

表3.1 Collins の辞書の比較

	CED4	CCD4	CPED4
ページサイズ	187×260mm	152×234mm	107×151mm
ページ数	1785＋前付け37	1740＋前付け21	632＋前付け7
収録語句数	18万	明示なし	明示なし
定義数	19万6000	明示なし	4万4500
価格（2001年）	29.99ポンド	16.99ポンド	7.99ポンド

略記　CED4：*Collins English Dictionary*, 4th edition
　　　CCD4：*Collins Concise Dictionary*, 4th edition
　　　CPED4：*Collins Pocket English Dictionary*, 4th edition

　辞書はまた対象とする利用者によっても異なる。若い利用者を対象とする辞書があり，発達段階と教育程度に基づいてレベルが異なったものが出版されている。これらは，語彙が適切に選択され，見出し語ごとの情報は制限され，しばしば挿し絵が入っており，色刷りになっている。また，第2言語あるいは外国語として英語を学ぶ人を特に考慮に入れた1言語英語辞典がたくさん出版されている。学習者用1言語辞書（monolingual learners' dictionary）は興味深い参照図書であり，最もすぐれた辞書学上の新機軸が打ち出されている。これらについては11章でさらに詳しく述べる。成人母語話者向けの辞書は一般用辞書（general-purpose dictionary）と言われている（Béjoint 2000:40）。大部分の人が持っているのはこのタイプの辞書であり，本書では主にこの辞書に焦点を当てている。
　一般用辞書のほかに専門辞書（specialist dictionary）が多数出版されている。そのなかには，発音辞典（例：Jones 1997; Wells 2000），スペリング辞典（例：West 1964），語源辞典（例：Weekley 1967）などのように，語彙記述の一面だけを専門的に扱うものもある。そのほかに，経済学辞典（例：Pearce 1992）や辞書学辞典（例：Hartmann and James 1998）のように，特定分野の語彙を扱う専門辞典もある。専門辞書では，当該分野の議論に必要な専門用語が定義されているが，辞書的な情報（発音，文法，語源など）は省かれている。定義や説明の範囲においても，その分野の発展に大きく寄与した人物を入れている点においても，専門辞書は百科事典的な傾向がある。
　このように辞書という言葉は広い範囲の参照図書を指す。本書では，歴史的辞書と学習者用辞書にもいくらかの関心を払いながら，机上版とコンサイスサイズの一般用辞書に重点を置く。

3.3　辞書には何が書かれているか

　辞書全体の構成を大きくとらえるマクロ構造の観点から言えば，辞書には前付け（front matter）・本体（body）・付録（appendix）の3つの部分がありうる。付録のない辞書もあるが，多くの場合，短くとも前付けは付いている。前付けには，通例その本の新機軸と特色を述べる前書きと，辞書の使い方の解説がある。使い方の解説はわずか1ページの図表のこともあれば，もっと長い説明のこともある。そのほかに前付けとして，発音記号の解説や使われている略語一覧，また英語史や世界の英語の変種などの関連テーマについての解説が掲載されることもある。付録にはさまざまのものがあり，語に関するものとは限らない。いくつかあげると，略語・外国語の語句・軍隊の階級・英米の州・度量衡・記譜法・ギリシャ文字・キリル文字・句読法・シェイクスピア作品の一覧などである。

　辞書の本体部分には見出し語（headword）がアルファベット順に並べられている。見出し語はそれぞれ多数の情報がつけられていて，両者をあわせたものが見出し語項目（entry）となる。見出し語は通例太字で，他の行よりも1，2字分左にはみ出た形で印刷される。見出し語項目は1ページに2段組みで表示されるが，大型辞書など，辞書によっては3段組になることもある（例：NODE，Webster 3，大型ではないがECED）。

　見出し語は，語彙及びその他の項目の中から一定部分を選び取ったものとなっている。それは，編者が辞書の大きさと目的を考慮に入れて収録が有益と判断したものである。傾向として，一般用辞書はどれも見出し語に中核語彙を含む。異なるところは見出し語の中に含まれる専門用語・口語・俗語・方言の量であろう。編者は，コンピュータ・医学・環境・ファッションなど，特に社会的・文化的に重要な分野における最新情報を取り入れることに留意する。その分野の新語を採録していることがしばしば新版のセールスポイントとなる。

　一般用辞書の見出し語を調べると，単なる語彙素（lexeme）以外のものが含まれていることに気づくであろう。一般辞書に語彙素として含まれるのは，単純語彙素（1.6参照）のほかに，可能な限りすべての複合語，少なくともハイフンなしの（solid）複合語，語根とは別に意味を定義する必要のある派生語などである。他の派生語は元となる親見出し語項目の中に追込み（run-on）として通例太字で記述されるが，定義は与えられない。また，見出し語には，アルファベット順でいくと原形（citation form）からいくらかはなれてしまう不規則変化形（例：buyの不規則変化形のbought）がたいてい含まれている。この場合の

記載事項は原形への参照指示だけであろう。見出し語リストにはまた，語彙素でないもの，特に派生語を作る接辞，連結形，そして略語が含まれている。辞書によっては（例：CED, NODE），見出し語に地名・人名を含み，次の例のように地理的・伝記的事項を記述するものもある。

Birmingham/'buhming(h)em/2nd largest British city, in the W Midlands of England; a major industrial, service, and transport centre with growing high-tech and light industries; home of two universities, a symphony orchestra, and the National Exhibition Centre; est. pop. 998,200 (1987)
(LDEL2)

Birmingham ... イングランド中西部のウェストミッドランド州にある英国第2の都市；工業・サービス・交通の中心地．ハイテク・軽工業が盛んになりつつある；2つの大学，交響楽団，国立見本市会場がある；推定人口は99万8200人（1987年現在）．

Angelou/'anʤəlu:/, Maya (b.1928), American novelist and poet, acclaimed for the first volume of her autobiography, *I Know Why the Caged Bird Sings* (1970), which recounts her harrowing experiences as a black child in the American South.
(NODE)

Angelou ..., Maya （1928年生）．米国の小説家・詩人．黒人の子供として米国南部で経験した悲惨な状況を書いた自伝的処女作 *I Know Why the Caged Bird Sings*（1970）で賞賛される．

2回以上出てくる見出し語もある。例えばCOD9では，同音同綴異義語（homonym）であるspellは4回登場し，異音同綴異義語（homograph）のbowは/bəʊ/の発音で1回，/baʊ/の発音で2回出てくる。辞書によっては（例：LDEL），品詞ごとに別の見出しにしている。LDEL2では，rearは動詞用法・名詞用法・形容詞用法・副詞用法あわせて4回見出し語として現れる。

辞書のミクロ構造とは，見出し語項目のなかでの情報の配列のことである。見出し語の種類によって，そのなかに入る情報の範囲とタイプは変わるが，典型的には，次のいくつかあるいはすべてが含まれる（2.4参照）。

・綴り： 見出し語は標準の綴りを示し，異なる綴りはその後に表示される。
・発音： （ ）または / / で囲む。異なる発音も共に示される。
・語形変化： 不規則変化する場合，および子音が2つ重なるとき，eが落ちる

とき，y が i に変わるときに表示される。
- 品詞： 通例，名詞は *n*，形容詞は *adj* などの略語で表示される。動詞は他動詞（*vt*）か自動詞（*vi*）かが示される。
- 語義： 語彙素が 2 つ以上の語義を持つときは，通例語義ごとに番号をつける。1 つもしくは 2 つ以上の語義が異なる語類（またはその下位区分）に属する場合は，語義の前にそれを示す。
- 定義： 語義ごとに，その意味を説明する定義がつけられる。
- 用例： 句または文による用例が語義説明の助けになるときは，通例イタリック体で用例が示される。
- 用法： ある語義の使用状況が限定される場合は，語義の前に適切なラベルがつけられる。1 つの語彙素のすべての語義に限定が及ぶ場合は，語義全体の一番前にラベルが付けられる。
- 追込み語： （品詞のみが示された）定義のない派生語・成句・（見出し語になっていない）句動詞が通例太字で表示される。
- 語源： 項目の最後に記述される。慣例的に角かっこ [　] の中に記される。

辞書の中には，例えばコロケーションや統語的特徴など，さらに多くの情報を入れているものもある。特に学習者用辞典は，このような事柄についての詳しい情報が他の情報と共に入れられている。

実例として COD9 の drink の項目を引いておく。

drink/drɪŋk/ *v.* & *n.* *v.* (past **drank**/dræŋk/; past part. **drunk**/drʌŋk/) **1 a** *tr.* swallow (a liquid). **b** *tr.* swallow the liquid contents of (a container). **c** *intr.* swallow liquid, take draughts (*drank from the stream*). **2** *intr.* take alcohol, esp. to excess (*I have heard that he drinks*). **3** *tr.* (of a plant, porous material, etc.) absorb (moisture). **4** *refl.* bring (oneself etc.) to a specified condition by drinking (*drank himself into a stupor*). **5** *tr.* (usu. foll. by *away*) spend (wages etc.) on drink (*drank away the money*). **6** *tr.* wish (a person's good health, luck, etc.) by drinking (*drank his health*). *n.* **1 a** a liquid for drinking (*milk is a sustaining drink*). **b** a draught or specified amount of this (*had a drink of milk*). **2 a** alcoholic liquor (*got the drink in for Christmas*). **b** a portion, glass, etc. of this (*have a drink*). **c** excessive indulgence in alcohol (*drink is his vice*). **3** (as **the drink**) *colloq.* the sea. **drink deep** take a large draught or draughts. **drink in** listen to closely or eagerly (*drank in his every word*). **drink off** drink the whole (contents) of at once. **drink to** toast; wish success to. **drink a person under the table** remain sober longer than one's drinking companion. **drink up** drink the whole of; empty. **in drink** drunk. **drinkable** *adj.* [Old English *drincan* (*v.*), *drinc(a)* (*n.*), from Germanic]

　drink ... 動 名 動 （過去形 **drank** ...；過去分詞形 **drunk** ...）　**1a** 他（液体）を飲む．**b** 他（容器）の液体を飲む．**c** 自 液体を飲む，ひと飲みする（*drank from the stream* 川の水を飲んだ）．**2** 自 酒を飲む，特に飲みすぎる（*I have heard that he drinks* 彼は酒飲みだと聞いている）．**3** 他（植物や多孔性の物などが）（水分）を吸う．**4**［再帰用法］酒を飲んで（自分自身などを）ある状態にする（*drank himself into a stupor* 酒を飲んで人事不省になった）．**5** 他（通例 *away* が続いて）（賃金など）を飲酒に使う（*drank away the money* 飲酒で金をすってしまった）．**6** 他（人の健康・幸運など）を願って乾杯する（*drank his health* 彼の健康を祈って乾杯した）．名 **1a** 飲み物（*milk is a sustaining drink* 牛乳は体にいい飲み物だ）．**b** ひと飲み，特定の量を飲むこと（*had a drink of milk* 牛乳をひと飲みした）．**2a** 酒類（*got the drink in for Christmas* クリスマス用に酒を買いこんだ）．**b** グラスなどの一杯の酒（*have a drink* 一杯飲む）．**c** 酒の飲みすぎ（*drink is his vice* 飲みすぎるのが彼の悪いところだ）．**3**（*the drink* で）（口語）海．**drink deep** 深酒をする．**drink in** …を熱心に聞く（*drank in his every word* 彼が言うことを1語1語熱心に聞いた）．**drink off** …の中身を一気に飲み干す．**drink to** …に乾杯する；…の成功を願う．**drink a person under the table** 人に飲み勝つ．**drink up** …を飲み干す；空にする．**in drink** 酔って．**drinkable** 形

　［古英語　*drincan* 動　*drinc*(*a*) 名，ゲルマン祖語より］）

　辞書のミクロ構造と辞書の見出し語項目に入っている情報については，8章，9章，10章でさらに詳しく調べることとする．

3.4　辞書の編集

　英語辞書の編集者はまったくの白紙から始めるというわけではなく，次章でたどるように，600年以上にわたる辞書づくりの伝統を受け継いでいる（Green 1996:39）．現存の辞書を見直して最新情報を加えて新版を作る辞書編集者もいるが，辞書の革新に挑み，辞書編集の新しい道を開拓する編者もある．後者の場合でも，見出し語リストを決めるときや，提示する情報を決定するときに，前の世代の辞書編集者の成果に頼ることになる．

　手短かに言えば，辞書編集には，見出し語選定・情報収集・記載事項執筆の3

つの面があるだろう。推定は困難であるが，おそらく100万語から200万語の間であろうとされる英語の全語彙（Crystal 1995）から一定の基準で選び出した語を各辞書は収録している。辞書は通常見出し語数を明らかにしないし，明らかにしている場合であっても，何を見出し語として数えるか（例えば接辞や略語を数えるか），また複合語や派生語をどう扱うかによって数字が変わってくるので，いずれにせよその数は信頼できない。机上版辞書の見出し語数はおそらく10万以下であろう。COD10 の CD-ROM 版では見出し語総数は 6 万4679である。同じぐらいのサイズの辞書であれば，見出し語は周縁的部分で異なるだけである。辞書の中核は標準的な語彙で占められ，専門語や（俗語・方言などの）非標準的な語彙素について，辞書ごとの判断が下される。表3.2は，1998年に出版された CED4 と NODE における gl- から glag- までの見出し語の簡潔なリストである。両者を比較していただきたい。

　辞書編集者の資料は出典がさまざまである。第1に，編者は先行辞書を入手して分析し，見出し語リストと語彙情報を得ようとする。ある辞書の各版に同じ語義が連続して使われることはめずらしくない。第2に，辞書出版社はいわゆる用例ファイル（citation file）を保存している。これは，出版社が行なう新語探しのための文献閲読計画（reading programme）の結果を記録したもので，使用文脈を表す用例が，通例，完全な文の形でついている。ずっと昔の用例ファイルもある。例えば，オックスフォード大学出版局の用例ファイルは，OED のための引用の収集が始まった19世紀中ごろまでさかのぼる（5章参照）。第3に，辞書編集者は電子化されたテキストを大規模に集成したコンピュータ・コーパスを利用することができる。コーパスの重要性は日に日に高まっている。オックスフォード大学出版局やロングマン社の辞書編集者は，話し言葉と書き言葉からなる1億語のブリティッシュ・ナショナル・コーパス（British National Corpus）を使っており，一方，コリンズ社の辞書編集者はバンク・オブ・イングリッシュ（Bank of English）［訳注：イングランド銀行（Bank of England）ふまえ，「英語の銀行」という含意を持っている］を使っている。バーミンガム大学で開発されたこのコーパスは，もともと，先駆的辞書である COBUILD を作るために集められたもので，現在は 4 億語以上あり，さらに増加し続けている（11章参照）［訳注：2002年1月に 4 億5000万語を超え，2003年末時点で 5 億2400万語となっている］。

　コンピュータ・コーパスはすばやく効率的な検索が可能であり，情報を確認したり，特定の疑問への答えを探すために使うことができる。さらに重要なこと

表3.2

CED4	NODE
gl.	GLA
glabella	glabella
glabrescent	glabrous
glabrous	glacé
glacé	glacé icing
glacial	glacial
glacial acetic acid	glacial period
glacialist	glaciated
glacial period	glaciation
glaciate	glacier
glacier	Glacier Bay National Park
glacier cream	glaciology
glacier milk	glacis
glacier table	glad¹
glaciology	glad²
glacis	gladden
glacis plate	gladdon
glad	glade
Gladbeck	glad eye
gladden	glad-hand
gladdon	gladiator
glade	gladiolus
glad eye	glad rags
glad hand	Gladstone
gladiate	Gladstone bag
gladiator	Glagolitic
gladiatorial	
gladiolus	
glad rags	
gladsome	
Gladstone	
Gladstone bag	
Glagolitic	

は，それが辞書の記述項目を構成する原資料（raw data）を提供することである。コンコーダンス・プログラムを使うと，キーワードを中心に左右に文脈を表示する KWIC（Key Word in Context）検索ができる。これにより，コーパス

内での特定語彙素の全用例リストが得られ，用例ごとに，指定した長さの文脈も表示される。検索結果は，1つの語彙素に関していくつの語義を区分すべきかを辞書編集者に示唆し，その使用例も提供する。

　見出し語選定と情報収集に続く辞書編集の第3の面は，先に述べた通り，記載事項の執筆である。辞書が1人の編者によって作られるのはまれである。作業は集団で行なうのがより一般的で，語の記述項目のうち特定分野を専門的に担当する人がいる。多くの辞書には，発音や語源などの専門家がおり，また，専門分野の用語や他の英語変種については専門校閲者がいる。辞書編集者は定義を執筆し，編集部は全執筆者から提出された原稿を調整する。最近では辞書はコンピュータ編集されるので，執筆グループ全員が編集作業中の辞書テキストに同時にアクセスできる。辞書編集にとって刊行前の厳しい編集チェック作業は常に不可欠なものであるが，同時アクセスできるコンピュータ編集は，この作業をさらに重要性の高いものにしている。辞書編集についてはさらに13章で扱いたい。

3.5　辞書の評価

　辞書は商業出版物である。出版社は辞書製作に多額の資金を投じ，辞書は市場のニーズに合わせて作られる。他の出版物と同様に，辞書は新聞・雑誌・専門誌で書評される。新聞での書評は，ニュース価値に注目するため，人物項目に誰が入って誰が削られたとか，流行語と思われている（たいていは俗語的な）語が入っているかどうかなど，些細でしばしば特異なことに焦点が当てられがちである。しかし，辞書は単に商業出版物であるというだけではない。辞書はまた言語学的な著述物でもあるので，言語研究者や言語学研究者の関心を引き，彼らによって学術的に精査され，批評される。事実，言語研究のなかで，特に辞書に関心を寄せる専門分野が発展してきた。辞書学の分野には，独自の学会（例：ヨーロッパ辞書学会（EURALEX: the European Association for Lexicography））や専門誌（例：*International Journal of Lexicography*）がある。また，3巻本の辞書学の専門辞典（Hausmann *et al.* 1989）や，辞書学の講座，研究プロジェクトなどもある。

　学問としての辞書学，つまりメタ辞書学（metalexicography）（Béjoint 2000: 8n）では，とりわけ辞書批評（dictionary criticism）（Osselton 1989）に関心が向けられ，辞書を書評し，評価する時の方法と基準が提案されている。辞書の書評は他の書評とは異なる。一例をあげると，書評者が辞書の本文をすべて読むの

は不可能であろう。CED4 の本文は360万語，NODE の本文は400万語と言われている。書評者は，サンプリングをするか，調査するべき項目と特徴を慎重に選んで列挙するなど他の方法を取らなければならない。

　調査方法の１つは，表紙やカバーの宣伝文や前付けにある辞書の紹介を取り上げ，それを辞書の実際の記述内容や，辞書学研究の分野で蓄積されてきた各種の知見や評価に照らし合わせてみることである。もう１つの方法は，辞書の学術的研究に基づいて評価基準を確立し，それを評価対象の辞書に適用してみることである。書評者がグループを作り，各々が発音・文法・意味・語源などの異なる分野を担当することが，しばしば有益である（Higashi *et al.* 1992 参照）。

　辞書批評でさらに考慮すべきことは，批評を行なう観点である。学術的なメタ辞書学の研究者が主として注目するのは，おそらく，辞書が語についての記述を適切に行っているかどうかということであろう。そして注目すべきもう１つの点は，辞書使用者という観点である。学習者用辞書では特に検索のしやすさと情報のわかりやすさが注目され，子供用辞書では特定の使用者を対象としていることが問われる。

　辞書批評は重要な活動である。将来の辞書使用者に対して，情報豊富な書評を提供するだけでなく，辞書学の発展と辞書の改善にも貢献する。このことは14章でさらに検討する。

　以上の内容をまとめると，本章では，辞書を百科事典と文法書から区別し，辞書が辞書編集法の伝統にのっとって作られることを示した。そして「辞書」という名が付く参照図書には幅があることを示し，一般辞書の内容を調べ，辞書編集の問題点を取り上げ，辞書批評の仕事を紹介した。また，本書がこの後で取り上げる内容を明らかにした。次章ではまず，英語辞書編集の歴史から順に説明していくこととしたい。

3.6　関連文献紹介

　すぐれた概説書は Landau（1989，2001^2）である。Béjoint（1994）も推薦できる。この書は若干の修正を加えた上で，ペーパーバック版で Béjoint（2000）として再刊された。

第4章　草創期

　本章および 5・6 章では現在に至る英語辞書作りの歴史をたどる。本章では 18 世紀中葉のサミュエル・ジョンソン（Samuel Johnson）の辞書までを扱い，5 章ではもっぱら *Oxford English Dictionary*（OED；『オックスフォード英語大辞典』）を扱う。6 章ではまずアメリカの辞書作りの実践を要約し，それから最新の辞書について記す。

4.1　2 言語辞書の始まり

　英語の辞書作りの始まりは古英語期（2.1参照），特に，ローマカトリック教が導入された 597 年から，修道院が発達するようになった頃にまでさかのぼる。ローマ教会の言語はラテン語であった。そのため，神父や修道士は礼拝を行なったり，聖書やその他の神学書を読むためにラテン語に堪能でなければならなかった。なお当時の聖書は，聖ヒエロニムス（St. Jerome）の『ウルガタ聖書』（the Vulgate）であった。修道院は信仰の教理や実践だけでなく教会の言語を聖職者に教える施設であった。また，多くの修道院は神学その他の写本（印刷ができるようになるのはまだ 750 年も先のことである）の厖大な蔵書を充実させた。これらの写本はラテン語で書かれ，研究や注釈の対象となった。イギリスの修道士たちはこのようなラテン語の写本を研究しながら，自らの学問の手助けとして，また後々の読者への手引きとなるように，本文中のラテン語の上（または下）に英語の翻訳を書き込むことがあった。写本の行間に書き込まれたこれらの逐語訳は「行間注解」（interlinear gloss）と呼ばれ，これらが（2 言語）辞書作りの始まりと見られている（Hüllen 1989）。

　やがて，ラテン語の教授と学習を助けるために，これらの注記は注解集（glossary）として 1 つにまとめられ，別個の写本となった。これを辞書の原型とみなしてよいだろう。注解集の語はアルファベット順か主題別（12 章）に並べられた。アルファベット順の場合，初期の注解集では 1 番目の文字による順序付けだけであったが，後には 2 番目，3 番目以降の文字でも順序付けられるように

なった。最も有名な主題別注解集の1つはアルフリック（Ælfric）の編纂によるものである。彼は11世紀の最初の10年の間、オックスフォード近郊のエインシャム（Eynsham）にある大修道院の院長をしていた。アルフリックは教育者としてよく知られ、ラテン語の文法書やその他多くの教授書を著した。「ロンドン語彙集」（The London Vocabulary）として知られるアルフリックの注解集は、現存する彼の文法書［訳注：当時の英語で書かれた初級ラテン語文法］の多くに付録としてつけられている。この注解集はラテン語の単語を一覧表にしたもので、主題別に並べられ、1語1語にそれに対応する古英語が載せてある。アルフリックが立てた主題区分には、「神・天・天使・太陽・月・地・海」から「草」や「木」、それに「武器」や「金属・宝石」に至る広範囲な語彙が包含されている（若干の違いはあるが、この完全なリストはMcArthur 1986:75とHüllen 1999:64に収録されているので参照されたい。また、本書12.2にも再録されている）。

　ラテン語は、だいたい中世の間ずっと、教会の言語および教育と学問の言語であり続けた。中世の大学（オックスフォード大学は1167年創設、ケンブリッジ大学は1230年創設）では、すべての学科がラテン語で教えられ、学術出版はヨーロッパにおける教育の共通語であったラテン語で行なわれた。学者はラテン語を流暢に話したり書いたりできることが期待された。生徒が両大学への入学準備を行なうための学校（「グラマー・スクール」（grammar school）の起源）が創設され、そこではラテン語教育に重点が置かれた。このようにしてラテン語の文法と語彙を教えたり学んだりするための教授資料の需要が相当に高くなってきた。この需要を満たすために、羅英辞書と英羅辞書の両方が編纂された。前者の例としては、1430年頃の *Hortus Vocabulorum*（『語苑』）があり、後者の例としては1440年の *Promptorium Parvulorum*（『少年のための宝庫』）がある。これらの辞書はどちらもやがて印刷物となり、*Hortus* は1500年、*Promptorium* は1499年に出版された。

　ラテン語はルネサンス期に新たな重要性を帯びることとなった（2.1参照）。学者たちが古代ローマの文人の文学を再発見し、その作品を原文と英訳で出版して人々に紹介したからである。ここで特に重要なのは英訳の場合である。該当する英語がすぐに見つからないようなラテン語に出会ったとき、そのラテン語を英語に「借用する」ことが翻訳者にとってふつうの解決法だった。ラテン語は、長い間学術的論説の共通言語だったので、こういった慣習は多くの翻訳者にとって好都合であると思われた。とはいえ、多くの読者はラテン語にはあまり馴染みがなかったので、翻訳者の中には自分たちの翻訳に「借用」語の用語集を付ける者も

いた。例えば，1603年にプルタルコス（Plutarch）の *Moralia*（『倫理論集』）の翻訳書を出したフィレモン・ホランド（Philemon Holland）は「無学な読者のための，本プルタルコス翻訳書におけるいくぶんわかりにくい語の説明；アルファベット順」を付録として付けた。ここで「無学な」読者というのはラテン語を知らない者のことである。ただし，辞書作りが相当に発達してきたので，ホランドのこの翻訳書はこうした用語集を含む最後の例となった。

　羅英辞典の発達に触れる前に，ルネサンス期は，ローマとギリシャの古典語が復興しただけでなく，ヨーロッパ各地の言語への興味が芽吹いた時期でもあったことを記しておこう。当時ますます盛んになりつつあった旅行によって外国語への興味がかきたてられ，多くの2言語辞書を生む結果となった。仏英辞典ではジョン・ポールズグレイブ（John Palsgrave）の *Esclarcissement de la langue francoyse*（『フランス語明解』1530年）とランドル・コットグレーブ（Randle Cotgrave）の *A Dictionarie of the French and English Tongues*（『仏英語辞典』1611年），伊英辞典ではジョン・フロリオ（John Florio）の *A Worlde of Wordes*（『語の世界』1598年），西英羅辞典ではリチャード・パーシバル（Richard Percyvall［訳注：Percivaleの綴りもあり］）の *Bibliotheca Hispanica*（『スペイン語の書庫』1591年）がある。英羅辞典の出版も続いた。リチャード・フーレット（Richard Huloet）の *Abecedarium Anglo-Latinum*（『英羅初歩』1552年）やトーマス・トーマス（Thomas Thomas）の *Dictionarium Linguae Latinae et Anglicanae*（『羅英辞典』1587年）などである。

4.2　難語

　英語の最初の1言語辞書（monolingual dictionary）はロバート・コードリー（Robert Cawdrey）の *A Table Alphabeticall*（『アルファベット順語彙表』1604年）だと考えられている。これはフィレモン・ホランドがプルタルコス翻訳書に付けたような語彙リストをもっと充実させて，単行本にしたものであった。コードリーの辞書の表題ページでは同書が次のようなものであると宣言されている。

　　ヘブライ語・ラテン語・フランス語などから借用された，ふつうに使う英語の難語の正しい書き方と意味を載せ，教えるための「アルファベット順語彙表」。

　　貴婦人・淑女およびその他の無教養な人々の便宜と手助けになるようまと

めた平易な英単語による解釈を付した。
　これにより，聖書や説教などの場で見聞きする多くの英語の難語をより容易に，かつよりよく理解し，それらを適切に使えるよう配慮した。

「無教養な」人々というのは，ホランドの言う「無学な読者」と同じように，古典語，特にラテン語の知識がまったくない者たちのことであろう。少女や若い女性は同年代の男性と同じ教育の機会を享受することはなかった。当時の大学や「パブリック」スクールは，名前とは裏腹にもっぱら男性だけのものであったので，裕福で啓蒙的な親に個人教授をあてがわれた女性を別とすれば，「無教養な」はすべての女性に当てはまる言葉であった。

コードリーの *A Table Alphabeticall* から「難語」(hard word) 辞典の伝統が始まる。読者はコードリーが表題ページで「難語」という語を2度使っていることに気づいたことであろう。「難語」とは借用語のことで，通常は新しく借用されたためにまだ広まっておらず，「無学な」読者にはすぐにはわからないような語のことである。コードリーは，借用語の起源となった言語のリストにヘブライ語を入れているし，'French'（フランス語）の後に '&c' つまり etc.（など）を付けてその他の言語も含めている。しかし実際には，ギリシャ語起源の語には 'g' または 'gr'，フランス語起源の語には '§' の標示をつけているだけで，標示のないものはすべてラテン語起源であるということになっている。コードリーの本は最初の1言語辞書として認められているが，実はこの本がまったく最初であったというわけではない。1596年にエドマンド・クート（Edmund Coote）の *The English Schoole Master*（『英語教師』）が出版されていて，これには文法・教理問答・祈禱文と語彙集が入っていた。コードリーは自分の語彙表を作るためにクートの語彙表を読み漁ったのである。両者の表題ページにも，同じような言葉遣いが見受けられる。もっとも，コードリーはクートの2倍の単語入れていて，他の資料も利用していた。

コードリーの初版には2500語ぐらいの「難語」が入れられていた。この本は4回版を重ね，最後の版は1617年に出版されたが，語彙表にはほとんど新たな語は加えられなかった。この辞書では，1語ごとに「平易な英単語」による同義語または説明語句がつけられている。下にあげるのはコードリーの *A Table Alphabeticall* にある最初の数語である。

　§ ABandon, cast away, or yeelde up, to leave, or forsake（投げ捨てる，あるいは放棄する，置き去りにする，見捨てる＜仏語より）

Abash, blush（赤面する）
abba, father（神父）
§ abbesse, abbatesse, Mistris of a Nunnerie, comforters of others（尼僧院長，尼僧院の院長，他者を慰安する者＜仏語より）
§ abbettors, counsellors（教唆者＜仏語より）
aberration, a going a stray, or wandering（道に迷うこと，あるいはさまようこと）
abbreviat,　｝to shorten, or make short（短くする）
§ abbridge,　　（仏語より）
§ abbut, to lie unto, or border upon, as one lands end meets with another（土地の端が別の土地の端と接するように，境を接する，隣接する＜仏語より）
abecedarie, the order of the Letters, or hee that useth them...（文字の順序，文字を使う者…）
Apocrypha (g), not of authoritie, a thing hidden, whose originall is not knowne（権威のない，出所のはっきりしない隠された物＜ギリシャ語より）

コードリーの先駆的な仕事に続いて，1616年にはジョン・ブロカー（John Bullokar）の *An English Expositor*（『英語注解集』）が出たが，その表題ページには次のように書かれている。

『英語注解』：我々の言語で使われる最も難しい語の解釈を教える。
種々の分析，記述，論説付き。
医学博士 I.B.著

ブロカーの本は，コードリーよりも見出し語が多いうえに，「今では使われなくなったさまざまな古語と，学識者に固有のさまざまな学術語」を含んでいた。また，次例のように，ブロカーの本では語の説明もいっそう詳しくなっている。

Heretike.　He that maketh his owne choice, what points of religion he will beleeve, and what he will not beleeve.（自分で選ぶ者；宗教のどこを信じ，どこを信じないかを自分で決める者）

Hereditarie.　That which commeth to one by inheritance.（相続によって受け継ぐ物）

Heriot. The best living beast which a Tenant hath at his death, which in some Mannors is due to the lord of whom the land is holden. (領臣が死亡時に所有している最良の家畜で,荘園によっては,土地の所有者である領主へ奉納される物)

Hermaphrodite. Of both natures: which is both man and woman. (半陰陽の;男でも女でもある)

Hermite. One dwelling solitarie in the wildernesse attending onely to devotion. (ただ信仰に精進し,独りで荒野に暮らす者)

この *An English Expositor* は編者が没した1641年には第3版になっていたが,その間ほとんど改訂されることはなかった。1663年には「学問愛好家(A Lover of the Arts)」と称する匿名の人物によって全面的に改訂増補され,本書の人気は一躍増し,1731年まで再刊され続けた。

ブロカーの1663年の増補部分には,もう1つの難語辞書からの大量の借用が含まれている。それは1623年に初版が上梓されたヘンリー・コカラム(Henry Cockeram)の *The English Dictionarie* (『英語辞書』)で,本書は表題に初めてdictionaryという語を使った。コカラムは,初版本の1つにおいて,表題ページでコードリーとブロカーに負っていることを認めている。ただし,後の版ではこれを繰り返すことはなかった。

『英語辞書』:あるいは英語の難語の注解集。

貴婦人・淑女・若き学徒・官吏・商人および諸外国の国民が,わが言語で出版された難解な作家の作品を理解できるようにし,また,読み方・書き方・話し方のすべてにおいて,より早く,英語を美しく使えるようにするもの。

『アルファベット順語彙表』と『英語注解集』に収録された選り抜きの語と,これまで誰も出版していない約1000語を集めたもの。

コカラムが狙った読者層はコードリーよりも広く,外国の英語学習者(「諸外国の国民」)にまで及んでいる。コカラムの辞書は3部から成っている。第1部は難語表で,それぞれの語に(ブロカーよりもコードリースタイルの)注解と説明が付されている。第2部は「低俗」(vulgar)語のリストで,美しい文体で書く手助けとして,それぞれに対応する「上品もしくは優雅な」(refined or elegant)語が添えてある。第3部はいくつかの羅英辞典の慣習に従い,「神々と女

神たち」の一覧表となっている。ブロカーの1663年改訂版には，コカラムの辞書の第2部と第3部が取り入れられている。コカラムの辞書は12版まで版を重ね，1670年に最後の大改訂が行なわれた。

　難語辞書の扱う範囲は，コードリー以来拡大されてきたが，トーマス・ブラウント（Thomas Blount）の *Glossographia*（『グロッソグラフィア』）が1656年に出版され，さらに幅が広くなった。この本の表題ページには次のように書かれている。

　　『グロッソグラフィア』：わが国の洗練された英語において現在使われているすべての難語を解説する辞書。ヘブライ語・ギリシャ語・ラテン語・イタリア語・スペイン語・フランス語・チュートン語・ベルギー語・ブリトン語・サクソン語，いずれの起源の語も含む。
　　神学・法学・物理学・数学・紋章学・解剖学・戦争・音楽・建築の用語，および人文学または科学のその他複数の領域の用語も解説。
　　同上の語に関する語源・定義・歴史的考察も付す。自ら読む物を理解しようと願うすべての者にとって非常に有用。

　弁護士が本業だったブラウントは，他の1言語・2言語辞書から大量に借用をしたが，その一方で，自分が本を読んでいて出くわした語や，ロンドンの自分のまわりで話されているのを耳にした語なども入れた。ブラウントの定義は，1語だけの説明から詳細な説明に至るまで長さはさまざまであるが，際立って目新しいところは，語源と「歴史的考察」を入れたことであった。語源として，見出し語の直後にカッコ書きで原語を入れている。例えば以下の通りである。

　　Deprehend (deprehendo) to take at unawares, to take in the very act. (〈羅「捕まえる」〉：不意打ちを食わせる，現場を押さえる)
　　Depression (depressio) a pressing or weighing down. (〈羅「押えつける」〉：圧迫すること，重みで圧すること)

「歴史的考察」は説明の中に入れられており，かなり突飛なものが時折見受けられる。例えば以下である。

　　Hony-Moon, applyed to those marryed persons that love well at first, and decline in affection afterwards; it is hony now, but it will change as the moon. (ハネムーン：最初は十分に愛し合っているが，後に愛情が欠

けていく夫婦に使われる。今は蜜のように甘いが、やがて月のように変わっていくもの。)

ブラウントについてさらに特筆すべきは、彼が出典を明示し、権威ある文献から引用したことである。これは以後ますます重要になったことである。例えば次の例の通りである。

Depredable (depredabilis) that may be robbed or spoiled. *Bac.* (＜羅「奪える」＞：奪われうる、剥奪されうる。出典：ベーコン)

'*Bac.*' は哲学者であり科学者であったフランシス・ベーコン (Francis Bacon) (1561-1626) のことで、ブラウントはこの語の出典がベーコンだとしている。ブラウントは従来の著者以上に幅広い内容を取り込んだが、それでも本の主眼はやはり「難語」にあり、「人文学および科学」の用語が付け加えられた。

難語辞典は拡大し続けた。エドワード・フィリップス (Edward Phillips) が1658年に刊行した *The New World of English Words*(『英単語の新世界』) は約1万1000語を収録しているが、フィリップスが没した1696年に出た第5版では収録語数は1万7000語にまで増えている。エリシャ・コールズ (Elisha Coles) の編集により1676年に刊行された *An English Dictionary*(『英語辞典』) は、主として方言や、チョーサー (Chaucer) やガワー (Gower) が用いた古語、隠語を加え、見出し語数を2万5000語にまで増大した。ここで言う隠語とは泥棒たちの俗語のことで、コールズはこうした語の収録を次のように正当化している。

隠語を理解することは不名誉なことではない。これで喉を切り裂かれなくて済むか、少なくともスリの被害にあわなくて済むようになるかも知れない。

コールズの辞書は17世紀末の辞書作りの実状を示していたが、それはまだ、英語の日常語を収録するには至っていなかった。本当に包括的な辞書が現れるのはまだ先のことであった。

4.3 内容の網羅性

英語の1言語辞書は17世紀初頭に簡素な借用語彙表として始まった。17世紀の間に借用語彙表は拡大されたが、たいていはより珍しい種類の語彙を収録する方向で拡大された。語源にも注意が払われるようなり、17世紀末までに2つの語源

辞書が現れた。1つはスティーブン・スキナー（Stephen Skinner）の *Etymologicon Linguae Anglicanae*（『英語語源辞典』）で，これは著者の没後4年たって1671年に出版された。もう1つは1689年に刊行された著者不詳の *Gazophylacium Anglicanum*（『英語の宝物箱』）で，これはスキナーから多くを取り込んでいる。

18世紀に入ると，1702年に *A New English Dictionary*（『新英語辞典』）が出版され，1言語英語辞書が新たに注目されることとなった。この本の著者名には"J.K." というイニシャルが記されているだけだが，今日ではジョン・カージー（John Kersey）のことだと広く考えられている。彼はエドワード・フィリップスの *The New World of English Words* を1706年に改訂し，1708年には姓名を明示して *Dictionarium Anglo-Britannicum*（『英国語辞典』）を出版した。J.K. の辞書は次のように紹介されている。

『新英語辞典』：英語でふつうに使われている，最も本来的な重要語を余すところなく収集したもの。難語と学術用語の簡潔で明瞭な解説付き。

すべてがアルファベット順に並べられており，主として語の正しい綴りを学ぼうとする若き学徒・職人・女性のために作られたもの。いかなる能力の者にもふさわしいので，教師がいないすべての者にとって常に助けとなるであろう。

J.K. の2万8000の見出し語のほとんどはそれまで辞書に現れたことのない語であった。この辞書の目的は「網羅的」（compleat）であることと，英語の「本来の」（proper）語を確認することである。対象とする読者には，読み書きができるようになりつつあった商人や職人が含まれている。そして，辞書の主たる目的は，使用者が語を正しく綴れるよう手助けをすることである。当時の学校教科書の多くに綴り字表が含まれていた。J.K. はこの特色を組み込んで，辞書に日常語を含めたのである。『新英語辞典』の見出し語の大半には，ごくわずかな定義・説明しか付されていない。例えば下記の通りである。

An *Apron*, for a Woman, &c.（エプロン：女性などが使用）

An *Arm* of a man's body, of a tree, or of the sea.（腕：人の身体，木，海などの）［訳注：an arm of a tree は「枝」，an arm of the sea は「入り江」の意味］

An *Elephant*, a beast.（象：獣の一種）

May, the most pleasant Month of the Year.（5月：1年で最も心地よい月）

この辞書では，語源にはほとんど真剣な関心が払われていなかった。せいぜい借用語の起源となった言語が示されるぐらいであった。

内容の網羅性と語源情報の充実という2つの原理が，ナサニエル・ベイリー（Nathaniel Bailey）が1721年に出した *An Universal Etymological English Dictionary*（『英語普遍語源辞典』）において融合した。この辞書はそれまでの辞書より扱う範囲が広く，より広い層の使用者に使われることを見込んでいた。

『英語普遍語源辞典』：古今の英語に含まれる大半の語の起源を包括的に示す。古代ブリトン語・サクソン語・デンマーク語・ノルマン系フランス語・現代フランス語・チュートン語・オランダ語・スペイン語・イタリア語・ラテン語・ギリシャ語・ヘブライ語からの派生をそれぞれ固有の文字を用いて表す。

また，すべての難語や…学術用語の簡潔で明瞭な解説ともなる…

わが国の昔の法令に使われた語句を多く収録して解説する…また，英国の男女の人名および主だった地名の語源と解説を付す。さらに国内諸州の方言も含む。

さらにわが国のごく一般的なことわざを集め，解説と例示を付して付け加えた。

本書は，好事家の慰み，無教養な者の情報源，若き学徒・職人・商人・外国人の便宜となるよう編纂され，きちんと整理されている。

ベイリーの4万語は多彩な出典から取られており，日常語と珍しい語の両方が含まれている。初めてことわざ（全部で約90種）が入れられた。本書はまた語源にも真剣な注意を払っている。例えば次に示す通りである。

Emerald，（*Esmeraude*, F. *Esmeralda*, Span. *Smaragdus*, L. of Σμαραγδος, Gr.) a precious Stone.（(仏：Esmeraude，西：Esmeralda，羅：Smaragdus＜希：Σμαραγδος）　宝石）

ベイリーの辞書（Simpson 1989参照）は非常に人気を博し，18世紀を通して広く使われ，1802年には13版に達した。この頃にはすでに見出し語は約5万語に

なっていた。本辞書は「無教養な者」や「好事家」、また「若き学徒」や「外国人」に向けられたものであり、当時の首相であった「大ピット」ウィリアム（William Pitt the Elder）もその著名な使用者の1人であった。

ナサニエル・ベイリーは1730年にさらに *Dictionarium Britannicum*（『英国語辞典』）という名の辞書を出した。サミュエル・ジョンソンの辞書（後述の4.5参照）の種本に使われたため、この辞書はとりわけ重要である。表題ページには次のような文言が見られる。

　　『英国語辞典』：現存するいかなる辞書よりも網羅的かつ普遍的な英語語源辞典。
　　　　語とその解説だけでなく、語源も含む…
　　　　人文学・科学・関連諸技術の全分野における難語・専門用語・学術用語を解説する。英語の正しい綴りと発音を共に示し、適切な発音を指示する強勢も付す。
　　　　収集作業は複数で行なった。数学部門はG.ゴードン（G. Gordon）、植物学部門はP.ミラー（P. Miller）が担当し、N.ベイリーが多くの語を付け加えて全体を改訂・改良した。

本辞書の4万8000項目にことわざは含まれていなかったが、1736年の第2版では多数収録された。神話や伝説上のものは別として、固有名は付録に移されている。ここで注目すべきは、少なくとも多音節語の強勢（アクセント）に関して「正音法」（orthoepia）、つまり語の正しい発音を含めたことである。また、数学と植物学の分野で専門家の助力を得たとベイリーが認めていることも注目すべきである。表題に謳う「普遍」性をいっそう実現するため、第2版では見出し語が6万語にまで増えた。また第2版では語源執筆に「現代低地ドイツ語教授T.レディアルト（T. Lediard）氏」が貢献したことを明示し、表題の「語源」という部分に目を向けさせようとしている。レディアルトが手を貸していることは次の例に明らかである。

　　Littoral（*litoralis*, of *litus*, L. the sea shore）（羅：litoralis, litus の「海岸」）
　　Little（*litel*, *lytel* or *lytle*, Sax. *litet* and *liten*, Su. *lidet* or *lille*, Dan. *luttel*, Du. *lut*, L.G.）（サクソン語：litel, lytel または lytle, スウェーデン語：litet, liten, デンマーク語：lidet または lille, オランダ語：

luttel，低地ドイツ語：lut)

　18世紀の前半には，ベイリー編纂の2辞書に続いて多くの「網羅的」辞書が刊行された。しかし，その大半はベイリーの辞書の亜種か，むしろそれ以前のタイプに逆戻りしたようなものであった。

4.4　英語の確定と固定

　辞書の発展の次の段階を知るためには，18世紀の学者や作家を悩ませた言語論争のいくつかを理解しなければならない。当時は英語という言語の状況が深く憂慮されていた。ルネサンス（文芸復興運動）の結果として，古典作家の著作が英語に翻訳されるようになり，特にラテン語から大量の語が英語に取り込まれた。このことが「衒学的用語（inkhorn）」論争［訳注：inkhorn は獣の角（horn）でできたインク壺のこと。転じてそうしたインク壺を使う学者・文人が用いるもったいぶった衒学的用語（特にラテン語などの借用語）を指す］を引き起こしたのである。著述家，特に翻訳家は，相当する語が英語にもあるのに，博識をひけらかすためだけにラテン語を借用していると非難された。英語の「黄金期」，すなわちシェイクスピアが芝居を書いていた頃のエリザベス朝を人々は回顧しつつ，それ以来英語は堕落の一途をたどっていると考えたのである。問題は，いかにして英語の堕落を抑止し，いっそうの堕落を食い止めるべく英語を「固定する」か，また，英語がかつての栄光を取り戻す助けとなるよういかにして英語を改良するか，という点にあった。

　フランスではこれらの問題がすでに解決済みのように見えたので，海峡の向こうに賞賛と嫉妬の目を向ける者もいた。1635年にルイ13世の宰相であったリシリュー枢機卿（Cardinal Richelieu）によってフランス学士院（アカデミー・フランセーズ）が設立されたが，その主たる目的は，フランス語を体系化・規範化し，容認できる表現とできない表現を公示することであった。これは今日まで続いている。そして，この目的を達成する道具の1つが辞書であった。*Dictionnaire de l'Académie française*（『フランス学士院辞典』）は1639年に編集が始まり，55年後の1694年に上梓され，続いて第2版が1718年に出版された。これを受けて，英国でも，英国学士院のような組織を作り，そこが同様の目的を果たすべきだという意見の者が出てきた。その一人が作家ダニエル・デフォー（Daniel Defoe, 1660-1731）であった。彼は1698年の *An Essay upon Projects*

(『改造論』)の中で，そうした機関が「品位ある学問を奨励し，英語を練り上げて洗練させ，かくも著しく無視されていた正しい言語の機能を高めて純粋で上品な文体を確立する」ことを目的にすべきだと提案した。学士院の設立に反対する者もいた。そのうちの一人サミュエル・ジョンソンは，そのようなやり方はイギリス風の事の運び方ではないと考えた。

　これらに代わる案は，何人かの適当な人物が集まって英語を検討する作業を行なうというものであった。王立協会（The Royal Society）は1664年に「英語改善」委員会を作ったが，そこから何かが生み出されたようには思えない。『ガリバー旅行記』（*Gulliver's Travels*）の著者ジョナサン・スウィフト（Jonathan Swift, 1667-1745）はこの提案を取り上げ，1712年に，英国財務卿であったオックスフォード伯爵にあて *A Proposal for Correcting, Improving and Ascertaining the English Language*（『英語を是正し，改善し，確定するための提案』）という小冊子を著した。冊子の中で，スウィフトは「一般的にこうした仕事に最適と認められている人々」が何人か集まるべきであるとしている。また「フランス人の間違いは避け」なければならないが，「フランス人の先例がある」ので，彼らは「わが国の言語から放逐すべき多くの語と，修正すべきさらに多くの語，それに，長く廃語となっているが，その力と音ゆえに復活すべき，おそらくかなり多くの語を見つけるであろう」と言う。彼はさらにこう続ける。

　　だが，私が最も熱望するのは，必要と思われる変更を行なった後で，わが国の言語を永久に確定し固定する何らかの方法を考え出すことである。というのも，言語が絶えず変化しているよりは，すべてにおいて完全とは言えなくてもその状態で止まっている方がまだましであるという意見を持っているからである。変化をどこかの時点で止めなければ，間違いなく，言語はより劣悪なものに変質してしまうであろう。

　変化は言語の大敵である。英語は「確定され」（'ascertained'：SOED によれば18世紀には「固定・決定・限定する」という意味），そして「固定され」（'fixed'）なければならないのであった。

　スウィフトは *Proposal* の中で文法と語彙を視野に入れていた。語彙に関して重要なことは，英語を「固定する」上で，正統的で「本来の」（proper）英語の単語をどのようにして決定するかということであった。この問題の解決法は，「権威」，すなわち最高の英語を代表しているとみなされている者たちに訴えることにあると考えられた。*The Spectator*（『スペクテーター』）の創刊者の一人

ジョーゼフ・アディソン（Joseph Addison, 1672-1719）は，辞書編纂に協力するため用例収集に着手していたが，公職に就くよう王に召喚されたため，これは頓挫してしまった。

1717年に次のような広告が新聞に出た。

> 英語の全貌を網羅的・標準的に収録した辞書の出版計画が出される。チョーサー（Chaucer）からシャフツベリー（Shaftesbury）に至るまで，最も権威ある弁論家や詩人が，さまざまな成句や文章作法によって書いた英語をそのまま典拠として随所で引用。フランス学士院の有名な辞書の編集方法に準拠。全4巻。二折判。

ところが，この計画で告げられた辞書が出版されたという証拠はない。アディソンと同じように，詩人アレクサンダー・ポープ（Alexander Pope, 1688-1744）も，辞書に貢献することに関心を抱いていた。彼は辞書用例の典拠になるべきだと考えられる散文作家の一覧表を作成し，「権威」問題に関してこのように述べている。

> ある語が英語であるかどうか，語のある用法が英語に本来のものであるかどうかが疑わしい場合には，大体において権威に頼るより仕方ない。ウイリアム・テンプル（William Temple）やロック（Locke）やティロットソン（Tillotson）の本にその語が出ているだろうか。もし出ていればそれは正しいのであって，少なくとも間違いとはみなされないと結論づけてよい。

18世紀には英語の現状についてこうした懸念が抱かれていた。辞書は英語を「確定」し，「固定」する目的を達成する道具になるだろうと思われていた。サミュエル・ジョンソンが記念碑的な仕事に着手したとき，彼はこうした懸念や辞書に期待されるその役割に気づいていた。

ジョンソンの辞書の刊行前に，こうした懸念に応えることを意図して別の辞書が出版された。ベンジャミン・マーティン（Benjamin Martin）が1749年に出した *Lingua Britannica Reformata*（『改訂英国語』）がそれである。同辞書は表題ページで多くのことを確約していた。

> 『改訂英国語：新英語辞典』（*Lingua Britannica Reformata: or A New English Dictionary*）。本書は次の表題を有する。すなわち，
>
> I. 普遍的──人文学・科学・職業・商業の全分野にわたって，英語で現在

使われているあらゆる語の定義と解説を含む。
 II. 語源論的——ラテン語・ギリシャ語・ヘブライ語・サクソン語などの祖語に由来する語の正しい語根と起源，またフランス語・イタリア語・スペイン語・ドイツ語・オランダ語などを起源とする語句を示し，説明する。
 III. 正字法的——最も定評ある当代作家の用法に基づいて，語を綴る際の正しく合理的な方法を教える。
 IV. 正音法的——正しい語の発音を単一もしくは二重アクセントによって示す。また，語の音節数がはっきりしない場合には，音節数を数字で示す。
 V. 弁別的——語のさまざまな意味を本来の順序で列挙する。つまり，語源的意味・常用的意味・比喩的意味・詩的意味・諧謔的意味・専門的意味の順で示す。これは従来にない初めての試みである。
 VI. 文献学的——文法・修辞学・論理学・形而上学・神話学・神学・倫理学など，文献学の諸領域における現代の発展に基づいてすべての用語を説明する。
 VII. 数学的——算術・代数学・対数学・流率・幾何学・円錐曲線論・日時計製造術・航海術などの領域のすべての語を最新のニュートン数学に基づいて説明するのみならず，学術用語については適切な用例と銅版画挿絵で例証する。
 VIII. 哲学的——天文学・地理学・光学・流体静力学・音響学・力学・遠近法などの領域におけるすべての語句を，文献に著された最新の発見と進歩に従い説明する。

　以上に，英語の特性と原理に関する自然文法論を含む序説を付した。

　マーティンは辞書学者というよりはニュートン数学専攻の科学者，またその唱導者として名を馳せていたが，彼の辞書計画は，構成と細部への注意，また最新の学問を反映しようとする配慮において印象深いものである。しかし，グリーン（Green 1996:218）が述べているように，マーティンは約束通りには実行できなかった。彼の新しさを示す重要な仕事は，108ページに及ぶ「自然文法序説」（'Physico-Grammatical Essay'）である。この序説において，彼は英語を「固定する」ことについていくつかの鋭い指摘を行なっている。

　どのような言語であれ，言語の純粋性や完全性に対してある種の基準を設定しようと言い立てることは…まったくの思い上りであり不遜なことである。

というのも，あらゆる言語は恣意的な用法と慣習によっており，永久に同じではありえず，常に変化し，流動しうるからである．ある時代には上品で優雅だと思われたことが，時代が変われば，無教養で野卑だと思われるかもしれないのである．

これから述べるジョンソンは，マーティン以上に優れた辞書学者であるが，彼もまた最後には同様の結論に達することになるのである．

4.5 サミュエル・ジョンソン（1709-84）

ジョンソンの *A Dictionary of the English Language*（『英語辞典』）［訳注：復刻は Times Books, 1979（フォリオ版の2巻本を一冊にまとめたもの）。雄松堂からも一冊にまとめたコンパクト（B5判）版（1983）が出ている］は1755年に刊行された．同辞典の編纂を働きかけた出版社グループと彼が契約してからすでに9年の歳月が流れていた．当初の合意では，3年後に完成本を引き渡し，総額1500ギニー（1575ポンド）を受け取ることになっていた．この金には，雇用予定の6名の助手経費の一部も含まれている．ジョンソンはまず，*The Plan of a Dictionary of the English Language*（『英語辞書刊行計画書』）を準備し，1747年にこれを出版していた．周囲の人々に説得されて，彼は *Plan* をチェスターフィールド伯爵（Earl of Chesterfield）に上奏した．伯爵は政府の要職にあり，言語に関心があると知られていたので，金銭的援助とまではいかなくとも庇護を受けられるという希望があったからである．だが結局，最初にくれた10ポンドを別とすれば，伯爵からは金も庇護も得られないことがわかった．後にジョンソンは，伯爵への *Plan* 上奏によって，出版社相手により多くの時間が稼げたとして，これを正当化している．

この *Plan*（Wilson 1957 に再録）は興味深い文書で，駆け出しの辞書編集者であったジョンソンが，この大事業についてかなり深く考えをめぐらせていたことがわかる．当時の人々の英語の現状に対する関心に照らし合わせて，彼は方法論的な問題に取り組んでいる．彼はまず，どの語を収録するべきかという選択の問題から始めている．彼の言では，「本辞書の主たる目的は，わが国の英語という言語の純粋性を保ち，その意味を確定すること」にあるという．この言葉を読めば，「特定の職業分野の用語と…それに関する学術分野の用語」は「一般的に外国由来」なので除外すべきだと主張しているように思えるかもしれない．しか

し，考慮すべきは，この辞書の使用者が何を期待し，何を求めているかということである。人は「学術用語」を探すために最も頻繁に辞書を引くのだから，外国語は除外できないことになる。

批評家のみならず，一般大衆の使用を考えた辞書を完成するためには，各職業に特有の語をある程度は入れておくことが必要であるように思われる。

彼は，英語になりきっておらず，まだ外国語と思われている借用語を「外来語」（alien）と呼び，それらと「英語に組み込まれた」借用語を区別するため，前者を斜字体で印刷するよう提案している。次に彼は，日常語（common word）を収録すべきかどうか論じ，「読者の学識の限度を決める」のが不可能であることと，日常語も「アクセントを定め，発音を確定し，語源をたどる」必要があることの2つの根拠から，それらを収録すべきだと主張している。ともかく彼は，辞書に見出される情報が，読者の必要量以下であるよりは，それ以上であることを望んでいたのである。

ジョンソンは *Plan* の中で，「選択」の次に「正字法」（orthography）に注目している。これについては「まだ最高の批評家の間でも定まらないところが大いにある」が，彼は，正字法がはっきりしている場合は現在の慣習を変えるべきでないこと，また，刷新するにはそれに足る十分な理由があるべきだとしている。「発音」については，「生きた話し言葉の堕落から最初の発音変化が始まるので，発音が安定することは言語の持続にとって大いに重要である」と述べた上で，「すべての多音節語はしかるべき権威によって発音を定め，単音節語は対応する音を有する語を併記してその発音を固定する」ことを提案している。

「語源」（etymology）［訳注：ここでは語源だけでなく形態も扱う］に関しては，ジョンソンは「単純語」（simple word）と「複合語」（compound word）の区別を，また単純語では「本源語」（primitive word）と「派生語」（derivative word）の区別をつけるよう提案している。元の言語にさかのぼって語源が決定されない限り，いかなる本源語も辞書に入れないようにすれば，「我々の言語が隠語に蹂躙され，愚行と気取りの種となる低俗な語が蔓延することがなくなるであろう」と彼は言う。「語源」の次には「類推」（analogy）［訳注：語形などを屈折の類似形から類推する］が来る。ここでジョンソンが意味しているのは語の屈折形のことで，「我々の英語の屈折形は…無数の不規則形を許しているが，この辞書ではそれらに丹念な注記を加える」としている。「統語」（syntax）に関しては，「英語の構文は一定しないので，規則にくくることはでき

ない。最良の著者が使う特定の語の使い方を他と区別して考察することによってのみ、それを学ぶことができる」とする。例えば、我々は die of と言うが、その一方で perish with とも言うのである。同様に、「慣用連語」(phraseology) についても彼は注目している。これは語が「我々の言語に特有な方法で」結合して用いられることであり、ジョンソンは make love（女性に言い寄る）、make a bed（ベッドを整える）、make merry（浮かれる）といった表現中の make を例に引いている。

「これからが大仕事である」とジョンソンは言う。それは「解釈」（すなわち、定義）であり、「これらの語句を簡潔に、完全に、明瞭に解釈するという仕事」は「これらの語を同じ言語で説明しなければならないがゆえに」それだりますます難しいこととなる。彼は多義語の個々の意味を区別し、それらの意味を合理的な順序で提示することを提案している。まず「もとの本源的な意味」、次は「その結果生じた意味」、その次は「比喩的な」意味で、その後に「詩的な」意味、「馴染みのある」意味、「おどけた」(burlesque) 意味が続く。最後にジョンソンは、語を「それぞれの本来の類」に「配置」しようとした。これは、一般的に使われている語を、主に詩で使われる語、廃れてしまった語、特定の作家しか使わない語、おどけた書き物でしか使われない語、及び「不純で野卑な語」と区別するということであった。廃語については「我々の言語の黄金時代の幕開けとなった」エリザベス女王 (Queen Elizabeth) が即位した1558年以降の作家の著作に出てくる場合にのみ収録することになった。

ジョンソンの所見は、すべて「引用例」によって補われることになっている。

> 本辞書はすべての部分において典拠用例を信頼の拠り所としている。こうした用例の引用に当たっては、当然の決まりを守ることが適当であろう。例えば、三文作家よりも一流の評判を得ている作家を優先するとか、引用を正確に書き留めるとか、都合よく選べる場合には、直接的な使用例以外に、言語の優雅さや、思慮分別または神への敬愛の教えを伝えることで喜びや教導を与えてくれる文を選ぶといった決まりである。

これに加えて、ジョンソンは、ある語句を最初に用いた作家や、廃れた語句を最後に用いた作家の名前を明示しようとしている。

> この方法によって、どの語もそれ自身の歴史を持つことになり、読者は英語が徐々に変わってきたことを知り、語の興隆と衰退を目の当たりにすること

になるであろう。しかし，あまりに細かく正確な考察をなすことは，理想として望まれるべきことであって，実際に期待されるべきことではない。語の用法が注意深く記述されていれば，好奇心が満たされなくとも我慢してもらわねばならないことが時にあるであろう。

　ジョンソンはここで，実に1世紀以上後のOED（『オックスフォード英語大辞典』に通じる仕事を先取りしようとしている。ともかくも「一流の評判を得ている作家」という特定の範囲に引用元を限定したために，ジョンソンは，自らが上記の目標を達成する可能性を排除してしまったのである。

　ジョンソンは，チェスターフィールド伯爵に向けた *Plan* をこう締めくくっている。

> 閣下，これが私の考える英語辞書であります。これにより，我らの言語の発音は固定され，その習得は容易になります。我らの言語の純粋性は保たれ，用法は確定され，それは長期にわたって持続するものとなります。文法書によって国民の言語を正すことと，道徳談義によって国民の礼儀を改めることは，たぶん同じくらい難しい仕事かも知れません。しかし，閣下のご庇護が完全には潰えないとすれば，この仕事もあながち無駄にはならず，過去を保存し，現代作家の進歩に資するやもしれません。こう願わずにはおれませんし，こう望むことは同様に自然なことでもあります。

　この時点でジョンソンが自分自身の言辞を信じていたのか，あるいは伯爵の考えと推測されるものに迎合していたのかは定かでない。*A Dictionary of the English Language* の「序文」（Wilson 1957に再録）で語っているように，完成時までにジョンソンは，辞書が英語の「固定化」に及ぼす影響についてより悲観的になっていた。

> 私の計画に賛同してくださる人々は，これによって，我々の言語が固定され，これまで何の抵抗を受けることもなく時と偶然が作ってきた変化に終止符が打たれることを求めるであろう。実は私も，一時はそうした結果になるものと自惚れていた。だが今となっては，道理から言っても経験から言っても到底正当化しえない期待に耽っていたのではないかと心配し始めているところである。人が歳を重ね，やがて次々と死ぬ様を何世紀もの間見てきて，我々は，寿命を千年に延ばすと約束する不老不死の霊薬をあざ笑う。それと同じように，語句を変転から守った国の例など1つとして示すことができな

いのに，辞書編集者が，自分の辞書は言語に防腐処理を施してそれを腐敗と腐朽から守れるとか，自分には月下の自然を一新し，この世から愚かさ，虚栄，気取りを一掃する力があるとか想像するとすれば，嘲笑されてしかるべきであろう。

では，それならば，いったいどうすることができるというのか。

我々が恐れる変化が抗しがたいものならば，人間の他の克服しがたい苦悩と同様，黙認する以外に何があろうか。残されたことは，我々が抵抗できないものの成長を遅らせ，治すことができないものを一時的にいやすことだけである。究極的には死を打ち負かすことはできないが，生は注意すれば伸ばすことができる。言語は政府と同じように，自然に堕落する傾向がある。我々は長い間，国体を護持してきた。我らが言語のために少々戦おうではないか。本質的に死ぬべき運命にあるものを長生きさせたいという希望を抱きつつ，私はこの辞書と永年の編集の労苦をわが国の名誉のために捧げてきた。

ジョンソンの言う「永年の労苦」を見てみよう。「永年」とは，出版社と契約を交わした1746年6月から *Dictionary* が発売された1755年4月にまで及ぶ。ジョンソンは，とりわけ私生活においてさまざまな浮沈を味わった。まず，金銭問題があった。このため彼は他の仕事を引き受けざるを得なくなり，*The Rambler*（『ランブラー』）を書き始めたのである。また，1750年のロンドン地震や，妻のテティーが長患いの末1752年に死去するという悲劇もあった。さらに，彼のために働く6人の助手が完全に揃ったためしは一度もなかった。ジョンソンは，1年余り辞書の仕事をしてから，方法を改めて最初からやり直す必要があると決めたらしい（Reddick 1990参照）。彼の方法は基本的に次のような手順を踏むことであった。

ジョンソンは，ベイリーの *Dictionarium Britannicum* の白紙挟み込み版を基本として使い，それを補うべく幅広い文献閲読計画を実行した。自ら賞賛する作家を選んでから，その作家の作品の1つを選び出し，正しく使われていると思われる語を見つけると，鉛筆でその語に下線を引き，書き写してもらいたいと思う前後の一節にしるしを付けた。一冊を読み切り，使えると思ったすべての語にしるしをつけ終えてから，その本を助手の1人に手渡した。すると助手は，しるしがつけられた一節をばらの白紙か白紙の帳面に写し，さらにそれを切り取るか「切り抜く（clipped）」かして別々の紙片とし，大きな箱の中に入れた。そして

紙片は見出し語によってアルファベット順に並べ替えられた。重複したり余分だったりして不要なのはどれか，使うのはどれかはジョンソンが決めた。彼は引用例を自分の目的に合うよう修正することもあった。全部で11万4000の引用例が *Dictionary* の中で使われたが，それらは1749年の夏までにはジョンソンが使える状態になっていた。それから彼は，各々の語にいくつの意味があるかを決定して定義を書き，語源を与える必要があった。少しずつ原稿が印刷業者に送られ，校正のためにゲラ刷がジョンソンに戻された。

1753年4月には，第1巻（A-K）が最終的な形になり，その1年後には *Dictionary* のほとんどの部分が印刷された。あとは，英語の歴史に関するジョンソンの序説を待つこととなった。ジョンソンはオックスフォード大学から名誉修士号が授与されるのを待って，時間を引き延ばしていたとも考えられる。修士号は，結局1755年2月に授与された。1755年4月の刊行時には，*Dictionary* は二折判の2巻本の体裁で4ポンド10シリング（4.5ポンド）で売られ，約2000部が売れた。この辞書はさらに版を重ね，ジョンソンは重版作業も担当した。初版から気づいていたさまざまな誤りや不整合箇所の修正をすべて組み入れた大改訂を行なったのは1773年の第4版である。ジョンソンの辞書は1世紀の間，最高の英語辞書であり，フランス学士院会員が40人がかりでフランス語のために成し遂げたことを，たった1人で英語のために成し遂げた人物として，編者ジョンソンは賞賛された。

ジョンソンは，典拠用例（引用例）を収集し，その典拠を使って見出し語項目を構成するという，後の辞書作りの標準的な手順となる方法によって記念碑的な辞書を作り出しただけでなく，*Plan*，とりわけその「序文」において，辞書編纂者の仕事の性質と直面する問題についての考察を行なった。それらのほとんどは今でも辞書編集者が苦闘しなければならない問題である。

4.6 関連文献紹介

辞書作りの歴史は，Green（1996）の中で興味深く語られている。

コードリー以前の辞書は，Stein（1985）に述べられている。コードリーからジョンソンに至るまで（ジョンソンは含まず）の辞書は Starnes and Noyes（1946）で扱われている（これはG. Stein（編）で1991年に再刊された［訳注：序文・参考文献表などが新たに付け加えられている］）。

ジョンソンの辞書作りの経緯は，Reddick（1990）に詳しい。

第5章 『オックスフォード英語大辞典』

　サミュエル・ジョンソン（Samuel Johnson）の *A Dictionary of the English Language*（『英語辞典』）の人気は19世紀に入っても衰えなかったが，1836〜37年には同辞書の好敵手となるチャールズ・リチャードソン（Charles Richardson）の *A New Dictionary of the English Language*（『新英語辞典』）が現れた。用例を多用したことと，ホルン・トゥック（Horne Tooke）の提唱によるいくぶん風変わりな「哲学的歴史言語学」（philosophical philology）に従っている点で，リチャードソンの辞書は重要である。*The Diversions of Purley*（『パルリーの気晴らし』1786, 1805）の中でトゥックは，すべての語が単一語義を持つ本源的名詞（primary noun）と本源的動詞（primary verb）にまでさかのぼるという概念を提唱した。彼が取り上げた例の中で典型的なものは bar である。bar は「防御」という基本的な意味を持つが，この意味が barn（納屋），baron（男爵），barge（はしけ），bargain（取引），bark（吠える）といった語に含まれていると彼は考えたのである。トゥックの還元主義的な発想はある程度広まってリチャードソンの辞書の語源記述にも影響を与えたが，言うまでもなくその大半は疑わしいものである。19世紀の中頃までには，当時を代表する両辞書は，共に収録語彙が不足しているとみなされるようになった。こうした見方をもたらしたのは，新たに結成された「歴史言語学協会」（The Philological Society）である。

5.1　歴史言語学協会

　歴史言語学協会は，「諸言語の構造・類似性・歴史の調査ならびにギリシャ・ローマ時代の古典作家に対する歴史言語学的例証」を目的として1842年5月に設立された。1857年に，同協会は初期英語の語彙に関して，既存辞書の収録語彙が不足していることへの懸念を表明した。協会は未登録語（unregistered word）収集のための委員会を結成したうえで，そのための文献閲読計画（reading programme）を担当する文献閲読ボランティアの募集を行なった。委員会の目標は

既存辞書の補遺を公刊することであった。しかし同年11月に，未登録語収集委員会の委員の一人でウェストミンスター寺院の首席司祭でもあったリチャード・シュヌビックス・トレンチ（Richard Chenevix Trench）による2本の論文が同協会で発表された。その論文は後に *On Some Deficiencies in Our English Dictionaries*（『わが国の英語辞書の欠点に関して』）と題されて出版された。なお，トレンチの他にはハーバート・コールリッジ（Herbert Coleridge）［訳注：詩人S.T.コールリッジの孫］とフレデリック・ファーニバル（Frederick Furnivall）が委員を務めていた。トレンチ司祭はおよそ7項目にわたって既存英語辞書の欠点を指摘した上で，辞書にとっての「唯一の妥当な基本」は「歴史主義」（historical principle）にあるとした。この言葉によって彼が意図したのは，主としてドイツで発達した新しい科学的な比較歴史言語学のことである。当時のドイツでは，ヤーコプとヴィルヘルムのグリム兄弟（Jakob and Wilhelm Grimm）が，歴史主義に基づくドイツ語辞書 *Deutsches Wörterbuch*（『ドイツ語辞典』）の編纂に着手していた。

5.2 初版

歴史言語学協会はトレンチの論文に共感を覚え，1858年1月に「新しい英語辞書は歴史言語学協会監修の元に編纂されるべきである」という決定を行なった。その翌年，協会では13世紀後半以降の英語語彙を包括的に扱うことを求めて「歴史言語学協会編集による新しい英語辞書出版計画書」を発表した。計画書では次のように述べられている。

> およそ辞書たるものの第一の必要条件は，詳述しようとする言語で書かれた文学作品に現れるすべての語を収録していることである。個々の語の扱いに関しては，一貫して歴史主義を採用するものとする。

ハーバート・コールリッジが初代編者に任命され，英文学の諸作品を精読して適切な用例を探す文献閲読ボランティアの公募活動が行なわれた。辞書編纂に当たってコールリッジは作業規則集を作成した。それは1860年に *Canones Lexicographici*（『辞書編集の規則』）として出版された。彼は，長時間にわたる歴史言語学協会の会議中，濡れた服を着たままだったことから風邪を引き，それがこじれて肺結核となり，その翌年，31歳で没することとなった。

編者としてコールリッジの跡を継いだのは，未登録語収集委員会の3人目の委

員であるフレデリック・ファーニバルである。ファーニバルは派手で精力的な人物で組織を取りまとめる力量に優れていたが，方々に手を広げすぎていた。そこで彼は複数の副編集者を指名した。その仕事は，文献閲読ボランティアから寄せられた用例スリップを回収・整理し，編集者に回送することである。ファーニバルはまた，歴史言語学協会が立ち上げたこの仕事がいかに膨大なものであるかに気づき始め，1862年には新たな文献閲読ボランティア募集の呼びかけを行なった。彼は計画中の辞書の出版に先行してコンサイス版の辞書を出すことを提案したが，それにも同じぐらいの作業量が必要になることが明らかになったため，この提案は日の目を見なかった。ファーニバルは，初期英文学作品のテキストに出版物となっていないものが存在することを認識し，1864年に初期英語文献協会 (The Early English Text Society) を結成した。同協会は，それまで刊行されていなかった1558年以前の文学資料を印刷物として利用できるようにすることに集中的に力を注ぎ，計画中の辞書にとってこの上なく貴重でかつ必要な資料を提供することになった。だが，ファーニバルはやがて他の関心事に心を奪われるようになった。彼は副編集者たちを励まそうとしたものの，副編集者や文献閲読ボランティアの努力は尻すぼみとなった。そのため，1872年に歴史言語学協会に送った報告書の中で，ファーニバルは「本辞書における進展はこの間非常に乏しく，詳細な報告を新たに行なう必要はない」と述べている。彼はこの仕事を引き継がせる新しい編集者を探し，2度にわたって断られた後に，北ロンドンのミル・ヒル・スクールの教師であり，歴史言語学協会の評議員でもあったジェームズ・マレー (James Murray) に連絡を取った。

　計画中の辞書には，編者だけでなく出版社も見つかっていなかった。ファーニバルはこの2点を確実にすることを目指した。辞書出版に関心を持っているとされていたマクミラン社との交渉は失敗に終わったが，彼はケンブリッジ大学とオックスフォード大学の出版局に連絡を取り，一方でマレーに編集方針を教え込んだ。しばらくたって1878年にマレーが編集者に任命され，1879年3月に歴史言語学協会とオックスフォード大学出版局の間で新辞書の出版契約が取り交わされた。契約では，全4巻7000ページにおよぶ辞書を10年以内に完成することが取り決められた。マレーは最初の仕事として，副編集者や文献閲読ボランティアの手元に残っていたすべての資料を回収した。その後ミル・ヒルの自宅の庭に波型鉄板の建物を作り，彼はそれを資料保管のための「写字室」(Scriptorium) と呼んだ。

　マレーは専任教師の仕事を続けながら編集者の仕事を始めた。ファーニバルか

ら手渡された約200万枚の用例スリップを整理していてマレーが気づいたことは，受け取った資料が辞書編纂に必要な証拠としてはずいぶん不足しており，しかもその大半が不適切なものであるということだった。そのため彼は3年期限で1000人の文献閲読ボランティアを募り，新たな文献閲読計画を立ち上げた。実際には英国で約800人，北米で4,500人の文献閲読ボランティアが集まった。その中でもっとも精力的かつ献身的だったのはアメリカ人外科医W. C. マイナー（Dr W. C. Minor）であった。精神分裂症にかかっていたマイナーは，ロンドンで殺人事件を起こした後にブロードムア刑事犯精神病院に収監されていたのだった（Winchester (1999) ではマイナーについての興味深い話が語られている）。マレーは，探すべきものが，語の起源や定義を示す用例や何らかの点で特殊な用例であることをはっきりさせた上で，当該語を左上隅に記入し，完全な書誌情報を添えた6×4インチのスリップに用例を書き込んで送るよう文献閲読ボランティアたちに明瞭に指示した。彼はまた，用例スリップを編集者に送付する際の切手代を負担することにした。用例スリップを受領すると，自分の子供（合わせて11人いた）を含む助手たちに手伝ってもらってそれらを分類し，写字室の中の適切な書類棚に入れていった。3年間の調査で100万枚の用例スリップが集まり，最終的には初版辞書のために延べ500万枚の用例スリップが集められた。

　マレーは辞書の基礎データを収集すると同時に，収録情報の記載方法など，辞書編集の基礎となる諸理念についても検討を行ない，1884年2月，AからAntの項目を収録した辞書の第一部を出した。だが，10年間という刊行期限までに残された時間は少なくなっていた。辞書編集をより早く進めようと思えば，マレーがこの仕事にもっと時間を傾注しなければならないことと，彼に手助けが必要であることは自明だった。こうして1885年，マレーは専任編集者となった。彼は出版作業の現場近くに住むためにオックスフォードへ転居し，バンベリー街78番地の住居の地下に新しい写字室を作った。そして多くの助手と共に，第2編集者としてヘンリー・ブラッドレー（Henry Bradley）が任命された。

　1888年，AとBの項目を収録した第1巻が出版された。序文の中で，マレーはこの辞書の編纂に非常に時間がかかっている理由を次のように説明している。

> 本巻の編纂には，この計画の発起人たちが誰も予想しなかったほど長い時間がかかった。時間を費やしたのは主に2つの点においてであった。1つはAT, BY, BUT, BE, BEAR, BREAK などの大項目に関係する。これらの項目を組み立てていくのには，何日も，場合によっては何週間もかかっ

た。各項目はある程度の秩序にしたがって配列されているが、できあがった結果をご覧いただくだけでは、数千の用例文からなる雑然としたかたまりをこうした条件に当てはめていく際の苦悩や困難はほとんどおわかりいただけないだろう。仕事のこの部分に関しては、先人の努力も事実上まったく助けにならなかった。というのも、英単語の意味の発達を論理的かつ歴史的に示そうとする試みは従前には存在しないものだからある。我々の試みも完全とは言いがたいが、許された時間と資料の制限の中でなしうる最大のものがここに示されている。多くの時間がかかったもう1つの点とは、歴史・慣習・流行・貿易・産業などの事柄に関する曖昧な語の意味の解明である。これには、現在使われている語も廃語も含まれている…こうした語に関して、信頼できる一次情報を得ることはしばしば途方もなく困難で、その困難が克服できない場合もあった。

　序文には多くの人々の助力への謝辞が記されている。そこにはマレーが時々相談に乗ってもらった多くの学者や、自分の時間を進んで提供した副編集者たちが含まれている。また1000例以上の用例を送った文献閲読ボランティアの名も列挙されている。そして彼の序文は次のような言葉で終わる。

　　これまでに多大な助力を受け、それらはこの辞書を完成させる上で大いに役立っている。だが結局のところ、時間という要素は依然として未解決のままである。この計画を「完成とは言えなくとも、ともかく期限内に終わらせる」ためには、ジョンソン博士の時代と同じく、現代においてもやはり調査に制限を設けることが必須である。このため、第1巻の編集作業の終了以降、編集者および編集担当者は、1年に1部を確実に刊行できる一定の作業進度を保つことを目標としている。また現在、ヘンリー・ブラッドレー氏（本巻における氏の協力は上述の通りである）は補佐担当者と共に独立して第3巻に取り組んでいる。こうした十分な根拠から、出版計画は今後これまでに比べて2倍の速さで進むだろうと予想できる。

　マレーはおそらく楽観的な態度を示していたのであろう。この辞書が最終的に完成するまでにはさらに40年かかることになったのである。1897年以来ブラッドレー作業班で補佐役として働いてきたウィリアム・アレキサンダー・クレーギー（William Alexander Craigie）が1901年に第3編集者に任命された。さらに、1895年からこの辞書のために働いてきたチャールズ・タルバット・アニオンズ

表1：主として歴史言語学協会の収集資料に基づく *New English Dictionary*

巻	項目	出版年	担当編集者
第1巻	A, B	1888	マレー
第2巻	C	1893	マレー
第3巻	D, E	1897	マレー, ブラッドレー
第4巻	F, G	1901	マレー, ブラッドレー
第5巻	H—K	1901	マレー
第6巻	L—N	1908	マレー, ブラッドレー, クレーギー
第7巻	O, P	1909	マレー
第8巻	Q—Sh	1914	マレー, ブラッドレー, クレーギー
第9巻第1部	Si—St	1919	マレー, ブラッドレー, クレーギー, アニオンズ
第9巻第2部	Su—Th	1919	マレー, ブラッドレー, クレーギー, アニオンズ
第10巻第1部	Ti—U	1926	マレー, ブラッドレー, クレーギー, アニオンズ
第10巻第2部	V—Z	1928	マレー, ブラッドレー, クレーギー, アニオンズ

(Charles Talbut Onions) が，1914年に第4編集者に就任した。

　第8巻が刊行された1914年に第1次世界大戦が勃発し，複数の辞書スタッフが軍役に志願したため計画の進捗は遅れた。ジェームズ・マレーは1908年にナイトに叙せられ，1915年に78歳で没した。死の1年前，がんの治療中だった彼は一時的に元気を取り戻してTの項目を執筆したものの，すぐに肋膜炎を患い，ついに7月26日に神に召されたのである。彼は愛する辞書のために働くことで長きにわたって神に仕えてきたのだった。ヘンリー・ブラッドレーもまた，辞書の完成を見ることなく1923年に没した。それは最終巻が刊行される5年前のことだった。

　こうして完成した *A New English Dictionary on Historical Principles* (『歴史主義に基づく新英語辞典』) は1万5487ページからなり，当初予想された7000ページの2倍以上となった。ジェームズ・マレーは辞書全体のおよそ半分にあたる7207ページを編集した。集められた500万以上の用例のうち，実際に辞書に使用したのは186万1200例であった。収録項目数は25万2200，収録定義数は41万4800にのぼる。1884年にA–Antを含む最初の部分が出版されてから44年，歴史言語学協会が最初に「新しい英語辞書」の構想を提唱してから70年の歳月が必要だった。

　この大辞典は，全12巻に存命の2人の編者クレーギーとアニオンズの編纂による866ページの補遺を加えて，1933年に *The Oxford English Dictionary*（OED；『オックスフォード英語大辞典』）のタイトルで再刊された。補遺には過去50年間

に英語に加わった語や語義が含まれている。文献閲読ボランティアは刊行済みの巻の収録語についても用例スリップを送り続けていたのである。補遺にはさまざまな項目が含まれるが，とりわけ，意図的または偶然に本編から削除された起源の新しい語，大量の文芸や科学分野の語，増大する口語的・俗語的語彙，米語用法などが収録されており，固有名詞もより幅広く収録されている（なお，クレーギーは歴史主義に基づく米語辞典を編纂し，それは1936年から1944年にかけて刊行された）。

5.3 OEDに含まれるもの

OEDの歴史をさらにたどる前に，ジェームズ・マレーと彼の同僚の編集者たちが収録した内容を管見しておこう。第1巻の序文の中で，マレーはこの辞書の目的について次のように述べている。

> この辞書の目的は，現在一般的に用いられている英語，あるいは過去700年間の特定時期に用いられていた英語について，その意味・起源・歴史を適切に説明することである。この辞書では次の3点に意を砕いた。(1) 個々の語に関して，それがいつ・どのように・どんな形で・どんな意味で英語に加わったのか，形態や意味がその後どのように発展したのか，語の用法のうち時間経過に伴ってどれが廃れてどれが残っているのか，いつ・どのような過程で・どのような新用法が生まれてきたか，などを示すこと。(2) その語の初出として知られている例から最終の例，あるいは現在に至る一連の用例によって上述の事実を例証し，語そのものに自らの歴史と意味を語らしめること。(3) 歴史的事実に厳密に基づき，現代の歴史言語科学の手法と知見に沿って個々の語の語源を扱うこと。以上の3点である。

ジョンソンは1世紀前に，語や語義の誕生と消滅，その意味の変化や発展を示す一連の用例によって，1150年当時に使われていた語に始まる全語彙の歴史を提示しようとしていた。OEDが目指すのはまさにこのことである。といってもOEDがすべての語彙を収録しているわけではない。実際にそこにあるものを記録するという記述的立場を取っている一方で，OEDにはビクトリア朝的な感受性がうかがえる［訳注：ビクトリア朝時代には上品さ（respectability）が極端に重視され，肉体や性に関する話題は忌避された。例えば肉体を連想させるsweatをperspireで言い換えるような慣習があった］。それゆえ今日なら（卑語・俗

語）というラベルが貼られるような語の一部は収録されていない。また科学・技術用語の一部は，辞書編纂のさなかに造語されたばかりだったので収録されていない。なにしろ1896年11月に初めてブロードムアのマイナー医師を訪ねたとき，オックスフォードからクロウソーンまで汽車に乗った後，マレーは駅から精神病院まで馬車で行ったのだからそれも当然のことである。また，文献閲読ボランティアと彼らの調査能力をあてにしたことも収録語の範囲に影響を与えたかもしれない。というのも，読んでいる資料の中に必要なものを探し出す能力は文献閲読者により千差万別であったからだ。マレー自身が後に認めているように，次に示すような彼の指示もまた，役に立っていなかった可能性がある（Mugglestone 2000a：8）。

　まれだったり，廃れていたり，古めかしかったり，新奇だったり，特殊だったり，あるいは特殊な使われ方をしていると自分が思う「すべての」語に関して用例を引用しなさい。

　そうは言っても，文献閲読ボランティアから送られた証拠はしばしば編集者自身が調査して補ったし，特にまれな語や専門用語に関しては，情報提供を求められたほかの学者が調査して補った。

　マレーは英語の「日常語」（common word）のすべてを収録することを目指したが，辞書第1巻の序文となる「総説」（General Explanations）で明らかにしているように，日常語というのは流動的な範疇である。

　英語の語彙には，核として，その「英語性」（Anglicity）に疑問の余地がない数千語の中心的かたまりが存在する。その中には，文語でのみ用いるものや口語でのみ用いるものもあるが，大部分は文語と口語で同時に用いる。それこそが英語における「日常語」である。だが，日常語はあらゆる点においてその他の語と関連している。その他の語とは，地方方言，特定「集団」および階層内での俗語・流行語，通商や訴訟などの特殊な専門用語，すべての文明国家にとって一般的な科学的用語，他の地域で他の諸民族が実際に話している言語，といった領域により顕著に関わるもので，日常語と呼ぶのがより困難なものである。そして，いずれの方向においても境界線などというものは絶対に存在しない。英語という言語を1つの円とすると，そこにはおよそ中心といってよい部分があるが，その輪郭をはっきり見分けることはできないのである。しかし，実用品にはなんらかの区切りがつきものであり，こ

の辞書もはっきりした区切りを付けている。辞書編集者は，博物学者と同じく，枝分かれする各々の方向の中で「どこかに線を引く」必要がある。編集者は文学作品や会話に現れるすべての「日常語」だけでなく，日常的に用いられるようになった科学用語・専門用語・俗語・方言・外国語なども収録せねばならない。そして自分が引こうとする境界線がすべての批判的読者にとって満足のゆくものではないことを十分わかった上で，それでもなお「日常語」の位置ないし地位に接近してゆかなければならないのだ。「日常語」の範囲は，その人自身の読書・研究・仕事，居住地が地方や外国であることなどによって，万人にとって幅があるため，誰か1人の英語でもって「すべての」英語を代表させることはできない。それゆえ，辞書編集者は，誰かある1人の総語彙よりははるかに多いであろう個々の人の語彙の大部分を示すことでよしとするほかない。

　マレーはOEDが「俗語や流行語よりも…科学や哲学といった分野によりいっそう」深く分け入っていることを認めている。これは，前者の語が口語にのみとどまっているのに対し，後者の語が文語で使われる可能性が高いという基本的な考え方に基づくものである。

　OEDは語を「主要語」(main word) と「従属語」(subordinate word) と「結合語」(combination) の3種に分類している。主要語には，単純語であれ派生語であれ（1.6参照），すべての単一の語と，「意味・歴史・重要性から見て項目を分離して扱うのが適当」な複合語 (compound) が含まれる。従属語とは「主要語の異形・廃形，誤った形成語，実在や使用が疑わしい語のうち，何らかの根拠によって記録されるのが適切と思われる語」である。例えば次の例がそれに当たる。

　　Afforse, obs. variant of AFFORCE（《廃》AFFORCEの異形）
　　Afforst, obs. variant of ATHIRST（《廃》ATHIRSTの異形）
　　Affrait, -ly, see AFFRAYITLY, AFRAID（AFFRAYITLY, AFRAID参照）

　主要語と従属語は見出し語としてアルファベット順に辞書に並べられるが，従属語は主要語より小さい活字で印刷される。結合語とは，派生語や複合語のうち，独自の定義が不要か「同属語との関係で簡単に説明できる」語のことである。結合語はその語頭要素を構成する主要語の見出しの下で扱われる。また，あ

る語が複数の語類（word class）にまたがっている場合は語類ごとに分けて立項する（例：名詞の brass と動詞の brass）。

　主要語の項目は識別（Identification）・形態（Morphology）・意味（Signification）・用例（Illustrative Quotation）の4つの部分で構成されている。識別部は当該語の綴りで書き始められる。見出し語には一般に通用している語形がボールド活字で冒頭を大文字にして記載される。そして **Jowl, jole**（あご）というように，その後に他に使用されている綴りがすべて記載される。廃語と思しき語は † **Kask**（活発な・生き生きとした）のように綴り直前に短剣（ダガー）マーク（†）が付けられる。また ‖ **Hemiplegia**（半身不随），‖ **Kursaal**（保養地の娯楽室）のように，綴りの前に二重線（‖）が付いているものもあるが，これは英語におけるその語の「国籍」（citizenship）に関連している。この点に関して言うと，語は「在来語」（natural），「帰化語」（denizen），「外来語」（alien），「外国語」（casual）の4種に区分されている。「在来語」には（アングロ・サクソン語源の）固有語（native word）と，完全に在来語化していて綴り・発音・屈折（活用）などに元の痕跡を残さない借用語のすべてが含まれる（例：gas, street など）［訳注：gas は18世紀のフランドルの化学者の造語，street は「舗装された道」を示す前期ラテン語だが，現在ではともに在来語化］。「帰化語」には，借用語のうち，用法は在来語化しているものの，綴り・発音・屈折などに元の痕跡が残るものが含まれる（例：crèche, locus など［訳注：crèche は「託児所・孤児院」を意味する語だが，綴りに元のフランス語の名残が残っている。locus は「場所」を意味する語だが，複数形が locuses ではなく loci となる点で元のラテン語の名残が残っている］）。「外来語」には，種々の事物や名前などを表す借用語で，英語でも一般的に用いられるが，英語にそれに相当する語が存在しない語が含まれる（例：intifada, Knesset など［訳注：intifada は「占領下のパレスチナ人の一斉蜂起」を指すアラブ語で，Knesset は「イスラエル国会」を指すヘブライ語］。「外国語」は「外来語」に似ているが，旅行案内などを除いて一般的には用いられない語のことである。これらのうち帰化語と外来語，および外来語化しつつある外国語に二重線が付けられる。

　見出し語とその全異綴形の後には丸括弧書きで発音が記載される。OED の総説の中で，マレーは「発音とは，語の実際の生きた形であって語そのものである。その語に用いられている綴りはただのしるしである」と書いている。OED は国際音標文字（International Phonetic Alphabet: IPA）より古いため［訳注：IPA は1886年に設立された国際音声学協会が1888年に制定し，1951年に改

訂]，マレーは学者の助言も取り入れながら，大変な苦労をして語の音を表す正確な表記システムを開発した。項目の中で，発音の次に記載されるのは，語類あるいは品詞といった文法表示（grammatical designation）である。名詞類に属していることが明らかな場合はラベルは記載されないが，明らかでない場合には *sb.*（名詞を意味する古語 substantive の略）のラベルが記される。さらに語が特定の範疇や主題領域に属している場合は，語類ラベルの後に特殊分野（specification）ラベルが記載される（例：音楽を表す *Mus.* など）。また，用法・文体（status）ラベルが記載されることもある。これには，*Obs.*（obsolete：廃語），*arch.*（archaic：古語・雅語），*colloq.*（colloquial：口語），*dial.*（dialect：方言），*rare*（稀な語）などが含まれる。*dial.* は「以前は一般的に用いられていたが今では方言でのみ用いる」語を指し，元々方言であった語は原則としてこの辞書には収録されていない。

　語の綴りが変化した場合や，かつて他の綴りが存在した場合は，古い綴りも記載される。それらが複数に及ぶ場合は，Forms（語形）というラベルが記される。例えば次を参照のこと。

　　Housing　Forms: 5 howsynge, husynge, 7 howzen, 7-9 howsing, 7- housing.

数字は世紀を示しており，5 は15世紀，7-9 は17-19世紀を表す。ただし，1 は12世紀以前の「アングロ・サクソン語」を示す。識別項目に記載される最後の情報は「屈折」である。これは不規則変化する名詞・動詞について記載される。

　語項目内で識別部に続くのは形態部で，ここには「語形史」（form-history）が示され，語源（つまり起源となった言語名），英語に入ってから起こったあらゆる語形変化，語形史に関する雑多な事実のすべてが記載される。この部分は大きい角かっこの中に記載される。次の例を参照のこと。

　　Knave [OE. *cnafa* = OHG. *knabo, chnabe* (MHG. and G. *knabe*):— OTeut. **knabon-*. The relation between this and the synonymous *cnapa*, KNAPE (q.v.) is not clear. OHG. had also *knappo* (MHG. and G. *knappe*): on the supposed relationship between this and *knabo*, see Streitberg *Urgerm. Gram.* p. 151.]

　　Knave［古英語．cnafa＝古高ドイツ語．knabo, chnabe（中高ドイツ語およびドイツ語 knabe）．古チュートン語復元形 knabon- に由来。当該語と同義語の cnapa, KNAPE（当該項目参照）の関係は不明．古高ドイツ語には

knappoの形もあった（中高ドイツ語およびドイツ語ではknappe）．当該語とknaboの間に想定される関係については，Streitberg著『原ドイツ語文法』p.151を参照のこと］
［原注：「:—」は「…に由来」，「*」は「復元形」(reconstructed form)］
［訳注：q.v. は quod vide というラテン語で「その項目を参照せよ（which see）」の意味］

knaveは古英語（アングロ・サクソン語）からの固有語である．以下に示すのは，借用語の語形態記述の一例である．

Hurcheon [a. ONF. *herichon*, OF. *heriçun* (12th c. in Littré), mod.F. *hérisson* (in Hainault *hirchon*, *hurchon*, Picard *hérichon*, *irechon*) :— pop.L. *hēricionem*, f. *hēricius*, late form of *ēricius* hedgehog. See also URCHIN.]

Hurcheon［古期北部フランス語 herichon，古期フランス語 heriçun（Littré 著の辞書によれば12世紀），現代フランス語 hérisson（エノー地域では hirchon, hurchon，ピカルディ地域では hérichon, irechon）から借用．俗ラテン語の復元形 hēricionem に由来．hēricionem はハリネズミを意味する ēricius の新語形である hēricius から．URCHIN の項も参照］
［原注：a.='adapted from'（「…から借用」），f.='from'（「…から」）；Littré は，エミール・リトレ（Émile Littré）編纂により19世紀に出版された歴史主義に基づくフランス語辞書で，マレーの手本のひとつ］［訳注：Hainault はベルギーとフランスの国境地帯．Picard は Picardie と呼ばれるフランス北部地帯を指す．popular Latin は vulgar Latin ともいう］

hurcheonはハリネズミを指す言葉であるが，OEDの注釈によれば，現在（1901年時点）ではスコットランドと北部英語の方言に限定されているということである．ハリネズミの意味を持つもう1つの方言語 urchin に相互参照がなされていることに注目したい．

　形態部が語の語形史を示すとすれば，意味部はその語の意味史を示す．ある語が1つ以上の意味（meaning）ないし語義（sense）を持つ場合，項目の最初から終わりまでアラビア数字で通し番号が割り振られる．語が複数の意味の「枝」を独立的に発展させる場合，分岐した意味の「枝」にはローマ数字（Ⅰ，Ⅱ，Ⅲなど）が振られる．しかしその場合でも，各意味に通して割り振られる数字は1つ目の意味の枝から2つ目の意味の枝へと連続的に続く．意味に下位区分を設ける必要がある場合は小文字のアルファベット（a，b，c など）を用いる．廃語の場合と同じく，廃れた意味にはダガー印（†）がつく．語の誤用や混同を表す意

味の前には¶印がつく。例えば idea という見出し語には5つの意味の枝がある。

I. 個別的に具現されたものとは区別された一般的・理想的な形；原型，型，計画，標準（語義1～6）
II. 形状，形，像（語義7）
III. 知覚像，知覚，概念（語義8～9）
IV. 現代の哲学的発展（語義10～11）
V. （語義12，限定辞で（*attrib.*＜attributive uses）もしくは結合形で（*Comb.*＜in combinations））

各々の意味にはそれぞれ定義が与えられ，その後に関連した用例が年代順に続く。冒頭に記載される用例は，見つけられた中で，その語をその意味で使った最古の用例である。そしてその語がすでに廃れている場合，最後に記載される用例が，見つけられた中での最後の例である。語の特定の意味が英語の語彙に含まれていたとされる期間に対して，およそ1世紀につき1例の用例を収録することを目標としている。例えば，behaviour の最初の意味（「人生における他人との関係において自らが振る舞う態度；demeanour, deportment, bearing, manners」）に記載された用例は以下の通りである。

1490 CAXTON *Eneydos* xxxi. 120 For hys honneste behauoure [he] began to be taken with his loue.（正直な振る舞いに対して彼は愛を持って受け入れられ始めた）**1530** BALE *Thre Lawes* 53 In clennes of lyfe and in gentyll behauer.（人生の美しさと優美な振る舞いにおいて）**1601** SHAKS. *Twel. N.* iii. iv. 202 The behauiour of the yong Gentleman, giues him out to be of good capacity, and breeding.（その若い紳士の振る舞いは彼が有能で育ちのよいことを示す）**1754** CHATHAM *Lett. Nephew* v.32 Behaviour is of infinite advantage or prejudice to a man.（振る舞いは，人に対して限りない利益をもたらすこともあれば反感を生むこともある）**1797** GODWIN *Enquirer* I. xiii. III Their behaviour is forced and artificial.（彼らの振る舞いは不自然でぎこちない）**1862** H.SPENCER *First Princ.* II.i. § 36 Special directions for behaviour in the nursery, at table, or on the exchange.（子育て・食事・論争の場での振る舞いについての特別な指示）**1875** JOWETT *Plato* (ed.2) IV.226 His courage is shown by his behaviour in battle.（彼の勇気は戦場での振る舞いによって示される）

19世紀後半ないし20世紀初頭という時期においてジェームズ・マレーと同僚の編集者や作業関係者が利用できた手段を考慮すれば，その欠点がどんなものであろうとも，OEDは辞書編纂における記念碑的業績を体現していると言える。英語研究者たちは数世代にわたってあらゆる種類の学術研究のためにOEDの内容を掘り尽くしてきたが，OEDは十分彼らの役に立っている。1933年版が計画の完遂を示しているように思えたが，実は，OEDに関する状況はとどまることなく絶えず動いているのである。

5.4 補遺と第2版

OEDは1933年に補遺1巻が出たが，それは，特に従前の辞書に追加する目的で当時利用できた資料を精選したものに過ぎない。1950年代に入るとオックスフォード大学出版局は新しい補遺の発行計画に着手することを決断した。辞書の既存内容を満たすだけでなく，辞書刊行以降の語彙の増加も考慮しようとしたのである。W. A. クレーギーが没した1957年，ロバート・バーチフィールド（Robert Burchfield）が補遺計画を監修する新編集者に任命された。彼は1923年ニュージーランドの生まれだが，1950年からオックスフォード大学で勤務しており，そこでC. T. アニオンズと親交を結び，彼から辞書編纂の監督者として指名されたのであった［訳注：バーチフィールドは2004年没］。

バーチフィールドの補遺は，1933年版の補遺を組み入れ，さらにそれに取って代わろうとするものであった。当初は1巻本で出す予定で，7年間で完成できると思われていた。これは後の1965年に改訂されて3巻本として出版されたが，最終的には4巻本となり，出版は1972年から1986年にまたがることとなった。

1972	補遺第1巻	A―G
1976	補遺第2巻	H―N
1982	補遺第3巻	O―Scz
1986	補遺第4巻	Se―Z

1957年にバーチフィールドは新しい文献閲読計画を立ち上げた。補遺第1巻の序文の中で，彼は「1884年以降の時期に書かれたあらゆる種類の書物から」150万の用例が収集されたと述べている。バーチフィールドによる文献閲読計画は，OEDの元の調査よりもさらに収集の網を広げている。

我々は大胆にも、ブリテン島の外の地域、特に北米・豪州・ニュージーランド・南アフリカ・インド・パキスタンの英語文献にまで調査の手を広げた。また教科書や雑誌から、主要な学術分野のすべてに共通する中核的で永続的な語彙を収集しようと努力した。それには、社会学・言語学・コンピュータ科学などの新しい分野も含まれている。

バーチフィールドはまた、「性行為や排泄行為に関する口語表現や卑語表現も幅広く」収集したと述べている。

「主要語」と「従属語」を分ける OED 本体の区分は補遺では廃止された。語を「古語・雅語」「廃語」などに分類するラベルシステムはそのまま残されたが、主題ラベル（subject label）は大幅に拡張された。これは、科学語彙が増大し、専門化していること、および「多くの科学分野が相当に複雑なものとなり、教養ある一般人に理解できるような書き方で専門用語のすべてを定義することがもはや不可能になっている」ことを考慮したものである。全 4 巻からなるバーチフィールドの補遺は、合計で 6 万9000項目と50万以上の用例を収録している。

バーチフィールドによる補遺計画は1980年代初頭には目処がついた。オックスフォード大学出版局は OED を進化させる新たな手段を講じることを決断し、辞書を電子媒体に移し変えることを目的として1984年に新 OED 計画を立ち上げた。計画では OED 本体とバーチフィールドの補遺を 1 つの電子テキストとして統合することが提案された。この電子テキストは将来の辞書の改訂・増補の基礎となり、結果として書籍版の OED の第 2 版（OED2）を生み出すことになった。1984年にエドマンド・ワイナー（Edmund Weiner）が編集者に任命され、1986年にジョン・シンプソン（John Simpson）が共同編集者に任命された。この 2 人が OED の進化を監督することとなった。

辞書本体と補遺を電子媒体に移すことは膨大な作業であり、それには大西洋の両岸に位置する英国・米国・カナダの複数の組織の協力が必要だった。オックスフォード大学出版局と共に、ペンシルバニア州フォートワシントンのインターナショナル・コンピュータプリント・コーポレーション、カナダのウォータールー大学、英国 IBM が協力した。OED には種々のフォントや字体が用いられていて光学スキャナーが使用できなかったので、本文入力を担当する120人以上のキーボード入力者と彼らの仕事を確認する約50人の校正担当者が雇用された。エドマンド・ワイナーとジョン・シンプソンは、オックスフォード大学の辞書編集スタッフたちと共に電子版辞書の修正と編集を行ない、約5000の新語を追加して

OED2 を作りあげた。第2版での他の主要変更点は，マレーの発音表記システムを廃止して，辞書の標準となっていた国際音標文字（IPA）を使用したことである。

　1989年3月に予定通り OED2 が書籍版として公刊された。いかなる部分であれ OED が予定通りに刊行されたのはこれが最初のことである。OED2 は全20巻，2万1730ページ，本文5900万語からなり，定義語は約50万語，用例は240万にのぼる。全20巻を本棚に並べると横幅は1メートルを超える。この後，OED1 を含む OED2 の電子版がいくつか公刊された。電子版には大型メインフレームコンピュータ用の磁気テープやパーソナル・コンピュータ用の CD-ROM があった。1枚のディスクに収められた OED2 の決定版 CD-ROM が1992年に，第2バージョンが1999年に発売された［訳注：第1バージョンはインストール用フロッピーディスク1枚とデータ用 CD-ROM 1枚からなり，第2バージョン以降はインストール用 CD-ROM 1枚とデータ用 CD-ROM 1枚からなる。2002年には第3バージョンが発売された］。

　OED の CD-ROM 版は携帯性が向上しただけでなく，書籍版ではとうてい不可能だったやり方で辞書を検索することが可能になった。例えば見出し語・定義・語源・用例などの各項目ごとに独立した検索ができる。用例に関しては，年代・作家・作品・文書ごとに分けて検索することもできる。語源検索では特定言語に起源を持つすべての語を表示することができるし，さらに厳密を期して語源欄において何らかの形でその言語への言及があるすべての語を表示することもできる。例えば Russ（＝Russian（ロシア語））を検索すれば473件の結果が得られる。また，年代検索では特定の年に出版されたすべての文献からの用例が，作家検索ではその作家が書いたすべての作品からの用例が，作品検索では特定の出版物からのすべての用例がそれぞれ検索できるのである。しかしながら，OED をこのように検索することは簡単ではないし，分類コードに不統一が多いこともわかる。これは明らかに，辞書編纂に長い年月がかかったことと，その仕事に関与した編集者や副編集者が大勢いたことに起因するものである。例えばシェイクスピアの『ハムレット』（*Hamlet*）からのすべての用例を探したければ，その書名がふつう Ham. と略記されていることを知らねばならない。そして，書名 Ham で検索すると *B'ham* Daily Post などからの無関係な用例が検索結果に混在してしまうことに気づくだろう［訳注：*B'ham*... など，書名に ham を含むすべての書物からの用例が検索されるため］。こうした問題はあるものの，電子検索は英語および英語史を研究する学術ツールとして，OED をさらに利用してい

く道を開くものである。現行版には，取り除くべき多くの不統一や不正確さが残っているが，この作業こそが新しい OED 計画の次の段階の目標なのである。

5.5　第 3 版

　1993年以降，約120人のスタッフで構成される OED 編集部は，2010年の第 3 版刊行を目標に，辞書の全体に及ぶ徹底的な改訂を行なっている。この作業では OED に含まれるすべての語を検証し，必要な場合は定義を改訂し，発音を確認し，現代の学術的知見に照らして語源を再検証し，用例を評価し直し，現在収録されているものより古い初出用例の調査なども行なっている。また数千の新語が辞書の見出し語のリストに加わると予想されている。3巻の補巻（*Oxford English Dictionary Additions Series*, 1993-1997）がすでに刊行されている。OED 編集スタッフは社内での校閲と調査に加えて，しばしば電子メール（OED2 では email, e-mail の 2 通りの綴りが記載されている）を用いて世界中の研究者と連絡を取っている。彼らはまた定期的に刊行されるニューズレターやインターネット上のウェブサイト（oed.com）で，定期的に情報の募集を行なっている。OED3 の主任編集者はジョン・シンプソンで，エドマンド・ワイナーが歴史言語学部門主任となっている。

　一方で OED は2000年 3 月からオンライン化されている。OED3 に向けた改訂は現在進行中であり，その様子はオンラインで公開されている。改訂作業は M の項目から始まり，四半期ごとに約1000の改訂項目が新規に組み入れられている。オンライン版契約者は，任意の語彙項目について OED3 の記述と OED2 の記述を比較することができる。編集者たちは，改訂の過程を通して辞書本文の分量が実質上 2 倍に増えることに気づいている。すでにオンラインに掲載されている「第 3 版序文」（Preface to the Third Edition）では，第 3 版で遵守している諸理念や作業手続きが解説されている。改訂作業の主要な部分を占めるのは用例の更新と拡充である。多くの語が従来考えていたよりも古い用例を持つことがわかっている。その中には顕著に古いものもあり，例えば Magnificat（聖母マリア賛歌）は中英語ではなく古英語に存在したことや，macaroon（アーモンド入りクッキー）は初期近代英語（Early Modern English）ではなく中英語に存在していたことなどが判明している。編集室には 4 種の主要な文献閲読計画から新しいデータが届いている。文献調査は，個人情報提供者から収集された資料はもちろん，19世紀および20世紀の英米の各種情報源，初期近代から19世紀および

20世紀に至る各種文書，英語語彙に関する種々の研究論文，また他の辞書編纂計画で得られた各種資料などを網羅している。さらに新聞のオンライン版や，文学作品およびその他の資料の全文データベースなどの電子データも有益な資料として調査している。また科学分野の専門用語にも適切に注意を払い，世界中の英語の変種をより幅広く網羅することにも努力を傾けている。

シンプソンは，序文の結論部において OED にまつわる数々の「神話」を打ち破っている。

> 『オックスフォード英語大辞典』には多くの神話が付きまとっている。その中で最も広く知られている神話は，OED はこれまで英語という言語を形作ってきたあらゆる語とそのあらゆる意味が収録されているというものである。そのような目標は決して完全には達成できないであろう。今回の改訂により，編集者には従来見過ごされてきた多くの語を追加する機会が与えられたが，それでも言語を構成するすべての要素を包括的に収録するということは一種の幻想であることを十分に理解していただきたい。とは言うものの，合理的な範囲において言うならば，この辞書の内容は確かに包括的である。

辞書に記載されてはじめて語は語となる（英語は英語になる）ということがしばしば言われる。こうした論理は言葉遊びという目的なら受け入れられるかもしれないが，その範囲を超えて受け入れることはできない。このような考えを唱える者たちは，辞書というものが「適切な」（proper）英語を収録するよう期待している。だが一方で，実際のところ，辞書にはこうした人々が「適切」だとは思わないような多くの俗語・くだけた語・専門用語・その他の語が含まれているのである。そうした語はそれが属する使用域（register）に応じて典型的なラベルが付けられている。なお，辞書に頼っても「英語にいくつの単語が存在するのか？」というような疑問の答えは得られないことを，ここで付け加えておいてもよいだろう。

> 本辞書，および辞書一般にまつわるもう 1 つの神話は，辞書は扱うすべての語を包括的に分析しているということである。有限の書き物である以上，これもまたありえないことである。しかし理屈の上でより重要なことは，すべての辞書が読者に読みやすい形で情報を伝えようと意を砕いているということである…。読者諸氏には…いかなる意味合いにおいても本辞書を包括的・網羅的なリストとして考えるのではなく，むしろ英語という言語に属するさ

まざまな語の歴史や意味を知る便利な案内書とお考えいただきたい。

歴史言語学協会が1858年に「歴史主義に基づく新英語辞典」編纂の委嘱を決断してから，OED は長い道のりを歩んできた。新しい電子媒体を活用し，最新の学術研究の知見を組み入れることで，OED は英語語彙の歴史的記録として今なお発展・進歩し続けている。第3版はきっとジェームズ・マレーの夢を実現し，当時の彼が手元の資料ではなしえなかった高次の正確さと一貫性を達成することとなろう。しかし，今後とも OED は，何よりもマレーの卓見の遺産として受け継がれていくのである。

5.6 関連文献紹介

OED のウェブサイト oed.com は，OED の歴史と現在の発展を含め，OED のあらゆる面に関する優れた情報源である。このウェブサイトでは，オンライン版 OED の体験ツアー（oed.com/tour）も用意されている。

ジェームズ・マレーの物語については，彼の孫娘である K. M. エリザベス・マレー（K. M. Elizabeth Murray）が Murray (1977) の中で体験を報告している。また，Winchester (1999) の中ではマレーと W. C. マイナー医師との交友が描写されている［訳注：Winchester (2003) も参照］。

OED2 については Berg (1993) に解説がある。OED に関する種々の学術論文は Mugglestone 編（2000b）の中で見つけることができる。

第6章　現在まで

　英語辞書の発達を概観するに当たって，少し逆戻りして，大西洋を横断し，アメリカで辞書が発達したところから話を再開しよう。アメリカの植民地は1776年に英国からの独立を果たした。新しい国家は自らの政治体制を確立し，自国の動物相と植物相を調査した。また，アメリカ先住民の言語を話す者たちと友好的・敵対的な接触を拡げ，さらに，ヨーロッパや他の各地から種々雑多な言語を話す多数の移民を吸収した。それゆえ，アメリカにおける英語の語彙は，英国の英語話者が知らないまったく新たな一連の語を組み入れることとなった。同時に，産声をあげたばかりの国の独自性を主張したいという欲求に駆られて，英語とは別個の米語を確立しようとする風潮が出てきた。そうすると，このような風潮に対する抵抗も現れた。

6.1　ノア・ウェブスター（1758-1843）

　巣立ちしたての国で，米語を提唱する主要人物の一人がノア・ウェブスター（Noah Webster）であった。彼は「教師であり，綴り字改革者であり，法律家であり，講演者であり，ジャーナリストであり，版権法制定の戦士であり，そして驚くべきことに，当該分野の基本書とされる2巻本の *History of Pestilential Diseases*（『疫病の歴史』）の著者」（Morton 1994：40）であった。教師をしている間に，ウェブスターは利用できる教科書に不満を抱き，1783年に *A Grammatical Institute of the English Language*（『英語の文法提要』）を出版したが，これには文法書と読本の他に綴り字教本が入っていた。やがて，この綴り字教本だけが切り離されて，*The Elementary Spelling Book*（『初級綴り字教本』）として出版された。通称「青表紙の綴り方教本」（Blue-Back Speller）と呼ばれる本書は，この種の教本の最初のものではなかったが，アメリカで育つ子供の誰もが使う標準的な教本となり，出版後100年の間に約1億部が売れた。
　ウェブスターは綴り字改革の熱心な唱道者であった。英国でもアメリカでも，彼が最初にこれを唱道したわけではなかったし，最後の唱道者でもなかった。た

だ，ウェブスターの綴り字改革論議の礎は政治的・愛国的なものであった。*Dissertations on the English Language*（『英語に関する論考』，Boston 1789）の中で，ノア・ウェブスターは次のような議論を提唱した（Green 1996：256に引用）。

>　合衆国における本改革の最も重要な利点は，英国の正字法とアメリカの正字法とが区別できるようになることである。この問題に注意を払ってこなかった者はこのことに驚くであろうが，かかる出来事は大きな政治的意味を持つと確信する。綴り字を変えることは，いかに小規模であれ，自国での本の出版を促す。これによって，すべての本をアメリカで印刷する必要がある程度出てくる。イギリス人は自分たちが使うために，我々の正字法を真似ることはないだろうから，両国が同じ刷ですますことはできなくなるだろう。現在の世代の住民はイギリスの刷を読むであろうが，別の綴り字を教えられた子孫はアメリカの正字法を好むことになるだろう。
>
>　綴り字に限らず，国語は国を1つに団結させる絆である。この国の人々を愛国的にし，彼らの愛着をしっかり祖国に向かわせ，彼らに国の誇りを抱かせるため，あらゆる手段を採らねばならない。

　結局，米語で採用された綴り字改革は，ウェブスターの提案のごく一部だけであった。favour のような語で our を or にしたり，theatre のような語で re を er としたり，traveller のような語でイギリス英語なら子音字を重ねるところを単一の子音字を用いるようにしたのがその例である。

　アメリカの国語意識をさらに押し進めるもう1つの手段は，米語辞書であると彼は考えた。ウェブスターの最初の試みは，1806年刊の *A Compendious Dictionary of the English Language*（『簡明英語辞典』）であった。これは特に独創的なものではなく，ウェブスターも認めているように，1764年に英国で出版され，アメリカに輸入されたジョン・エンティック（John Entick）の *The New Spelling Dictionary of the English Language*（『新英語綴り字辞典』）に基づいていた。ただ，ウェブスターは，読書によって集めたアメリカの生活を反映する5千の新語を加えたと主張している。さらに，外国通貨換算・重量単位・計量単位・米国郵便局一覧表・大事件主要発明年表など，多様な百科事典的情報を盛りこんだ52ページにのぼる付録も付けた。序論の中で，ウェブスターはサミュエル・ジョンソン（Samuel Johnson）の欠陥をとがめて，自分，すなわちノア・ウェブスターこそが当代で最も影響力のある辞書編纂家として認められるであろ

うと主張している。さらにまた，自分が編纂するものは米語辞書となるであろうとも主張している。

　Compendious Dictionary は真の米語辞書のさきがけになるものであったが，真の米語辞書が出現するにはさらに20年を要した。1828年にウェブスターは *An American Dictionary of the English Language*（『アメリカ英語辞典』）と題する2巻本の辞書を出版した。これには約7万語が含まれていたが，米語にしか見られない語はごくわずかであった。例えば，bobsled（ボブスレー），gerrymander（ゲリマンダー；（自党に有利な）選挙区割り），moccasin（モカシン；革靴の一種），pretzel（プレッツェル；（ひもを結んだ形の）塩味クッキー），squash（カボチャ），wigwam（ウィグワム；（米国先住民の）テント小屋）などがそうである。彼は英国よりもアメリカの作家から引用するのを好んだが，引用文は概して英語と米語が同じ共通の言語であることを例証することとなった。ウェブスターの辞書の最も賞賛すべき特色はその定義であった。彼の「定義はイギリスの辞書作りでそれまでになされたどれと比べてもより正確で，包括的で，より注意深く区別され，整理されたものであった」（Friend 1967, Morton 1994: 43 に引用）。OED の編者ジェームズ・マレー（James Murray）は彼のことを「天性の語の定義者」と呼んだ。*American Dictionary* の弱点は語源であった。ウェブスターはドイツに端を発する新しい文献学研究を無視し，自分だけの特異な道を追求した。これは彼の聖書を読む習慣に基づいたもので，それによって彼はノアの洪水以降の言語はすべて本源のカルデア語（Chaldee）にさかのぼると考えていた。語源は，ウェブスターの没後，ドイツ人学者 C. A. F. マーン（Mahn）が編纂した版において改訂されることとなった。これは「ウェブスター・マーン版」辞書として1864年に出版された。

6.2　辞書戦争

　アメリカは言語的に英国から区別され，自らの言語の規範や標準を発達させるべきだとするウェブスターの見解は，同胞であるアメリカ人すべてに共有されたわけではない。辞書・言語に関わる問題についての手引きを母国イギリスに求め続ける者もいた。その一人がジョーゼフ・ウスター（Joseph Worcester, 1784-1865）で，彼は *Johnson's English Dictionary, as Improved by Todd, and Abridged by Chalmers; with Walker's Pronouncing Dictionary, Combined*（『ジョンソンの英語辞典（トッド改訂，チャルマーズ簡約，ウォーカー発音辞典

合併版)』）という新版を編纂し，1827年にアメリカで出版した。ウスターは1829年にウェブスターの *American Dictionary* の簡約版を出したが，この版では，語源と引用の多くを省略し，自分がジョンソンの *English Dictionary* を編集する際に見つけた語を増補した。ところが，ウェブスターはこのウスターの改訂が気に入らなかった。1830年にウスターは自分の辞書 *A Comprehensive Pronouncing and Explanatory Dictionary* （『総合発音解明辞典』）を出版した。新たに語を加えて，綴り字はジョンソンとウェブスターの中間に据えて，語源を除外し，彼の得意分野である発音に特に注意を払った。

　当時すでに70代半ばにあったノア・ウェブスターは，1834年，ウスターによる剽窃を非難する内容の論文を書いた。ウェブスターの告発には，ウスターを失墜させる狙いがあったらしい。彼の辞書が自分の辞書の手強い競争相手となっていたからである。辞書作りにおいては，剽窃であると非難してもその立証は難しい。すべての辞書が先達から借用しているからである。ウスターが反論の中で指摘したように，ウェブスター自身も剽窃を行なっていた。この反論はまたウスターの *Comprehensive* の革新性と独自性を浮き彫りにもした。この2人のやり取りから20年にわたる「辞書戦争」が始まり，ウスターの辞書は保守的でイギリス寄りの辞書作りを目指す姿勢を示し，ウェブスターの辞書は米語の独自性とアメリカが自らの言語基準を定める必要性を擁護することとなった。ウェブスターの *American Dictionary* の「改訂増補」第2版は1841年に出版されたが，ウスターの辞典の市場占有率に何ら影響を与えなかった。ウスターは1846年の *A Universal and Critical Dictionary of the English Language* （『普遍的・批評的英語辞典』）でこれに応えた。ウェブスターは1843年に85歳で没したので，これは彼の死後の話である。ウェブスターの辞書の再版・改訂権は，彼の相続人から，ジョージ・メリアム（George Merriam）とチャールズ・メリアム（Charles Merriam）が買い受けた。彼らはマサチューセッツ州スプリングフィールドの印刷・書籍販売業者で，ウェブスターのために闘争を続けたのであった。*American Dictionary* の改訂・増補に取りかかり，1847年には1巻本にして，元の価格の半値で出版した。これでは印税収入が減ると一族は心配したが，売り上げは大幅に増加した。

　この「戦争」で次の一斉射撃の火蓋を切ったのはウスターであった。彼は1860年に，実質的に新作である *A Dictionary of the English Language* （『英語辞典』）を世に送り出した。これはすぐに大西洋両岸での英米両国において，手に入る中で最高の辞書であると認められた。しかし，最後に勝利をおさめることと

なったのはウェブスターであった。*American Dictionary* の徹底的な改訂が，ノア・ポーター（Noah Porter）と，ベルリン出身のカール・マーン（Carl Mahn）の編集で行われた。マーンは語源の記述を当時の学問水準まで引き上げた。出版者は「完全版」（Unabridged）と銘打ったが，むしろ「ウェブスター・マーン版」として知られており，この収録語数は11万4000であった。この辞書は，1864年に出版されると，教育・法律・出版の現場で好んで使われる辞書となった。ジョーゼフ・ウスターはその1年後に没し，この「戦争」は事実上終息した。G. & C. メリアム社が出版したウェブスターの辞書はますます力を伸ばして，1890年には見出し語数17万5000にのぼる *Webster's International Dictionary of the English Language*（『ウェブスター国際英語辞典』）が，1909年には *Webster's New International Dictionary of the English Language*（『ウェブスター新国際英語辞典』）が出版された。この辞書の序文にはこう記されている。

> この辞書は一から作り直したものである。以前の材料はふるい分けて，並べ換えた。ページ構成は抜本的に変更した。定義は峻別し，さらに歴史的な方法で扱った。どの分野においても語彙を増やし，新たな情報を付け加えて豊富にした。前の版と比べて顕著な特徴は，英語の全領域をより完全に学問的に扱ったこと，語と定義を大量に付け加えたこと，百科事典的情報を大幅に増やしたこと，同意語をさらに徹底的に峻別して扱ったこと，もっと包括的に例示したこと，それに辞書がもっと引きやすいように材料を配置したことである。端的に言えば，『新国際』は本質的に新しい本である。

この辞書は「スモールキャピタルで印刷した屈折形に加えて，ボールド（太字）体で印刷した語」が40万以上あると主張した。

収録語数の戦いは続いた。ファンク・アンド・ワグナルズ（Funk and Wagnalls）は，1913年の *New Standard Dictionary of the English Language*（『新標準英語辞典』）の見出し語は45万であると主張した。1934年の *Webster's Second New International Dictionary of the English Language*（Webster 2；『ウェブスター新国際英語辞典第2版』）は60万だと主張した。もっとも，正確に何を数えているのかはもはやはっきりしなくなっていたが，それが見出し語だけでないことは確かであった（3.4参照）。ウィリアム・アラン・ニールソン（William Allan Neilson）が編集した Webster 2 はアメリカの辞書の中で優位に立ったので，「今でも多くの中高年のアメリカ人の頭の中では最高の辞書ということになっている」（Landau 1989：64）。しかし，第3版の準備はすでに始まっ

ていた。

6.3 『ウェブスター新国際英語辞典第3版』（Webster 3）

　第3版編集のための体系的な文献閲読計画は1936年に G. & C. メリアム社の編集陣によって始まっていたが，この計画を遂行する編集主幹の名が明らかされたのは1951年のことである。フィリップ B. ゴウブ（Philip B. Gove）がその人で，彼は1946年以来この辞書の編集スタッフの一員であった。彼を支える多くの編集補佐や編集助手がいた。さらに，イラン語の語源からパイプオルガンに至るまで，あらゆる内容に関する200人以上の専門家を外部から顧問として迎えた。この辞書は1961年に出版されたが，ゴウブの序文での宣言によれば，「デザイン・スタイル・組版を一新した完全に新しい辞書で，どの行も新しい」ものであった。文献閲読計画においては，OEDや他の歴史的辞書ですでに入手できるもの，すでにファイル化されていた用例に加えて，およそ450万の用例を集めることとなった。この辞書は1828年のウェブスターの *American Dictionary* から数えて8代目に当たり，「初版が1828年のアメリカに役立ったように，今日の文化と文明の解明に言語面において資する最高のもの」となることを目指した。

　Webster's Third New International Dictionary of the English Language（Webster 3；『ウェブスター新国際英語辞典第3版』）は45万語を含むと主張している。また，Webster 2にはなかった10万の新語を入れたとも述べている。したがって，Webster 2にあった25万項目を取り除いたことになる。Webster 3には付録がなく，アルファベット順に並べられた主要部分にすべての見出しが入れられている。ゴウブはメリアム・ウェブスターの伝統を継承していると主張したが，批評家たちは常にそう見るわけではなかった。ただし，定義面では革新がなされた。

> 本辞書は正確ですっきりした定義を主たる目的としているが，完全に分析的な単一句による首尾一貫した定義に基づき，新しい辞書スタイルを発達させることによって，この目的を達成している。…同義語による定義は注意深く避けている。

　次は pantomime の第1語義（パントマイム（無言劇）の俳優）の定義である。

神話や歴史に由来する（悲劇的な愛のような）物語のすべての登場人物を，マスクや衣装を替えながら，ステップやポーズやジェスチャーだけで演じる帝国ローマの一人演技をするダンサーで，ふつうはギリシャ語で歌語りをするコーラスと，オーケストラ，時には助手がつく。

　全般的な方針において，メリアム・ウェブスターの伝統に敬意が払われている。

　　メリアム・ウェブスターの方針を継承するに当たり，この新版の編者たちが堅持したのは次の3つの辞書作りの「徳目」（cardinal virtue）である。すなわち，正確性・明瞭性・包括性である。これらの特質がお互いに不適合を起こした時は，正確性を最も重視した。というのは，正確性がなければ，Webster 3は権威あるものとしての魅力がなくなってしまうからである。正確性は，間違いを犯さないことと真実を曲げないことに加えて，辞書に次のことを求める。辞書は，その語の意味がどうあるべきかに関する編者の意見を示すのではなく，語が実際に使われている意味を記述すべきであるということである。

　Webster 3の批評家が革新的と評し，あるいは有害と批判したのは，語が実際に使われている意味を述べるというこの方針であった。意味はどうあるべきか，語はどう発音され，綴られ，使われるべきかについて，権威ある裁決をウェブスターの辞書に求められなくなったら，人々はいわば海図も羅針盤もなく言語の海を漂うことになるだろう。

　アメリカの大衆は，一般的に自分の使う辞書を，英語使用に関する確実で信頼できる権威として仰いできたのである。英国の大衆以上にそうであった。Webster 3は近代構造主義言語学とその「記述主義者」（descriptivist）のスタンスに屈して，言語の規範を示すという文化的役割を放棄したと広く思われた。ここに典型的な反応がある。1961年10月の *Chicago Daily News* の書評（Sledd and Ebbitt, 1962：81に再録）の一部である。

> In this new edition, it turns out that good English ain't what we thought it was at all—good English, man, is whatever is popular. This is a nifty speak-as-you-go dictionary. Not like that moldy fig of a Second Edition, which tried to separate 'standard English' from slang, bastardized formations, colloquialisms, and all the passing fads and fancies of spoken

English.

What's the point in any writer's trying to compose clear and graceful prose, to avoid solecisms, to maintain a sense of decorum and continuity in that magnificent instrument, the English language, if that peerless authority, Webster's Unabridged, surrenders abjectly to the permissive school of speeh?

この新版では，いい英語ってのは，我々がそう思ってたのとはまったく違うんだぜ。いい英語っていうのは普及しているものなら何だっていいのさ。これは世間並みに話すためのいけてる辞書なのさ。「標準英語」をスラング，変則語，話し言葉，口語の一時的な流行や気紛れと分けようと一所懸命だった第 2 版とかいうあのかび臭い奴とは大違いだぜ。

あの比類なき権威であったウェブスター完全版が，言葉遣いに甘い言語学者のグループに惨めに屈服してしまうのだったら，作家が明瞭で優雅な散文を書き，誤用を避け，英語という見事な表現手段の格調と連続性を保持しようとしても，無駄に終わってしまうだろう。

[訳注：第 1 段落は，あえて卑語・俗語を多く使って，Webster 3 の記述主義を揶揄している。]

多くの書評者は読者に第 2 版を手放さないよう忠告した。第 3 版の甘さの証拠として他の何よりもよく引用された項目は ain't の見出しであった。実はこれは 1890 年以来ウェブスターの辞書に入っていたのに，Webster 3 で新たに加わったとする書評者が何人もいた。Webster 3 は ain't を是認しているか，少なくとも十分に非難していないと推論する書評者もいた。*Webster's New International Dictionary* 初版（1909 年）の ain't の項目はこのようになっていた。

Contr. for *are not* and *am not*; also used for *is not*. *Colloq.* or *illiterate*.

are not と am not の短縮形 (contraction)。is not の代わりにも用いられる。口語 (colloquial) または無教養な表現。

第 3 版の見出し項目はもっと広範で，その用法へのコメントはさらに分化している。

1 a: are not 〈you 〜 going〉〈they 〜 here〉〈things 〜 what they used to be〉 **b:** is not 〈it 〜 raining〉〈he's here, 〜 he〉 **c:** am not 〈I 〜 ready〉

— though disapproved by many and more common in less educated speech, used orally in most parts of the U.S. by many cultivated speakers esp. in the phrase *ain't I* **2** *substandard* **a:** have not 〈I 〜 seen him〉〈you 〜 told us〉 **b:** has not 〈he 〜 got the time〉〈〜 the doctor come yet〉

1 a: are not の代用:you 〜 going 君は行かない；they 〜 here 彼らはここにはいない；things 〜 what they used to be 物事は昔と同じじゃない **b:** is not の代用：it 〜 raining 雨は降っていない；he's here, 〜 he 彼はここにいるよね **c:** am not の代用：I 〜 ready まだ準備ができてない［多くの人が認めない表現で、教育程度の低い人々の会話でより多く見られる表現であるが、特に ain't I という句は、米国の大半の地域において多くの教養ある話者が口語で使用している］**2**〈非標準〉**a:** have not の代用：I 〜 seen him ずっと彼に会ってない；you 〜 told us まだ我々に言ってないよ **b:** has not の代用：he 〜 got the time 彼は時間が無い；〜 the doctor come yet まだ医者は来てないのかい

am/is/are not の短縮形用法については「会話で」（orally）という制限を示していたし、has/have not の短縮形には〈非標準〉（substandard）というラベルさえ貼られていたが、批評家たちは初版の「無教養の」（illiterate）という言葉に込められた非難がなくなって悔しい思いをしたのだ［訳注：第2版にも Dial or Illit.（方言もしくは無教養な表現）というラベルがあった］。

　Webster 3 に対する反応がすべて敵対的なものだったわけではなく、この辞書は新たな語句を「補遺」で増補しながら次々と刷を重ね、印刷し続けられている。第4版が準備中であると言われている（Béjoint 2000：45）。

6.4　カレッジ版辞書

　アメリカの辞書は Webster 3 のような「完全版」辞書から「ポケット版」辞書まで大きさは幅があるが、「カレッジ版」（college あるいは collegiate）辞書市場での競争が一番激しい。カレッジ版辞書とは、出版社にとって利益のあがる、上級中等学校（高校）生および大学学部生、加えて第2言語として英語を学ぶ学習者に狙いを定めた机上版の辞書のことである（Hartmann and James 1998）。主な出版社はすべて、この種の辞書を出しており、次のようなものがある。

- *Merriam Webster's Collegiate Dictionary*（MWCD）（第10版, 1993）［訳注：2003年に第11版が出ている］
- *Random House Webster's College Dictionary*（RHWCD）（第2版, 1997）

[訳注：1998年以降ほぼ毎年改訂版が出ている]。
- *American Heritage Dictionary of the English Language*（AHD）（第4版, 2000）.

これらに相当する英国の辞書（次項参照）と比べると，アメリカの辞書は，取り扱う範囲においては，より「百科事典的」となる傾向があった。人名・地名項目は必ず入れているし，英国の辞書以上に広範な科学的・技術的情報を含んでいる。図形や線画も本文のあちらこちらに入れている。カレッジ版辞書は英国よりもはるかに汎用性の高い参照図書といったところである。他方，語源情報は限定される傾向があり，米語以外の英語異種にはほとんど注意を払っていない（Béjoint 2000）。綴り字と発音はほとんど一貫して米語風になっている。定義の番号付けや人名・地名項目の採用といったアメリカの辞書編集の慣習のいくつかは，一部の英国の辞書に模倣されている。

6.5 英国の辞書

アメリカのカレッジ版辞書に規模の点で匹敵する英国の辞書は机上版辞書である。次がその代表的なものである。

- *Collins English Dictionary*（CED）（第4版, 1998）
- *New Oxford Dictionary of English*（NODE）（1998）[訳注：その後改訂・改称され，*Oxford Dictionary of English*（ODE）（2003）となった]
- *Longman Dictionary of the English Language*（LDEL）（第2版, 1991）
- *Chambers English Dictionary*（Chambers）（1988）

英国の出版社もまた簡約版辞書を作る長い伝統を有している。その最も代表的なものは *Concise Oxford Dictionary*（COD）である。初版は F. W. ファウラー（F. W. Fowler）と H. G. ファウラー（H. G. Fowler）の編纂のもと1911年に出版され，現在は第10版（1999）で編者はジュディー・ピアソル（Judy Pearsall）である［訳注：その後COD10は部分改訂され，*Concise Oxford English Dictionary*（COED）（2002）と改称された。2004年にはCOD11として新版が刊行された］。

どの辞書にもそれぞれ固有の特徴がある。CEDの初版が1979年に出た時には，定義の番号付けや人名・地名項目の採用という米国辞書の慣習を英国の辞書

に導入した。科学・技術語の定義も百科事典的になり，動植物のラテン語名も入れられた。一例として，elephant の定義をあげておく。

> either of the two proboscidean mammals of the family *Elephantidae*. The **African elephant** (*Loxodonta africana*) is the larger species, with large flapping ears and a less humped back than the **Indian elephant** (*Elephas maximus*), of S and SE Asia.
>
> *Elephantidae* 科の2種類の長鼻目の哺乳類のいずれか。アフリカゾウ（*Loxodonta africana*）は，南アジアと南東アジアのインドゾウ（*Elephas maximus*）よりも大型の種で，耳は大きくはためいて，背のこぶは小さい。

　CED は種々の主題分野の専門用語に注意を払っており，また，イギリス英語の方言だけでなく，世界中の主な国で使われている英語の語も取り入れるなど，語彙の収録範囲の広さという点において優れている。

　COD を一般辞書の旗艦的存在として掲げているオックスフォード大学出版局にとって，NODE は重要な革新であった。オックスフォードの最初の机上版辞書であっただけでなく，語の意味の扱いにおいても，新たな出航の水先案内ともなった。その後出版された COD10 もこの点では NODE にならっている。NODE は，一般的なレベルで，語の「核」となる意味を認めて，そのそれぞれに「下位語義」(subsense) を置くことがある。例えば，CED4 では名詞 grain に23個の番号をつけて意味を定義しているが，NODE では，これらに6個の番号をつけた核語義 (core sense) を与えている。CED と同様に，NODE は人名・地名項目を入れている。1ページを3段組にしていること，さらに特に利用しやすくするために，見出し項目のレイアウトを明瞭にしたことは注目に価する。

　1984年の LDEL 初版は *Webster's Collegiate Dictionary* に基づいていたが，LDEL2（1991）では本文にかなりの改訂と増補がなされた。その起源からわかるように，この辞書には人名・地名項目が含まれている。また重要なのは，語彙素が属しうる語類ごとに別個の見出し項目を設けるというやり方をとっていることである。例えば，puncture（パンク（する））には名詞と動詞の見出しがあり，purple（紫色（の［にする］））には形容詞・名詞・動詞の見出しがある。LDEL のもう1つの顕著な特徴は，類似の意味を有する語の（しばしば微妙な）意味の違いを，枠で囲まれた類義語ノートのなかで扱っていることである。例え

ば，見出し語 danger（危険）の下に枠を設けて，danger, peril, jeopardy, hazard, risk の違いを論じている。

Chambers English Dictionary（Chambers）には長い歴史があり，1901年の *Chambers Twentieth Century Dictionary* の初版にまでさかのぼる。この辞書は，もっと前の辞書作りの伝統を残しており，語根語彙素（root lexeme）の下に複合語と派生語を追い込み，定義には番号を付さず，外国語の句と短縮形は付録にしている（現代のほとんどの辞書はこれらを本文の中に入れている）。オーストラリア，南アフリカ，カリブ諸島のような他の国で使われる英語異種から語を意識的に入れている一方，シェイクスピア，スペンサー，ミルトンの語彙を収録することも目標としている。出版地がスコットランドというだけあって，スコットランド英語の守備範囲の広さは他に類をみない。また，時折おもしろい定義をするジョンソンの伝統も受け継いでいる。Chambers でずっと変えられていなかったのは éclair（エクレア）の定義である。

> a cake, long in shape but short in duration, with cream filling and chocolate or other icing.（中はクリームを詰め，外はチョコレートなどの衣を掛けた，形は長いが日持ちは短いケーキ）

1996年に初版が出た *Chambers 21st Century Dictionary*［訳注：1999年に改訂版］は，これとは根本的に違う方向へ踏み出したもので，これによって Chambers は現代の辞書学的慣習にもっと沿うようになった。

6.6 学習者用辞書

過去四半世紀にわたって，英国の辞書編纂の中でもっとも興味深くかつ革新的であったのは，学習者用1言語辞書（monolingual learner's dictionary）の開発部門であった。これは，「外国語としての英語」（English as a Foreign Language, EFL）が1つのビジネスとして発展してきたことと軌を同じくしている。1948年に出た A. S. ホーンビー（A. S. Hornby）の *A Learner's Dictionary of Current English*［訳注：OALD の前身］（30年間，これに対抗するものはなかった）に始まるこの市場分野には，現在4種の主要辞書がある。

・*Oxford Advanced Learner's Dictionary of Current English*（OALD）（第6版，2000年）

- *Longman Dictionary of Contemporary English*（LDOCE）（第 3 版，1995年）［訳注：第 4 版が2003年に刊行］
- *Collins COBUILD English Dictionary for Advanced Learners*（COBUILD）（第 3 版，2001年）［訳注：この辞書は改訂ごとに書名が変わっている。初版は *Collins COBUILD English Language Dictionary*（1987），2 版は *Collins COBUILD English Dictionary*（1995），その後出た第 4 版は *Collins COBUILD Advanced Learner's English Dictionary*（2003）］
- *Cambridge International Dictionary of English*（CIDE）（1995年）［訳注：第 2 版は *Cambridge Advanced Learner's Dictionary*（CALD）と改称して2003年に刊行］

1978年に LDOCE の初版が出版された。当時 3 版だったが以前の版と目立った違いはなかった OALD に対抗するものであった。それ以来，学習者用辞書の発達には目覚ましいものがある。使用者層の特別なニーズに応え，情報ができる限り利用しやすい辞書を送り出すという戦いで，各辞書が優位に立とうと奮闘しているからである。

学習者用辞書については第11章でより詳細に論じる。なお，上にあげた 4 つの辞書は見出し語をアルファベット順に並べたものであるが，こうしたA-Z形式以外の学習者用辞書があることをここで簡単に述べておきたい。トム・マッカーサー（Tom McArthur）の *Longman Lexicon of Contemporary English*（1981）は，扱う語彙を主題（語彙領域（lexical field））によって並べているので，学習者はある意味分野に使えるいろいろな語を知ることもできるし，それぞれの語と語の意味の違いを学ぶこともできる。1993年には，*Longman Language Activator* が「世界初の発信型辞書」として公刊された［訳注：2002年に第 2 版刊行］。伝統的な学習者用辞書を補うものとして，*Activator* はおよそ1000のキーワードの下に語彙を並べて，学習者が特定の文脈にぴったりの語を選ぶ手助けをすることを目指している。これら 2 つの辞書については，さらに第12章でも取り上げる。

6.7 電子版辞書

多くの辞書出版社は自社の辞書を電子媒体でも利用できるようにしてきた。OED はオンラインでも CD-ROM 版でも利用できることはすでに述べた（5 章

参照）。CD-ROM 技術の確立以前には，CED のフロッピーディスク版（3.5インチ）が作成されたが［訳注：7枚組。CD-ROM 版も同時に出ている。電子版の正式名は *Collins Electronic English Dictionary & Thesaurus*］，今では相当数の辞書がCD-ROM 形式で入手できる。次のようなものがある。

- *Oxford English Dictionary*，第2版（OED2）［訳注：CD-ROM の最新版は Version 3（2002）］
- *Oxford Talking Dictionary*（*The New Shorter Oxford English Dictionary*（NSOED）の音声付き版。The Learning Company より発売）
- *Concise Oxford Dictionary*，第9版（COD9）
- *Concise Oxford Dictionary*，第10版（COD10）
- *New Oxford Dictionary of English*（NODE）
- *Longman Dictionary of the English Language*（LDEL）（百科事典 Infopedia UK とパッケージにして SoftKey より発売）［訳注：Infopedia 米国版もある］
- *Encarta World English Dictionary*（EWED）
- *Oxford Advanced Learner's Dictionary*，第6版（OALD6）
- *Longman Interactive English Dictionary*（LDOCE の姉妹版）
- *Collins COBUILD English Dictionary for Advanced Learners*（COBUILD3）［訳注：COBUILD4（2003）の CD-ROM もある］
- *Cambridge International Dictionary of English*（CIDE）［訳注：改訂版の *CALD*（2003）の CD-ROM もある］

　電子媒体は，辞書にとって，印刷版では不可能な多くのことを可能にする。電子版の可能性と，現在の CD-ROM 辞書の一部がそれをどう活用しているかについて，ここでざっと見ておくことにしよう。
　最も単純なレベルで言うと，CD-ROM 辞書では紙の辞書とまったく同じように語を探すことができる。ただし，語を見付けるためにページを繰るのではなく，検索ボックスの中に語を入力して，Enter キーを押し，Search または Find のアイコンをクリックすることで電子検索が始まるのである。そして，大きい画面に検索語の項目内容が，小さい画面に見出し語の一覧が表示される。その際，選択された語は強調されて表示される。それから，たいていは何らかの方法で見出し語とその関連項目を上下にスクロールできる。Infopedia 版 LDEL でできるのはここまでである。ただし，この CD-ROM には同時検索できる多くの参

考図書が入っており，統合的な情報システムを提供している．

電子媒体では，辞書の本文をさらに高度に利用することができる．例えば，CD-ROM版COD10では，はじめに簡易検索（quick search）か全文検索（full search）のどちらかを選べる．簡易検索は辞書の見出し語一覧の検索に，全文検索は本文全体の検索に関係する．表示画面は左の見出し語一覧と右の辞書項目とに分かれる．簡易検索では以下のことが可能である．

- 単純検索　検索ボックスに見出し語を入力すると，見出し語一覧内に当該語の場所が示され，その項目内容は右側の大きなウィンドウ内に表示される．見出し語一覧内で次々にカーソルを移動させることで，上下どちらの方向にも辞書をスクロールすることができる．
- ワイルドカード（wildcard）検索　現在の慣例では，「?」は任意の1字を表し，「*」は任意の字数からなる文字列を表している．「?a?e」を検索すると，2番目には a，4番目には e を含むすべての4文字の語が見つかる．「*ist」とすると，'ist' で終わるすべての語を見つけることになる．検索結果は，見つかった全項目数（「?a?e」は180，「*ist」が291）と共に左手のボックスの中に表示される．

「ハイパーテキスト検索」（hypertext search）の機能があれば，項目内のどの語でも一瞬にして相互参照することができる．その語の上にカーソルを置いて，クリックするだけである．だから，定義の中で使われている語がわからなければ，この方法で直にその語項目を引けるのである．項目によっては，相互参照のために特別な標識（赤で強調）がついた語もある．

全文検索には，項目入力ボックスが3つあって，それぞれの入力項目を「ブール演算子」（Boolean operator）の and/or/not によって結ぶことができる．辞書の本文全体を検索するために，これらのボックスをいくつ使ってもよい．次のようなことが可能である．

- 最初のボックスに語を入力して，それを検索する．fabric と入れると，この語を含むすべての見出し語（317語）が見つかり，その定義の中でこの語が一種の繊維を指すことを示すような見出し語も含まれる．russ と入れるとロシア語起源（語源表記において Russ はロシア語（Russian）の短縮形であることを知らねばならない）と表示されているすべての語（123語）が見つかる．
- 最初のボックスに句を入力して検索する．time of year と入れると，定義にこ

の句を含む9つの項目（その内6つは season を含む）が見つかるだろう。musical instrument とすると81項目が見つかり，そのうちのいくつかは楽器の名である。
- 1つの見出し語項目の中で同時に出ている2語または3語（句とは限らない）を，それらを繋ぐ演算子 and を用いて検索する。flower *and* petal と入力すると7項目，greek *and* roman *and* art* とすると classical, classicism, muse が見つかる。
- 二者択一の2つの形を検索する。complementary or complimentary とすると，そのどちらかの語を含む36の項目が見つかり，そのうち4つを除いては complementary である。
- 1つ（または2つ）の語は含むが2番目（または3番目）の語は除外されるものを検索する。colour *not* pigment とすると，444項目が見つかり，pigment *not* colour とすると，71項目が見つかる（ちなみに，colour *and* pigment とすると19である）。

　電子版 COD10 の全文検索は強力で，同じ辞書の冊子体を使ってできることを確かに超えている。しかし，この検索はきわめて無差別で，辞書の本文にある検索語句をところかまわず見つけてくる。
　これに対して，電子版 COD9 ではもっと弁別的な全文検索ができる。検索範囲に制限をかける「フィルター」がついているので，使用者がその中で1つもしくはそれ以上のフィルターをオンにすれば，見出し語・定義・イディオム・句動詞・語源などのうち，指定された部分だけを検索するのである。例えば，「語源」フィルターを有効にして，検索項目として Russian を選択すると，見出し語の語源欄の中からこの語を探す。「句動詞」フィルターを有効にして，* & up を探すと，副詞的不変化詞としての up が付加されたすべての句動詞が見つかる。「イディオム」フィルターを使うと，特定の語，例えば，time を含むすべてのイディオムを探すことができる。「見出し語」フィルターを選択すると，「品詞」フィルターによって，検索対象の語類を制限できる。「見出し語」フィルターを有効にして，「品詞」フィルターから「形容詞」を選び，それから *able/*ible を検索すると，この接尾辞で終わる見出し語の形容詞と追い込みの派生語がすべて見つかる。「定義」フィルターはその他のすべての要素を扱い，用法制限ラベル（9章参照）もすべて含まれる。したがって，COD9 で「軽蔑的な」（*derog*）というラベルが付された語をすべて見付けるためには，「定義」フィル

第 6 章　現在まで　　101

ターを有効にして，*derog*（これが COD9 で使われている derogatory の短縮形であるとわかれば）を検索すればよい。

　語彙検索の目的のためには，電子版 COD9 の方が後の版よりも柔軟性があって高度なツールとなっている。さらに，COD9のCD-ROM版は紙の辞書にあるすべての前付けと付録（序文・辞書の使用ガイド・有益な「スタイルガイド」）が入っている。また，すべての語の「標準的なイギリス英語の発音」も提供され，音声表記をダブルクリックすると音声が出る。

　CD-ROM 版辞書を開発する上で出版社が取り組んできたことは，電子媒体で可能になった各種の検索機能を盛り込むことだけではない。例えば，NODE の CD-ROM 版には，COD10 と同じ限定的な検索機能しかないが，他のオックスフォード系の参考図書と合わせて，一体的な統合電子図書館となっている。The Learning Company が開発した *Oxford Talking Dictionary* は「現代英語の歴史的辞書」（前文，viiページ）である NSOED（1993）の全文を入れている。これには引用文が含まれ，他にも多くの特別機能（発音，固有名詞辞典，シソーラス，地図と写真）が付いていて，検索しやすい百科事典的辞書およびシソーラスとなっている。

　これらが，辞書に電子媒体を活用する第一歩である。しかし，検索機能の充実（完成度はまちまちだが）と他の参考図書との連携強化を別にすれば，出版社は紙の辞書をそのまま電子媒体に移し替えること以外には，ほとんどなにもしていないのである（Pruvost 2000）。知恵を絞れば，他にも色々な可能性があるだろう。学習者用辞書の CD-ROM 版は，そうした可能性を盛りこみ始めている（この点については，11章で学習者用辞書を論じる際に触れる）。

6.8　未来

　電子版辞書が辞書の未来の姿なのであろうか。それは紙の辞書の終焉を意味するのだろうか。紙の辞書の死亡記事を書くにはおそらく時期尚早であろう。綴りを調べたり，ある語が実在するか調べたり，珍しい語の意味を調べたりするといった日常的な辞書引き活動（7 章参照）には，我々は紙の辞書を求め続けるだろう。我々が必要とする情報は限られており，紙の辞書は手近にあって，持ち運びができるので便利である。しかし，コンピュータの前に座って手紙や報告書やエッセイを書く時には，ハードディスクに格納された電子版辞書を使うのが自然であろう。クリック1つで届くところにあるし，とにかく，ワープロソフトと連

携もしているからである。また，電子版辞書が解決してくれると思える特定の問題に直面したときも，あえてコンピュータのスイッチを入れるかもしれない。例えば，クロスワードパズルで苦しんでいる時に，ぴったり入る可能性のある語を見付けるためにワイルドカード検索を使うというようなケースである。

　言語を研究する学生・学者にとっては，電子版辞書は，印刷版辞書では期待しようもないような，辞書の本文を活用するさまざまな可能性を切り開いてくれる。同様に，翻訳家・作家・教師のように専門的に言語と関わっている人にとって，電子版辞書は，印刷版辞書以上にすぐれた情報源となりうる。それは，いまだ実現されていないものの，今後さらに発展する可能性を秘めているからである。5章で見たように，その発展・利用の両面において，**OED** の潜在能力は電子媒体によって相当に高められている。実際には，**OED** の印刷版が将来において採算が取れるかどうかは議論の余地がある。

　電子革命は，辞書編集（13章参照）と，辞書使用の方法（実際の使用方法と可能な使用方法）の両面において，大きな影響を与えてきたし，今も与えつつある。しかし，紙の辞書は終焉に向かって下降しているわけではない。まだこれから先，かなりの間は，活躍しそうである。

6.9　関連文献紹介

　Green（1996）の10章と11章はアメリカにおける辞書作りの歴史をたどっている。Webster 3 をめぐる論争は Morton（1994）に語られている。Sledd and Ebbitt（1962）は，Webster 3 刊行当時の書評を集めたものできわめて興味深い。

　辞書の分類学については，Hartmann（2001），および Béjoint（2000）の1章（32ページ以下）で論じられている。

　電子版辞書に関する文献はまだ少ない。アメリカの **CD-ROM** 版英語辞書については Creswell（1996）の概観がある。Nesi（1999）は言語学習者のための電子版辞書を考察している（11章で紹介した方が適切かもしれない）。Pruvost（2000）は，紙の辞書から電子媒体への移行を論じた学会の報告である。

第7章　辞書の使用者と使われ方

3章で，辞書が我々の文化の中で重要な地位を占めていることに言及した。辞書は教育現場において広く使われており，マスメディアでの議論や批評の対象でもある。我々は「辞書の影響を受けた」(dictionarate) 社会にいるのである (Ilson 2001)。たいていの人は自分の辞書を持っており，辞書にどういう情報が盛り込まれているかを多少は知っていて，時々は辞書を引いている。本章では，誰がどういった目的で辞書を使っているかについて考えてみたい。まず，辞書がその目的をどう想定しているかを検討する。次に，使用者がどのように辞書を使っているかを概観し，求める情報を得る上で，辞書の構造がいかに助けとなったり妨げとなったりするかを考える。最後に，辞書には，互いに矛盾する並立不可能な2組の目的があるのかどうかを検討する。

7.1　辞書の目的

Webster's Third New International Dictionary（Webster 3；『ウェブスター新国際英語辞典第3版』）の序文で，編者のフィリップ・ゴウブ（Philip Gove）はこの辞書のねらいを次のように書いている。

> 『ウェブスター新国際英語辞典』の初版は1828年の米国に貢献した。そして，G. & C. メリアム社は，広く英語圏の人々に対して，今日の文化や文明を解釈する上で最良の言語上の手助けとなる『ウェブスター新国際英語辞典第3版』を送る。
> 　第3版は，学者や専門家はもちろん，高校生や大学生，技術者や雑誌読者のニーズを常に念頭に置きながら編集された。［中略］本書は旧版にもまして，理解と進歩のための不可欠な道具である。
> 　この新しいメリアム・ウェブスター完全版大辞典（Merriam-Webster Unabridged）は，この言語［原注：英語］が書かれ，話される姿そのままの記録である。自信を持って申し上げるが，本書は，今日の社会で用いられ

る語彙を正確に，明晰に，かつ幅広く理解するのに必要な一般言語の情報を余すところなく供するものである。

ゴウブは辞書の使用者層を特定した上で，彼らのニーズを編集時に特に考慮し，使用者のニーズが何であるかをはっきりさせた。ゴウブによると，使用者のニーズとは，現代文化・文明を解釈し，現代社会の語彙を理解することである。(難語を)「解釈」し「理解」することは，ロバート・コードリー（Robert Cawdrey）が1604年に出版した史上初の1言語辞書（4章参照）のねらいでもあった。しかし，Webster 3 には，言語の「記録」という，コードリーの辞書にはなかった目的がある。両辞書の差の大部分はこのことで説明される。辞書の記録がどういうものであるかは，すでに3章で簡潔にふれたが，さらに8章から10章でより詳しく考察する。

どのような辞書でも，現代英語の100万〜200万語の語彙の中から収録語を選択することになる。ゴウブによると，Webster 3 では45万語を精選したとのことである。したがって，「現代英語を最も包括的にカバーした」（NODE）とか，「世界で最も包括的な辞書」（CED4）であると主張する辞書であっても，「包括的」(comprehensive）という言葉は，「事物の要素・諸相のほぼすべてを収録したり扱ったりすること」というよりも，「幅広い大量の内容・範囲を持っていること」の意味で解すべきなのである（定義は NODE より）。あらゆる辞書は，後者の意味で包括的であることをめざしている。サミュエル・ジョンソン（Samuel Johnson）が *The Plan of a Dictionary of the English Language*（『英語辞書刊行計画書』［訳注：4.5参照］）の中で指摘しているように，辞書というものは，「読者が見つけたいと思う可能性のある情報が載っていないことよりも，多くの読者の期待以上に情報が載っていることを望ましいとする」のである。NODE は，「コンピュータ・代替医療・骨董品収集・ウインタースポーツといった，今まで軽視されてきたさまざまな分野に焦点を当て」，「世界中の植物や動物に関する詳細で網羅的な調査を行ない，その結果，他の1巻本の辞書には出ていない何百という項目を収録した」（「序文」より）と述べている。CED4 は，「形式張った表現や古風な表現から，俗語やくだけた表現に至る一般言語の全体相」を収録範囲とし，「イギリス全土をはじめとした世界中の英語の変種」はもちろん，「芸術からテレビに至る一般的分野や，宇宙工学から動物学に至る専門的な分野までの幅広い言語」を収録している点で包括的であると主張している（「前書き」より）。「包括性」の幅は正式度（formality）・専門分野・方言などの点にも及んでいる。

Chambers English Dictionary（Chambers）は「長きにわたり，英語の1巻本辞書の中で最も包括的な辞書とみなされてきた」と主張しており（カバーより），辞書は「言語の忠実な記録者であるべきだ」（「序文」より）と指摘している。この責務を果たすため，辞書は，社会の変化やそれが語彙に及ぼす影響を反映する必要がある。そして結果として，収録語の選定に影響が及ぶ。Chambersは，「学生・学者・作家・記者・図書館員・出版者にとって比類なき価値を持ち」，「科学者・法律家・会計士・ビジネスマンにとって職業的な重要性を持つ語を満載する」ことに留意しているが，それにとどまらず，同書はまた「言葉遊びの愛好者や言葉好きの人たちにとっての宝庫である」（カバーより）ことにも目配りしている。したがって，こうした使用者のために「一般的でない語や古風な語」も収録されている。Chambersは，その使用者の中に，「単に楽しみのために辞書を読む人」も加えている（「序文」より）。辞書は幅広い使用者を持ち，その幅広い要求を満たさねばならないのである。

すべての辞書使用者と同様，こうした一般の辞書使用者が，辞書を隅々まで探索して求める情報を効率よく探し出せるようになる必要がある。辞書は「利用しやすい」ものになることをめざしている。NODE は，「画期的な新しい項目執筆様式を採用しているので，最も利用しやすい」（カバーより）とうたっている。また，CED4 は，「『コリンズ英語辞典』は1979年に，単純ではあるが使用者のニーズをふまえた斬新な手法により…英語辞書の情報提示の方法に革命をもたらした」としている。Chambers は「最も利用しやすい参照図書」である（カバーより）と述べている。利用しやすさというのは，使用者が検索語句にどのようにたどり着けるか，ということである。机上版もしくは簡略版辞書においては，これが絶対に重要な問題となる。なぜなら，使用者は知りたい情報を見つけるために，膨大な情報をじっくり読む覚悟はできていないからである。辞書の利用しやすさに関する要因は後で述べるので，ここでは単に，辞書とは利用しやすいものであるべきだという点を指摘するにとどめておきたい。

結論として言うと，辞書には2つの基本的な目標がある。1つは収録範囲（coverage）であり，もう1つは利用しやすさ（accessibility）である。前者には，「包括的」であること，すなわち，最新かつ広範囲にわたる単語を精選し，言語の語彙資源を「忠実に記録する」ことが含まれる。このいずれもが，使用者中心（user-oriented）の目標であるとみなせる。なぜなら，それらは使用者の知りたい情報がうまく利用できるようになることを保証し，その情報に最も容易にたどり着くことを可能にするものだからである。しかし，使用者がどういった目

的で辞書を引くか，我々にはわかっているのだろうか。

7.2　辞書の使われ方

　使用者が辞書で何を調べるかということに関して，信頼できる事実としてはどのようなことがあるのだろうか。また，どのようにしてそれを調査すればよいのであろうか。ベジョワン（Béjoint 2000：141）に引用されている先行研究のほとんどは，主に学生の使用者が自分自身の辞書使用に関して報告する個人報告形式になっている。個人報告形式は，必ずしも信頼のおけるデータが得られるとは限らない。質問内容や回答者の性格によっては，過大評価や過小評価をすることがあるからである。「どれぐらいよく辞書を引きますか」といった設問は，正確に測定することが非常に困難なものの1つである。とはいえ，母語話者用辞書の使用状況を調査すると，どの調査でも，辞書を引く理由として最も多いのは次の2点である。

　　第1位　単語の意味を調べる
　　第2位　単語の綴りを確認する

　第1の目的は，未知の語で文脈から類推できない語（難語）に遭遇したときや，aggravate のように誤りやすい語の意味を確認するためである［訳注：aggravate は，もともと「（病状などを）悪化させる」が標準的な意味だが，時に非標準的に「（人を）怒らせる」という意味で用いられる］。

　学習者用辞書も含めた1言語辞書の使用に関して，英語を学ぶフランス人学生になされたアンケート調査でも，この結果と同様，単語の意味を知るために辞書を引くという回答が第1位であった（Béjoint 1981）。「綴りを確認するため」という回答は，「発音を知るため」と並んで第4位であった。翻訳を含めた作文課題での辞書使用を反映して，第2位，第3位はそれぞれ「単語の統語的パターンを調べるため」「ある語の類義語を見つけるため」であった。ベジョワンはまた，ほとんどの回答者は辞書の前付け（特に辞書の使い方）を読まず，そのため，辞書に収録されているおびただしい情報に気づいていないことを明らかにした。

　辞書使用については，100以上の研究がなされているにもかかわらず，学習者が辞書を使う範囲や，辞書の情報を利用する際に用いるストラテジーに関しては，いずれもまだ解明されていない（Hartmann 2001）。先行研究のほとんどは，翻訳や作文といった外国語学習に関係したタスクを行なった学生を対象にし

たものである。また，その多くは研究の道具としてアンケートを用いている。しかし，アンケートは，必ずしも辞書使用の真実の姿を明らかにするものではない。Hatherall（1984：184）は次のように指摘している。

> 被験者がここで回答として述べているのは，自分が実際にやっていることなのだろうか，やっていると自分で考えていることなのだろうか，やるべきだと考えていることなのだろうか。それとも実際には，これら3つが混ざりあっているのだろうか。

アンケートに代わる調査手法としては，回答者が特定の作業をする際に，辞書を使うたびごとに検索を記録する「実験記録」（protocol），もしくは日記がある（Nuccorini 1992 など）。この方法も自己申告で行なうものであるが，実験の最中に，または実験終了直後に記録する必要があるので，結果は信頼度が高いものになり，辞書を引く過程や動機に関してより優れた洞察が得られる。自己申告を伴わない方法としては，被験者の直接観察法がある。この方法は教室のような管理された状況でのみ可能であるが，観察されることが逆に被験者の挙動に影響を与えかねない。辞書を引くきっかけが何であるのか，また，そのきっかけが生じた際に被験者がどうするのかということを突き止めるのは，いずれも容易ではないのである。今後，さらなる調査が必要な点としては，使用者が電子版辞書を使う際に，書籍版辞書と異なった使い方をしているか否かということがある（Nesi 1999 参照）。

辞書を使う可能性のある利用者に意見を聞き，それを内容に反映させた辞書の1つに *Encarta Concise English Dictionary*（ECED）（2001）がある。編集主幹のキャシー・ルーニー（Kathy Rooney）は「序文」で以下のように述べている。

> みなさんのような一般の読者に尋ねたところ，次のような疑問に対する答えが必要だということであった。つまり，自分はこの単語を正しい綴りで書いているのだろうか，この単語の意味は何だろうか，自分はこの単語を正しい使い方で使っているのだろうか，この単語はどう発音すればいいのだろうか，この単語の語源は何だろうか，といった疑問である。また，一般の読者が重視することは，辞書に収録されている情報を理解する際の容易性，情報が提示される際の明瞭性，そして，長い見出し項目を読む際のスピードであることが明らかになった。こうした使用者の調査に加え，イギリス・オース

トラリア・アメリカ・カナダの41人の英語の教授を対象に，それぞれの指導学生が直面している言語的問題を調査したが，全世界で驚くほど似通った結果が得られた。基本的な言語技能（特に綴りと文法）について学生がますます困難を覚えていることへの懸念が全員から述べられたのである。　(p. xi)

　この調査結果や個人的な経験をもとにすると，辞書使用者はもっぱら語義や綴りを調べるために辞書を引くが，それ以外の目的で辞書を引くこともあると結論づけられる。言葉遊びをしているときには，ある単語が存在するかどうか，それが正しい語形であるかどうかを確認するために辞書を引くであろう。専門用語や印刷物で見た未知の語の発音を調べるために辞書を引くこともあろうし，言語学が専門の学生なら，語の歴史や起源を知るために辞書を引くこともあるだろう。さらに，ある語が持つ意味の範囲やコンテクストを知るために辞書を引くこともあろう。また，Chambers が示しているように，楽しみや「知的啓発」（edification）のために辞書を引くこともあろう（Hartmann 2001：88）。このように，辞書を引く場面やその必要性は千差万別なのである。では，使用者が探している特定の辞書情報に到達しようとする際，辞書はどのように使用者を手助けしてくれるのであろうか。

7.3　利用しやすさ

　まず，辞書を引く過程でどのような要因が関わってくるかを考えてみよう。スコルフィールド（Scholfield 1999：13-14）は，語の意味を調べるために辞書を引く言語学習者を対象とした研究において，辞書を引く際には主として次にあげる5つのステップがあると指摘している。

　　ステップ1：学習者が語彙上の問題（意味を知らなかったり，意味が不確かだったりする語句）を特定する
　　ステップ2：ステップ1の問題点を解決するために（他の手段ではなく，あるいは，他の手段に加えて）辞書を使おうと決める
　　ステップ3：検索対象の見出し語を辞書の中から見つける
　　ステップ4：見つけた見出し語の中から適切な語義を探し出す
　　ステップ5：辞書に記載されている情報を活用する

　辞書の利用しやすさに関して，特に関係するのはステップ3と4であり，それ

ぞれ，辞書のマクロ構造と，ミクロ構造に対応している。

　辞書のマクロ構造とは，何が見出し語に含まれるのかということや，どのように見出し語が配列されているかを指している。我々は，辞書のページは2段（時には3段）組みで，見出し語はアルファベット順で配列されていると当然のように思っている。表7.1は，同規模で刊行年が3年しか違わない2種の辞書で，prosから始まる見出し語を一覧したものである。これを比較してみよう。

表7.1

Chambers（1988）	LDEL（1991）
	pros.
	pros-（〜の近くに）
prosaic（散文的な）	prosaic
	prosaism（散文体）
	prosaist（散文家）
prosauropod（古竜脚類）	
proscenium（前舞台）	proscenium
	proscenium arch（前舞台迫持）
prosciutto（プロシュート：イタリアのハム）	prosciutto
proscribe（禁止する）	proscribe
	proscription（公権剝奪）
prose（散文）	[1]prose
	[2]prose（散文的に書く）
	[3]prose（散文の）
prosector（死体解剖者）	prosector
prosecute（遂行する）	prosecute
	prosecuting attorney（地方検事）
	prosecution（起訴）
	prosecutor
proselyte（改宗者）	proselyte
	proselytism（改宗）
	proselytize（改宗させる）
prosencephalon（前脳）	prosencephalon

　この短いリストを見る限りでは，Chambersに収録されていてLDELには載っていない語はprosauropod（古竜脚類；大型草食恐竜の一種）の1語である。逆にLDELに収録されていてChambersにない語は13語ある。しかし，略語であるpros.と接頭辞であるpros-以外は，見出し語にはなっていないがChambersにも収録されている。両者の辞書のマクロ構造が異なるため，どの語

を見出し語として載せるかに違いが生じているのである。

　Chambers はすべての派生語を追い込んでいるので，prosaism（散文体）や prosaist（散文家）は，いずれも見出し語 prosaic（散文の）の中にあり，proscription（公権剝奪，追放）は proscribe（追放する）の中にあり，prosecution（起訴）は prosecute（起訴する）の中にある。LDEL では prose の名詞・動詞・形容詞用法はそれぞれ別見出し語になっているが，Chambers では，より一般的な慣例に従い，1つの見出し語となっている。LDEL は pros. のような略語も本文の見出し語順に配列するが，Chambers ではすべてまとめて付録に載せてある。

　このようなマクロ構造をどうするかということは，見出し語を検索する際の使い勝手，すなわち，スコルフィールドのステップ3に影響を及ぼすのである。例えば，連結形 neur(o) - で始まる単語は，Chambers ではすべてが1つの見出し語の中にまとめられているが，LDEL ではそれぞれ別見出しとなっている。neuroleptic（神経弛緩性の）のような語は，LDEL では見出し語リストを下にざっと見ていけばいいが，Chambers では，語彙素自体は太字になっているものの，連続した段落を通読する必要がある。このため，議論の余地はあるが，こうした語は LDEL の方が容易に検索できるであろう。

　一方，辞書のミクロ構造とは，個々の見出し項目のレイアウトや構造に関するものである。次に Chambers と COD10 で nest を比較してみよう。

　　nest *nest, n.* a structure prepared for egg-laying, brooding, and nursing, or as a shelter: a place of retreat, resort, residence or lodgment: a den: a comfortable residence: a group of machine-guns in a position fortified or screened by sandbags or the like: a place where anything teems, prevails, or is fostered: the occupants of a nest, as a brood, a swarm, a gang: a set of things (as boxes, tables) fitting one within another: a set of buildings, as advance factories, divided into blocks and units: an accumulation: a tangled mass. – *v.i.* to build or occupy a nest: to go bird's-nesting. –*v.t.* and *v.i.* to lodge, settle. –*n.* **nest'er** one who builds a farm or homestead on land used for grazing cattle (*U.S. hist.; derog.*): a nest-builder. –**nest'-egg** an egg, real or sham, left or put in a nest to encourage laying: something laid up as the beginning of an accumulation: money saved; **nest'ing-box** a box set up for birds to nest in; **nest'ing-place**. –**feather one's nest** see **feather**. [O.E. *nest*; Ger. *Nest*, L. *nidus*.]

　　　　　　　　　　　　　　　　　　　　　　　　　　（Chambers）

nest • n. 1 a structure or place made or chosen by a bird for laying eggs and sheltering its young. ▶ a place where an animal or insect breeds or shelters. ▶ a snug or secluded retreat. ▶ a bowl-shaped object likened to a bird's nest. 2 a place filled with undesirable people or things: *a nest of spies.* 3 a set of similar objects of graduated sizes, fitting together for storage. • v. 1 use or build a nest. 2 fit (an object or objects) inside a larger one. 3 (especially in computing and linguistics) place in a hierarchical arrangement, typically in a lower position.
– DERIVATIVES **nestful** n. (pl.-**fuls**).
– ORIGIN OE *nest*, of Gmc origin.
nest box (also **nesting box**) • n. a box provided for a bird to nest in.
nest egg • n. 1 a sum of money saved for the future. 2 a real or artificial egg left in a nest to induce hens to lay there.
nester • n. a bird nesting in a specified manner or place: *a scarce nester in Britain.*

(COD10)

　上記に示した項目は，正確な書体までは再現されていないが，本質的には現物を再現したものである。Chambers には，7版（1982）以前の COD で採用されていた見出し項目の様式が反映されている。しかし，COD10 は，ミクロ構造をより明瞭にし，利用しやすさを高めるという2つの点で，COD7 から変化を遂げたのである。COD10 と Chambers の大きな違いは，次の通りである［訳注：原著内容を表として再構成］。

種別	COD10	Chambers
・品詞	「・」と太字の略語（n, v など）で表記	斜体（*n*, *v.i.* など）で表記
・発音	「単純語」（simple word）（nest など）にはない	綴りかえ方式（respelling system）で表示（9章参照）
・語義	番号で区分し，下位区分には「▶」マークをつける	コロン（：）で区分
・語義付き派生語	独立見出し語扱い	元になる親見出し語（root word）の項目内に追い込み
・語義なし派生語	DERIVATIVES の表記とともに記載	
・語源	ORIGIN の表記とともに別の行に記載	項目末尾に伝統的な角かっこを用いて記載

　COD10 の方が Chambers よりも，スコルフィールドのステップ4は容易にこ

なせるだろう。そうであっても，使用者はまだ，スコルフィールドのステップ5，すなわち「見出し語項目で示された情報を解釈する」作業（Béjoint 2000：156）を終える必要がある。

ECEDでは，多義語の持つ各々の語義の冒頭に，太字・大文字で「クイック語義見出し」（quick definition）をつけることで，情報を見つけだす苦労を軽減しようと試みている。これは，いくつかの学習者用辞書で採用されているものと同一の方法である（11章参照）。例えば，見出し語 ladder（はしご）は以下のように定義されている。

1 DEVICE WITH RUNGS TO CLIMB ON a portable piece of equipment with rungs fixed to sides made of metal, wood, or rope, used for climbing up or down **2 PATH TO ADVANCEMENT** a series of hierarchical levels on which somebody moves up or down within an organization or society o *She joined the firm at a fairly low level but quickly moved up the ladder.* **3 LINE OF MISSING STITCHES IN TIGHTS** a vertical line of stitches that have come undone in tights, a stocking, or a knitted garment, leaving only the horizontal stitches in place **4 LIST OF RANKED PLAYERS** a list of contestants in an ongoing sports or games competition, arranged according to ability

1 **段のついた上るための道具** 金属，木，ないしは縄でできた横木が取り付けられている，持ち運びのできる器具。昇降の際に用いる。2 **昇進（前進）への道筋** 一続きの階級レベルで組織や社会の中で上下するもの。She joined the firm at a fairy low level but quickly moved up the ladder.（彼女は入社したときはかなり下の方の地位であったが，すぐに出世の階段を上った）3 **ストッキングの伝線** タイツやストッキング，ニット衣服で縦方向の縫い目がほつれ，横方向の縫い目のみが残っている状態。4 **競技者の順位リスト** 開催中のスポーツやゲームの競技会で能力順に並べた参加者リスト。

こうした記載方法を取る目的は，使用者が「クイック語義見出し」だけをすばやく拾い読みしながら項目全体に目を通すことで，探そうとする特定の語義をより容易に見つけられるようにすることにある。このように，辞書には求める情報を容易に検索できるような工夫がなされているとはいえ，辞書のミクロ構造の慣例として，使用者が知っておかなければならないことがある。見出し語項目とは何かということである。見出し語項目に関わるのは，見出し語，発音表記・不規

則変化形・(もしそれが適当な場合は) 項目内容の語類別分割・異なる語義の識別・定義の言葉遣い・派生語の位置づけ・慣用句や成句・通常末尾に角かっこで書かれる語源などである。ところで、ほとんどの辞書は多かれ少なかれ略語を使用している。最低でも語類は略語で示されており、他動詞(verb transitive)は *v.t.* と表記し、自動詞(verb intransitive)は *v.i.* と表記する。また、語源記述で言及される起源言語名も多くは略語になっている (O.E. は古英語, Ger. はドイツ語, L. はラテン語, Gmc はゲルマン語の略)。COD 初版序文で、編者のファウラー (Fowler) 兄弟は、「表現を極限まで切り詰め、電報的文体 (telegraphese) を採用したので、読者の寛容を期待したい」(14.4 参照) としている。それから 90 年たった現在では、辞書の使用者は昔の版に比べてはるかに少ない略語を知るだけでよく、NODE のように、略語の使用を必要最小限に限っている辞書もある。

最近の辞書では、マクロ、ミクロ双方の構造が改善されたとはいえ、必要な情報に容易にたどり着けるようにするには、能率のよい辞書使用者になるための検索技能を身につける必要がある。辞書の使われ方に関する研究から、ほとんどの使用者は、辞書の仕組みや情報の探し方、さまざまなラベルや略語の意味、辞書に含まれる特別な情報などが解説されている辞書の前付けを読んでいないことが明らかになっている。一般的に言って、使用者は適切な見出し語を探し出す能力——変化形の基本形や複合語や派生語がどこに載っているか、句や成句を検索する際にどの見出し語を探せばいいか——を身につける必要がある。それに加えて、見出し語項目の構造や品詞分類、語義区分の原則、定義の言葉遣い、用例の働きなどをよく知る必要がある。辞書使用を偶然と生れつきの能力に任せるのでなく、学校現場で辞書使用のための訓練を行なう必要性が、多くの先行研究で論じられている (Hartmann 2001:92, Béjoint 2000:168)。しかし、辞書自体にも問題があるのではないだろうか．

7.4 記録文献か参照図書か

使用者の視点で辞書を考えるとき、利用しやすさという問題が自然と重要になってくる。この場合、主眼となるのは、参照図書としての辞書である。一方で、「辞書は言語の忠実な記録者でなくてはならない」(Chambers 序文) のである。4 章では、辞書がいかにして言語を記録する役割を担ってきたかを述べ、5 章では OED の編者がその役割をどう歴史的に解釈したかについてふれた。ま

た，3章では，文法書を補完する言語記述としての辞書について述べた。文法書が文構造の一般的な規則を扱うのに対して，辞書はある言語の語彙の全体的構造に加えて，個々の語彙項目の働きを扱うのである。

サイズと収録範囲に一定の制約がある中で，辞書は語彙を記述する。語彙体系に含まれる個々の語彙要素を特定し，7.1で述べた意味で「包括的」であることをめざしている。すなわち，辞書はそれが識別する各々の語彙項目について，完全な語彙説明――綴り・発音・変化形・派生語・語義・語法・語源――を与え，その語彙項目特有の働きを記述する（3章参照）。この意味で，辞書は言語の「忠実な記録者」であるよう求められているのである。辞書に盛り込むべき情報はある程度所与のものである（Hudson 1988；Ilson 1991）。これらの情報をどう提示するかは慣行の問題であり，それは，辞書の編纂者・編集者・出版社の側の創造や新機軸によって微調整されてゆくのである。

辞書が記録機能を備えている一方で，辞書に記録される膨大な量の情報が，ごく一握りの熱心な辞書学者以外には検索されていないという問題がある。従来の母語話者用辞書は，語彙記述を提示するということと，さまざまな種類の使用者の要望を満たす引きやすい参照図書を提供するという2つの相反する機能を同時に満たすことをめざしてきた。文法書に参照用から学習用までさまざまな種類のものがあるように，さまざまな機能や使用者のニーズを満たすべく，さまざまな種類の辞書が存在してよいという議論もありうるのではないだろうか。

ドイツで最も人気のある辞書は，*Duden Rechtschreibung*（『ドゥーデン正書法辞典』）であり，現時点の最新版は2000年刊行の22版である。この辞書は，もともとは綴り字辞典であり，代替綴り字・分綴法・変化形が記載されている。それに加えて，一般的でない語句には，語義・類語・語法用例・発音・借用語の起源言語名が簡潔に記載されている。したがって，この辞書は，綴り字ガイドと難語の解説書という，辞書使用者にとっての2つの基本的な要求を満たしている。一般向けの英語辞書でこのような形式のものは存在しない。英語には，専門的な綴り字辞典（West 1964 など）や，考古学から動物学に至るさまざまな領域・分野の術語を収録した専門辞書はあるが，*Duden* のようなタイプの辞書は一般的に存在しないのである。

ECED は，7.2で述べた利用者調査にもとづき，対象となる使用者（主に学生）の綴り字に対する要求に応える工夫をしている。ECED には，アルファベット順の見出しリスト中に，典型的なミススペリングを含めている。ミススペリングは次の例のように薄い色の活字で印刷され，取り消し線が引かれる。そし

てその横に正しい綴りが併記される。

　　preperation　incorrect spelling of **preparation**（preparation の誤った綴り）

　ECED は，here / hear のように同じ発音を持つ同音異綴異義語には「綴りに注意（SPELLCHECK）」という注記をつけたり，しばしば混同される一組の語（complement（補完）/ compliment（お世辞）など）に用法注記をつけたりもしている。

　電子媒体の辞書（6.7参照）では，使用者が検索の際に表示させる情報を選択することが可能である。OED2 の CD-ROM 版では数々のオプション設定が内蔵されている。使用者は，引用句を表示させるかどうかを選べるし，画面上のボタンを押すことで，発音・綴り字（語形の歴史的推移）・語源などを個別に表示させることができる。すべてのオプションをオフにすると，画面には，番号が付けられた個々の語義に対する定義文と用法ラベルのみが表示される。これに比べると，CD-ROM 専用の *Oxford Talking Dictionary* の設定オプションは限定的なものであるが，それでも引用句を非表示にすることができる。また，シソーラスを起動するボタンも用意されている。通常，電子版辞書では，見出し語一覧ウィンドウと語義ウィンドウの2つが分かれて表示され，それぞれのウィンドウは別々にスクロールできる。見出し語一覧ウィンドウは，部分的に綴り字辞典と同じような働きをする。ただし，派生語や複合語などは，主見出し項目の中に追い込みで記載されるので，この一覧ウィンドウには含まれないかもしれない。電子版辞書における辞書情報の選択的表示に関しては，まだまだ改良の可能性がある。

7.5　学習者

　児童と学習者という2種類の辞書使用者については，これまで，そのニーズが慎重に検討され，それぞれに特別の辞書が作られてきた。児童用の辞書と一口に言っても，読むことを学び始めたばかりの者を対象にした大判で色鮮やかな図版入りの辞書から，大人用辞書とあまり変わりがないが，語彙を厳選し，いくつかの語義や語源情報を割愛し，語義を平明に記述した学校用辞書に至るまで，幅広い種類がある。児童用の辞書の範囲に関してはもっと深く掘り下げて見ていくこともできるが，ここでは英語を第2言語，もしくは外国語として学習する者を対象にした辞書に限って見ていくことにする。詳細は11章で扱うので，本章では英

語学習者が辞書を引くニーズに限定して検討する。

　実際には母語話者も同じであるが，学習者が辞書を引くのは，次の2種類の言語作業のいずれかを行なっている場合である。1つ目は，リーディングやリスニングの際に意味のわからない語句に遭遇し，それが文脈から推測できない場合である。この場合，辞書は読んだり聴いたりした語句を「解読」(decoding) する助けとして用いられる。これに対して，学習者が作文や会話練習をしている際には，未知語を調べる必要はないが，すでに知っている単語を適切な場面でどのように使えばよいかを知りたいことがある。その場合，辞書は容認可能な文やテキストを「発信」(encoding) するための手助けとして用いられよう。母語話者にとっては，綴りを調べることが発信の際に辞書を引く主たる目的であるが，学習者は綴り・発音・変化形といった情報を知ることに加え，ある単語がどのように文法構造の中におさまり，どのような語と適切に共起しうるか（コロケーション (collocation)），また，用法に社会的・文化的な制約があるかどうかを知るためにも辞書を引くのである。

　したがって，学習者用辞書は，母語話者と大きく違わない解読の必要性だけでなく，特に発信用途にもいっそうの考慮を払う必要がある。すなわち，単語の統語的・語彙的な役割に関して，学習者用辞書は，母語話者用辞書以上に明確かつ包括的で体系だった情報を盛り込む必要がある。異論はあるかもしれないが，この種の情報は，学習者用辞書に限らず，正確で包括的な語彙記述を標榜するあらゆる辞書に含まれているべきなのである (Hudson 1988)。しかしながら，実際には，母語話者用辞書ではこうした情報は非常に乏しく，全く体系立っていない (9章参照)。加えて，先にもふれたように，単に情報を記載することが問題なのではなく，使用者がすでに持っている知識や検索技術を考慮し，利用しやすく情報を提示することが問題なのである (Jackson 1995)。

　パーマー (H.E.Palmer) の *A Grammar of English Words*（『英単語の文法』）(1938) や，OALDの前身であるホーンビー (Hornby *et al.*) の *Idiomatic and Syntactic English Dictionary* (ISED；日本版書名『新英英大辞典』) (1942) といった初期の学習英英辞書では，その書名が示すように，語の統語上の働きについて，正確かつ体系だった情報を示すことに力を入れていた。それ以降の学習英英辞典では，文法のみならず，語法やコロケーションの点でその目的が進化し，精緻化され，最近では，情報をより利用しやすく使いやすくすることにいっそうの注意が払われるようになっている (Cowie 1999)。この点はこれまで，多くの方法で実現されてきた。例えばOALDの初期の版では，動詞の文法

的な働きをホーンビーが作り上げた「動詞型」の体系に基づいて文法コードで提示しており，動詞の各語義には，VP6, VP15, VP21 のようなコードが付されていた。日常的に辞書を使っている利用者なら，頻繁に出てくるコードはその意味を暗記しているし，頻度の少ないパターンは辞書の前付けにある手引きを調べて意味を確認するであろう。コード化された情報には，通常用例が添えられているので，利用者は特定の語義の典型的なコンテクストを知ることができる。しかし，教員は文法コードを活用している一方，多くの学生使用者は文法コードを覚えずに主に用例に頼っていることが次第に明らかになってきた。そのため，後の改訂版ではコード体系を廃し，「～sth (to sb)」などの文型表示を用いることで，文法的な情報をより利用しやすい形で提示するようになっている。また，用例の適切さにもいっそうの注意が向けられている。

11章でも論じるように，学習者用辞書は単なる文法情報を提示するのみでなく，さまざまな点で進歩してきている。見出し語項目の構造はかなり改善が加えられ，語法注記も語義の中に組み込まれ，さまざまな追加資料も盛り込まれている。この進化の多くは，学習者という特定の使用者層が持っているとわかった種々のニーズに応えたものである。そのため，学習者用辞書は多くの点で母語話者用辞書の慣行から離れてきている（Rundell 1998）。

7.6　関連文献紹介

個々の辞書が，潜在的な使用者に向けて，自らをどういうものとして伝えようとしているかを知るためには，辞書カバーに記載の宣伝文句（blurb）や，多くの辞書に付けられている「序文」や「前付け」を読むのが有用である。Béjoint (2000) の4章・5章では，辞書の目的や社会における辞書の役割，使用者の検索ニーズについて論じている。使用者の視点は，Hartmann (2001) の6章で扱われている。Svensén (1993) は辞書使用者とさまざまなタイプの辞書との関係を第2章で論じている。

第8章　辞書における意味

　7章では，辞書を引く主な理由が，スペリングを確認することと，意味を調べることの2つであることを明らかにした。辞書は書き言葉に基づいており，そこにあげられている単語リストもアルファベット順に並べられているから，辞書はそれに一致して必然的にスペリングに関する情報を提供することになる。辞書の主な機能は，語の意味の説明・記述・定義にあると考えられ，こうした機能に基づいて辞書は評価されるのである。2章では，語の意味を構成する要素をいくつか論じたので，本章では語の意味のさまざまな側面を辞書がどのように記述しているか，またそれがどの程度成功しているか，といった点を見ていく。だが最初に，辞書が意味記述の対象にしているのは何であるかを正確に把握しておく必要がある。

8.1　定義の対象

　辞書には，定義対象として見出し語が配列されている。しかし，見出し語項目内に追い込まれた語彙項目の中にも定義対象となるものがある。このように見出し語項目にはさまざまな種類の語彙項目が含まれる。下記のCED4から引用した見出し語のリストを2種類検討してみよう。

　　　hook（かぎ(鉤)）　　　　　　　　hookah（水ギセル）
　　　hook and eye（かぎホック）　　　hooked（かぎ状の）
　　　hooker[1]（釣り船）　　　　　　　hooker[2]（(何かを)引っかける人［物］）
　　　Hooke's law（フックの法則）　　　hooknose（鉤鼻）
　　　hook-tip（〔昆虫〕カギバガ科のガ）　hook-up（放送ネットワーク）
　　　hookworm（十二指腸虫）　　　　　hookworm disease（〔医〕鉤虫症）

　　　its（itの所有格）　　　　　　　　it's（it is, it hasの短縮形）
　　　itself（itの再帰代名詞）　　　　　itsy-bisty（ちっぽけな）
　　　ITU（集中治療室）　　　　　　　　ITV（英国独立テレビ局）

-ity（抽象名詞を作る接尾辞）　i-type semiconductor（i 型半導体）
IU（免疫単位）　　　　　　IU(C)D（子宮内避妊器具）
Iulus（〖ギリシャ・ローマ神話〗イウールス）
-ium（名詞を作る接尾辞）

　上記の CED4 の見出し語リスト（人名・地名は省いている）には，hook や hookah といった「単純語」（simple word）も含まれているが，加えてほかのさまざまな語彙項目も含まれている：

- 派生語（derived word）：hooked, hooker[2]
- 複合語（compound word）
　　ハイフンなし複合語（solid compound）：hooknose, hookworm, itself
　　ハイフン付き複合語（hyphenated compound）：hook-tip, hook-up, itsy-bitsy
　　分離複合語（open compound）：Hooke's law
　　上記の組み合わせ：hookworm disease, i-type semiconductor
- 二項複合語（binomial）：hook and eye
- 略語（abbreviation）：ITU, ITV, IU, IU(C)D（これらの「定義」は頭字語（acronym）や頭文字語（initialism）を構成する各語をスペルアウト）
- 接辞（affix）：-ity, -ium（これらの「定義」は -ity＝indicating state or condition のように示され，通常の語の定義と同様）
- 短縮形（contraction）：it's（この「定義」は縮約しない元の形をスペルアウト）

　略語や短縮形といった見出し語には（本当の意味での）定義はなく，単にスペルアウトされた形の説明があるだけである。同様に，不規則変化形も見出し語に加えられるが，基本形であるレンマ（lemma）［訳注：ここでは語彙素（lexeme）に準ずる意味］への相互参照指示が添えられているだけのことが多い。例えば下記の通りである。

　　felt　the past tense and past participle of **feel**
　　　　（feel の過去形および過去分詞形）

　CED4 では見出し語に含まれるが，他の辞書では「入れ子式」（nested），な

いし「追込み」(run-on) で記載されるものもある。例えば，派生語や複合語である。こうした扱いは実際にはさまざまで，見出し語にハイフンなし複合語のみをあげて，ハイフン付きや分離複合語は含めない辞書もある。CED4 は，見出し語項目内に追い込まれた語彙項目にそれぞれ定義を与えている。例えば，hook の見出し語内にある by hook or (by) crook, get the hook, hook, line, and sinker, off the hook, on the hook, sling one's hook, hook it などにはそれぞれ定義が与えられている。これらはいくつかのタイプの句表現からなる。by hook or crook（なんとかして），sling one's hook（逃げる）などのイディオム，hook, line, and sinker（全く，完全に）などの三項複合語（trinomial），そして get the hook（首になる），hook it（ずらかる）などの俗語表現が含まれる。

上記見出し語リストに中の同じ語が2度あがっている場合もある。hooker は2つとも同じ発音で，それぞれの主要語義は下記の通りである。

> **hooker**[1]　a commercial fishing boat using hooks and lines instead of nets（網の代わりに針と糸を使う商業目的の釣り船）
> **hooker**[2]　a person or thing that hooks（(何かを) 引っかける人［物］）

一見したところ，hooker[1] の意味は，より一般的な hooker[2] の意味に包含されているように思えるかもしれない。hooker の2つの異音同綴異義語（homograph）（この場合は実際には同音同綴異義語（homonym））は意味が非常に近いように思えるのに，なぜ別個の見出し語になっているのだろうか。同綴異義語を決定する上での辞書の基本的な基準は語源である。つまり，同綴語に2つかそれ以上の語源が確認されれば，異なる語源の数だけその綴り字語は見出し語に立てられるのである。hooker の場合，1つ目の同綴異義語は17世紀のオランダ語の hoeker からの借用語であるが，2つ目は動詞 hook に接尾辞 -er が付いたもので，もとは古英語の hoc からきたものである。

hooker の同綴異義語はそれほど異なる意味を持っているわけではないが，逆のケースも見受けられる。table という語に与えられた次の意味を考えてみたい（定義は CED4 より）。

> a flat horizontal slab or board, usually supported by one or more legs, on which objects may be placed（「テーブル」：平らで水平な厚板あるいは板。通常は1本以上の脚があり，その上に物が置かれる）

an arrangement of words, numbers, or signs, usually in parallel columns, to display data or relations.（「表」：語・数字・記号の配列。通常は並列された欄にデータや関係が示される）

　直観的に言えば，上記の2つの意味は，語源の異なる2つの語に関連しているに違いないと思われるだろう。だが，実はそうではない。CED4では，table という語は1項目である。なぜなら，どちらの意味も「書記板」（writing tablet）を意味するラテン語の tabula を語源に持ち，12世紀に古代フランス語から英語に入ってきた語と関連しているからである。

　同綴語を異なる見出し語として扱う際のもう1つの基準は語類区分である。LDEL はこの基準を採用しており，同辞典では，table は名詞・形容詞（table manners という場合の table など）・動詞の3項目として記載されている。この基準は語源に基づく基準と平行的関係にあり，語源上同一とされる同綴異義語が，語類別基準において複数の項目立てとなることもある。例えば line は LDEL2 において見出し語に4回現れている。このうち，¹line（服などに裏地をつける）は，「亜麻」を意味する古英語 lin から派生した中英語 linen を語源（この語源から現代英語の linen（亜麻布，リネン）が生まれた）とするもので，語源的に他と区別される。line として見出し語にあがっている他の語も中英語起源であるが，元は古代フランス語の ligne から派生したものである。もっとも，興味深いことに，ligne をさらに古くたどれば，「亜麻でできた」という意味のラテン語にまで達する。この古代フランス語起源の line には名詞・動詞・形容詞があり，LDEL2 では語類別に3つの同綴異義語を持つのである［訳注：名詞「線」，動詞「線を引く」，形容詞「線でできた」］。

　多くの語が多義であり，前出の table のように2つ以上の意味を持っている。辞書編集者は特定の綴り（綴り字語）に複数の語義を見出すことがあるが，そうした語すべてに関して，その異なる語義が語の多義性（polysemy）に由来するものか，それとも同綴異義語が存在するためか，判断しなければならない。辞書編集者は，まず語源に基づく基準を適用し，辞書の方針によっては，語類区分に基づく基準を適用する。そして，基準に合致した場合は複数の見出し語が立てられる。そうでない場合は，見出し語は1つで，そこに複数の意味・語義として記載される。11章で検討するが，これらの基準は学習者用辞書には必ずしも当てはまらない。なぜなら，そうした基準は，辞書を利用する学習者層のニーズに応えるとは思えない場合があるからである。

8.2　大きくまとめるか細かく区分するか

多義性が認められた場合，辞書編集者は，区別すべき語の意味や語義の数をどのように決定するのであろうか。辞書編集者は，異なる文脈での語の使用状況を示してくれる用例やコンコーダンス・ライン（13章参照）などの根拠となる例を収集する。その例を基になされることは，辞書編集者が「大きくまとめるタイプ」（lumper）であるのか「細かく区分するタイプ」（splitter）であるのかによって変わる（Allen 1999：61）。

> The 'lumpers' like to lump meanings together and leave the user to extract the nuance of meaning that corresponds to a particular context, whereas the 'splitters' prefer to enumerate differences of meaning in more detail; the distinction corresponds to that between summarizing and analysing.

「大きくまとめるタイプ」は，意味をひとまとめにして，辞書使用者が個々の文脈に見合った意味のニュアンスを引き出すのに任せることを好む。他方「細かく区分するタイプ」は，語の意味の違いをより細かく列挙することを好む。つまり両者の相違は，要約と分析の相違に相当する。

NODE と CED4 の 2 冊の辞書で，名詞 horse の見出し項目を見てみよう。CED4 は「細かく区分するタイプ」の辞書であり，NODE は「大きくまとめるタイプ」の辞書である。

> **horse** ▶ **noun 1** a solid-hoofed plant-eating domesticated mammal with a flowing mane and tail, used for riding, racing, and to carry and pull loads.
>
> • *Equus caballus*, family Equidae (the **horse family**), descended from the wild Przewalski's horse. The horse family also includes the asses and zebras.
>
> ■ an adult male horse; a stallion or gelding. ■ a wild mammal of the horse family. ■ [treated as *sing.* or *pl.*] cavalry: *forty horse and sixty foot.*
>
> **2** a frame or structure on which something is mounted or supported, especially a sawhorse.
>
> ■*Nautical* a horizontal bar, rail, or rope in the rigging of a sailing ship for supporting something. ■ short for **VAULTING HORSE**
>
> **3** [mass noun] *informal* heroin.

4 *informal* a unit of horsepower: *the huge 63-horse 701-cc engine.*
5 *Mining* an obstruction in a vein.

(NODE)

horse ▶ 名詞 **1** 頑丈な蹄を持ち，家畜化された草食の哺乳動物で，ゆったり垂れたたてがみと尾があり，乗馬や競馬，積荷を運んだり引っ張ったりするのに使われる。
・学名 *Equus caballus*，ウマ科，野生種プルゼウォルスキー馬の系統を引く。ウマ科はロバやシマウマも含む。
■ 大人のオス馬；種馬あるいは去勢馬。■ ウマ科の野生哺乳動物。■ 〔単数または複数扱い〕騎兵(隊)：forty horse and sixty foot　40の騎兵と60の歩兵。
2 その上に何かが置かれたり，あるいは支えられたりする枠や構造物，特にのこびき台。
■ 〔海事〕大型帆船にある索具装置で，何かを支えるための水平な棒や横木，あるいはロープ。■ **vaulting horse**（跳馬）の略
3 〔質量名詞〕（略式）ヘロイン。
4 （略式）馬力の単位：the huge 63-horse 701-cc engine 巨大な63馬力701ccエンジン。
5 〔鉱業〕鉱脈の中の障害物

horse *n* **1** a domesticated perissodactyl mammal, *Equus caballus*, used for draught work and riding: family *Equidae*. **2** the adult male of this species; stallion. **3 wild horse. 3a** a horse (*Equus caballus*) that has become feral. **3b** another name for **Przewalski's horse. 4a** any other member of the family *Equidae*, such as the zebra or ass. **4b** (*as modifier*): *the horse family.* **5** (*functioning as pl*) horsemen, esp. cavalry: *a regiment of horse.* **6** Also called: **buck.** *Gymnastics.* a padded apparatus on legs, used for vaulting, etc. **7** a narrow board supported by a pair of legs at each end, used as a frame for sawing or as a trestle, barrier, etc. **8** a contrivance on which a person may ride and exercise. **9** a slang word for **heroin. 10** *Mining.* a mass of rock within a vein or ore. **11** *Nautical.* a rod, rope, or cable, fixed at the ends, along which something may slide by means of a thimble, shackle, or other fitting; traveller. **12** *Chess.* an informal name for knight. **13** *Informal.* short for **horsepower. 14** (*modifier*) drawn by a horse or horses: *a horse cart.*

(CED4)

horse 名 **1** 家畜化された奇蹄目の哺乳動物，学名 *Equus caballus*，牽引作業や乗馬に使われる：ウマ科。**2** この種の成馬オス：種馬。**3 wild horse** (野生馬)。**3a** 野生に戻った馬（*Equus caballus*）。**3b Przewalski's horse** (プルゼウォルスキー馬) の別名。**4a** シマウマやロバなどウマ科の他の動物。**4b** (修飾語として) ウマの：the horse family ウマ科。**5** (集合的に) 騎手，特に騎兵：a regiment of horse 騎馬隊。**6 buck** (跳馬) とも言う：〔体育〕脚の上にパッドがある器具一式で，跳躍などに使用される。**7** 2本の脚によって両端を支えられた小さな板で，のこびき台，あるいは架台や棚などとして使われる。**8** 人がその上にまたいで乗って練習する器具。**9 heroin** (ヘロイン) の俗称。**10** 〔鉱業〕鉱脈や鉱石の中にある岩の塊。**11** 〔海事〕端に取り付けられた棒やロープあるいは錨鎖で，それにはめ輪や連結用金具，他の付属器具を付けることによって物を滑らせることができる。**12** 〔チェス〕ナイトの略式名。**13** (略式) **horsepower** (馬力) の略。**14** (修飾語として) 1頭あるいは数頭の馬に引かれた：a horse cart 荷馬車。

　CED4 の語義は14個あるのに対し，NODE では5つである。NODE の語義1は CED4 の1から5までの語義を包含し，NODE の語義2は CED4 の6，7，11の語義を包含する。また NODE の語義3は CED4 の9に対応し，NODE の語義4は CED4 の13に，また NODE の語義5は CED4 の10に対応している。CED4 の語義8，12，14は NODE には載っていない。NODE は「核語義」(core sense) と「下位語義」(subsense)（■で示されている）を区分するが，CED4 の語義のいくつかは NODE の「下位語義」に相当する。NODE の配列は，それが本質的に「大きくまとめるタイプ」の辞書であることを示しており，他方 CED4 は明らかに，「細かく区分するタイプ」の辞書に属しているのである。ほとんどの辞書が「細かく区分するタイプ」をとる傾向にある。しかしながら，語義をどこで区分するかについて各辞書は必ずしも一致していない。COD9 と CCD4 における名詞 length の項目を比べてみよう：

length n. 1 measurement or extent from end to end; the greater of two or the greatest of three dimensions of a body. **2** extent in, of, or with regard to, time (*a stay of some length; the length of a speech*). **3** the distance a thing extends (*at arm's length; ships a cable's length apart*). **4** the length of a swimming pool as a measure of the distance swum. **5** the length of a horse, boat, etc., as a measure of the lead in a race. **6** a long stretch or extent (*a length of hair*). **7** a degree of thoroughness in action (*went to great lengths; prepared to go to any length*). **8** a piece of material of a certain length (*a length of cloth*). **9** Prosody the quantity of a vowel or syllable. **10** *Cricket* **a** the distance from the batsman at which the ball pitches (*the bowler keeps a good length*). **b** the proper amount of this. **11** the extent of a garment in a vertical direction when worn. **12** the full extent of one's body.

(COD9)

length 名 **1** 端から端までの寸法あるいは範囲；物体の平面の寸法の大きい方や立体の寸法の最も大きいもの。**2** 時間内，時間そのもの，時間に関する広がり (a stay of some length かなりの期間の滞在；the length of a speech 演説時間の長さ)。**3** あるものが及ぶ距離 (at　arm's　length すぐ近くに；ships a cable's length apart 90フィート間隔で停泊中の船)。**4** 水泳距離計測としてのスイミングプールの長さ。**5** レースでの優勢を計るものとしての家やボートなどの長さ。**6** 長いものの伸びや程度 (a length of hair 髪の長さ)。**7** 行為における徹底性の程度 (went to great lengths どんなことでもした；prepared to go to any length どんなことでもする覚悟のできた)。**8** ある長さを持った1つの物質 (a length of cloth ある長さの布)。**9** 〔韻律〕1つの母音や音節の音長。**10** 〔クリケット〕**a** 打者の位置からボールがバウンドする位置までの距離 (the bowler keeps a good length 投手は打者から適当な位置に落下するようボールをコントロールする)。**b** これに相応しい距離。**11** 着ている衣服の垂直方向への丈。**12** 人の身体の全長。

length *n* **1** the linear extent or measurement of something from end to end, usually being the longest dimension. **2** the extent of something from beginning to end, measured in more or less regular units or intervals: *the book was 600 pages in length*. **3** a specified distance, esp. between two positions: *the length of a race*. **4** a period of time, as between specified limits or moments. **5** a piece or section of something narrow and long: *a length of tubing*. **6** the quality, state, or fact of being long rather than short. **7** (*usually pl*) the amount of trouble taken in pursuing or achieving something (esp. in **to great lengths**). **8** (*often pl*) the extreme or limit of action (esp. in **to any length (s)**). **9** *Prosody, phonetics*. the metrical quantity or temporal duration of a vowel or syllable. **10** the distance from one end of a rectangular swimming bath to the other. **11** *NZ inf.* the general idea; the main purpose.

(CCD4)

length 名 **1** 何かの端から端までの直線的な範囲や寸法で，通常は一番長い寸法。**2** あるものの初めから終わりまでの範囲で，程度の差こそあれ，ある一定の単位，もしくは隔たりで計測される：the book was 600 pages in length. その本は長さにして600ページだった。**3** 特に2つの地点間を示す，はっきりとわかる距離：the length of a race レースの距離。**4** はっきりした境界や時を示すような期間。**5** 細くて長いものの1本あるいは1部：a length of tubing 1本の管。**6** 短いのではなく長いという質や状態や事実。**7**〔通例複数形で〕何かを追求・達成する際に要する困難さの総量（特に **to great lengths**（非常に苦労して）の句で）。**8**〔しばしば複数形で〕行為の極限や限界（特に to any length(s)（限界まで）の句で）。**9**〔音律・音声〕母音や音節の測定される量や時間的な持続期間。**10** 長方形のスイミングプールの一方から他方までの距離。**11**（ニュージーランド・略式）一般的な考え；主要目的。

表8.1はこれら2つのコンサイス版辞書で語義がどのように対応しているのかを示しているものである。

COD9ではCCD4に直接対応する意味は12個のうち半分だけであるが，CCD4ではCOD9に対応する意味は11個のうち7つである。この相違は，COD9の語義7がCCD4では2つの語義（7と8）に対応していることによる。COD9の語義6とCCD4の語義5は，密接に関連しているように見えるが，直接対応はしていない。2つの辞書においてlengthの意味が同じように分割されなかったため，相互に対応しない語義が生じたのである（表8.1の空所）。

辞書編集者が語彙素の意味を分析する際，識別すべき語義を決定する上で，何らかの基準もしくは目安があるだろうか。明らかに文脈が一定の役割を果たしている。しかし，文脈は詳細にも大まかにも分析できる。例えば，CED4にある名詞 interest の場合，最初の4つの語義は次のように定義されている。

1 the sense of curiosity about or concern with something or someone（物事や人に対する好奇心や関心の感覚）
2 the power of stimulating such a sense（そのような感覚を刺激する力）
3 the quality of such stimulation（そのような刺激の質）
4 something in which one is interested; a hobby or pursuit.（人が興味を引かれるもの；趣味や娯楽。）

これら4つの語義は，LDEL2では1つの意味で，それが2つに下位区分されている。

5a readiness to be concerned with, moved by, or have one's attention attracted by something; curiosity **5b** the quality in a thing that arouses

[表8.1]

COD9	CCD4	CCD4	COD9
1	1	1	1
2	4	2	
3	3	3	3
4	10	4	2
5		5	
6		6	
7	7, 8	7	7
8		8	7
9	9	9	9
10		10	4
11		11	
12			

interest ... *also* something one finds interesting

5a 抵抗なく何かに関わったり，感動したり，関心を引かれること；好奇心
5b 興味を奮い立たせる性質をもつもの…また人がおもしろいと思うこと

　明らかなことだが，結局のところ，語義区分の判断は辞書編集者にかかっている。彼らは，検証しなければならない証拠を前にして周到な判断を下すのである。
　しかしながら，語義を区別する上で辞書編集者が考慮しうる要素が2つ存在する。それは文法とコロケーションである（Clear 1996）。length に関して言えば，［通例複数で］と［しばしば複数で］を区別するために，CCD4 の辞書編集者は語義7と8を区別した可能性がある（上記参照）。reply を例に考えると，目的語に節を取る他動詞用法ではなく，それが自動詞的に使われ得るという事実によって，CED4 は reply の最初の2つの意味を区分している。

1 to make an answer (to) in words or writing or by an action; respond: *he replied with an unexpected move.* **2** (*tr; takes a clause as object*) to say (something) in answer: *he replied that he didn't want to come.*

1 言葉や文字，あるいは行動によって答える；答える：he replied with an unexpected move.（彼は予期しない動きで答えた）。**2**（他；目的語として

節を取って）答える際に（何かを）言う：he replied that he didn't want to come.（彼は来たくないと答えた）。

　語義には，特殊な使われ方をするものや制限的な使われ方をするものもある。これらには用法ラベルが付けられている。すでに見た CED4 の horse の項目で言うと，〔体操〕，〔鉱業〕，〔海事〕，〔チェス〕，（略式）などのラベルがそれに当たる。

　また，語義の中には特定のコロケーションを形成するものもある。下記の CED4 の isometric（等軸の，等角投影図法による）の項目では，かっこ内の語が isometric と共起することを示している。

　　(of a crystal or system of crystallization) having three mutually perpendicular equal axes（水晶や水晶系が）３つの互いに垂直な等軸を持っている

　　(of a method of projecting a drawing in three dimensions) having the three axes equally inclined and all lines drawn to scale.（３次元の線描投影法が）３つの等しく傾斜した軸を持っており，そのすべての線は一定の縮小値で引かれている。

　しかしながら，語義区分の目的で辞書編集者が活用しうる程度にまでは，いまだコロケーションは利用されていない（Clear 1996）。

　多義語に関して区別すべき語義の決定が終われば，辞書編集者はそれらを辞書の見出し語項目内にどんな順序で入れるかを決定しなければならない。OED や SOED などの歴史的辞書では，語義の記載順序は決められていて，引用例文から得られた証拠に基づき，最も古い語義を先に，最も新しい語義を後に書くようになっている。しかし，歴史的辞書でさえ物事は常に単純というわけではない。つまり，いくつかの語は２つ以上の意味の「枝」（branch）を伴っていて，複雑な「語義史」（sense history）を持っているのである。（OED2 における見出し語項目の記述については Berg 1993 を参照）。

　一般辞書の場合は，記載方法はさまざまである。Chambers は以下の歴史的順序に従っている。

　　定義を…順序付ける方法としては少なくとも２つが可能である。１つは最も現在に近い意味を始めに，最も古い意味を最後に書くことである。本辞書は，歴史的順序というもう１つの方法を選んだ。この方法では，その語のもともとの，あるいは最も古い意味が最初に与えられ，最も現在に近い意味，

あるいは現在使われている意味が最後に与えられるのである。どちらの方法も使いやすいが，歴史的順序の方がより論理的である。なぜならば，一目でその語の歴史的発展が示され，要約された語の歴史が項目内に示されるからである。　　　　　　　　　　　　　　　　　　　　　　　　(p.vi)

これは見解の問題であり，誰もが「要約された語の歴史」を調べようとして一般用辞書を引くかどうかは議論の余地がある。もう一方の立場は，使用者のニーズと思われるものを重視し，より新しい語義を重視するものである。しかし実際のところ，「新しい意味を先に」書くという方針に従っている辞書は，通常，語義の配列に対して微妙なところがある。例えば，CED4 は下記のように主張している。

原則として，1つの見出し語が2つ以上の語義を持っていれば，最初に与えられる語義は現代の語法で最も一般的なものである。現在使われている語義が他の語義の意味合いを明らかにするという点で「核語義」であると編集者が考えれば，その核語義が最初に置かれることもある。次に続く語義は，見出し語の意味に首尾一貫した説明を与えるように調整される…密接に関連した語義は1つにまとめられる。つまり，最初に一般的語義が来て，次に専門的な語義が，その後に古語や廃語の語義が続くのである。そして，イディオムや定型表現は最後に置かれるのが通例である。　　(p.xxi)

LDEL2 は，語義配列に関して，歴史的な方法と現代的な方法の統合を試みている。

語の主な歴史的発達を示し，意味同士の関係が一貫して概観できるようにすることを目的とした体系に従って，意味は配列される。英語圏で現在使われている意味がまず示される。これらの意味は英語で初めて記録された順序で現れるが，密接に関係した語義は歴史的な順序を無視して一緒にまとめられることもある。次に略式であったり，アメリカ英語のみで使用されるなど，その語法に制約がある意味が続く。そして古語的あるいは廃語的な語義が最後にあげられるのである。　　　　　　　　　　(p.xvi)

名詞 mate の見出し語項目内の語義順を CED4 と LDEL2 で比較してみよう。

mate 1 the sexual partner of an animal. 2 a marriage partner. 3a *Informal, chiefly Brit., Austral., and N.Z.* a friend, usually of the same sex: often used between males in direct address. 3b (*in combination*) an associate, colleague, fellow sharer, etc.: *a classmate, a flatmate.* 4 one of a pair of matching items. 5 *Nautical.* 5a short for **first mate**. 5b any officer below the master on a commercial ship. 5c a warrant officer's assistant on a ship. 6 (in some trades) an assistant: *a plumber's mate.* 7 *Archaic.* a suitable associate.

(CED4)

mate 1 動物のつがいの片方。2 結婚相手。3a（略式，主に英・豪・ニュージーランドで）（通例同性の）友だち：男性間での呼びかけによく使われる。3b［複合語で］仲間，同僚，共有仲間など：a classmate（同級生），a flatmate（アパートの同居人）。4 対をなすものの片方。5〔海事〕5a **first mate**（一等航海士）の略。5b 商船で船長に次ぐ高級船員。5c シップ型帆船の准尉補佐。6（職業で）助手：a plumber's mate（配管工見習い）。7（古語）好敵手。

mate 1a an associate, companion – often in combination <*flatmate*> <*playmate*> 1b an assistant to a more skilled workman <*plumber's ~*> 1c *chiefly Br & Austr* a friend, chum – used esp as a familiar form of address between men 2 an officer on a merchant ship ranking below the captain 3 either member of a breeding pair of animals <*a sparrow and his ~*> 3c either of two matched objects <*a ~ to this glove*> 4 *archaic* a match, peer

(LDEL2)

mate 1a 同僚，連れ—しばしば複合語で〈flatmate（アパートの同居人）〉〈playmate（遊び仲間）〉 1b 熟練工の助手〈plumber's 〜（配管工見習い）〉 1c《主に英・豪》友人，親友—特に男性間で親しい呼びかけ形式として使われる 2 商船での船長の下に位する一等航海士 3 動物のつがいの片方〈a sparrow and his 〜 1羽のスズメとそのつがいのスズメ〉 3c 対をなすものの片方〈a 〜 to this glove この手袋の片方〉 4（古語）競争相手，好敵手

mate は中英語時代に英語の語彙に加わり，その際には一般的な「仲間」の意味であった。次いで16世紀に入ってから，「つがいの片方」という意味合いが生じた。LDEL2 の見出し語の語義配列はこれを反映している。しかし，現代英語では「つがいの片方」の方がより一般的で中核的な意味と考えられるので，

CED4 ではそちらを先に記載している。

8.3 定義

語義の区別・配列順序が確定されると，個々の語義（sense）に定義（definition）をつける必要が生じる。定義とは，語彙素（が持つ語義）の意味特性の記述であり，その語が指し示す可能性のある指示対象（referent）についての網羅的説明ではない（Zgusta 1971：252ff.）。他の言語記述と同様に，1言語辞書における定義は「回帰的な言葉」で成り立っている。つまり，記述されている言語と同じ言語を使って記述するのである。辞書編集の技術（the art of lexicography）（Landau 1989, 2001 の書名を参照）は，そのかなりの部分が，効果的な定義を構成する適切な表現を探すことにある。この点については，いくつかの一般原理をあげることができる。

- 語はそれより平易な語で定義されなければならない（Zgusta 1971：257）。しかし，「単純語」については，常にこれが可能とは限らない。
- 2つ以上の語義を互いに言い換えるような，定義の循環は避けられるべきである（Svensén 1993：126）。
- 定義は，定義されている語と交代可能でなければならない。したがって，定義句の書き出しの単語の品詞は，定義しようとする語の品詞と一致しているべきである（Zgusta 1971：258；Svensén 1993：127）。
- 語のタイプにより，それにふさわし定義の形態は異なる（Zgusta 1971：258）。

定義の最も一般的な形式は，「内心的定義句」（endocentric phrase［訳注：定義句全体の品詞が定義されている語の品詞と一致するもの］）（Zgusta 1971：258）であり，「完全に分析的な単一句による定義」（Webster 3 序文より）である。定義は，「定義対象」（definiendum）に近接した上位概念である「近接類」（genus proximum）と，定義対象の弁別的特徴である「固有差異」（differentia specifica）を少なくとも1つ示すことによって構成される（Svensén 1993：122）。こうした定義の好例は，すでに引用した NODE の horse の第1語義に見られる。

a solid-hoofed plant-eating domesticated mammal with a flowing mane and tail, used for riding, racing, and to carry and pull loads. (頑丈な蹄を持ち，家畜化された草食の哺乳動物で，ゆったり垂れたたてがみと尾があり，乗馬や競馬，積荷を運んだり引っ張ったりするのに使われる。)

「定義対象」である horse は，その「類」であり「上位概念」である mammal（哺乳類）に関連付けられている。そして，この哺乳類を他の哺乳類動物と区分する「弁別的特徴」として，solid-hoofed, plant-eating, domesticated, with a flowing mane and tail, used for riding などの多くの「差異」が示されている。

時に「類＋差異」型定義と呼ばれるこうした定義法は，大半の語類の多くの語に対して用いられる。定義しようとする語の意味が具体的か抽象的か，その指示対象が物・事・特性のいずれであるか，などに応じた「差異」が示される。次に，さまざまな語が各辞書でどのように定義されているか，さらに実例を見てみよう。なお，「類」に相当する内容は斜字体［訳注：日本語では下線］とする。

beat（verb）to *strike* with or as if with a series of violent blows［CED4］（たたく，連続的な激しい殴打で，あるいはそのようにみえるやり方でたたく）

clean（adjective）*free* from dirt, stain, or whatever defiles［Chambers］（ほこり，しみ，その他汚す物がない）

glamour（noun）a romantic, exciting, and often illusory *attractiveness*［LDEL2］（ロマンティックで，刺激的で，そしてしばしば人を誤らせるような魅力）

humble（adjective）*of* low social or political *rank*［COD9］（社会的，政治的に低い地位の）

somewhat（adverb）*to a* moderate *extent* or *by a* moderate *amount*［NODE］（そこそこの範囲・量で）

see（verb）*perceive* with the eyes［COD10］（目で知覚する）

variety（noun）the *quality* or *condition* of being diversified or various［CED4］（変化に富んだ，あるいはさまざまである特質・状態）

主な定義法の2つ目は，類義語・一群の類義語・類義的句などで構成されるものである。多くの語，特に抽象語は，分析的な「類＋差異」型では定義が難しいため，辞書編集者は類義語に頼るのである。一連の類義語が互いに互いを定義す

るように用いられるこのタイプの定義が，循環性を生む可能性が最も高い。小さな辞書は紙面が限られているため，定義法として類義語がより多く使われる。*Collins Pocket English Dictionary*（2000）の項目を比較してみよう。

  miserable **1** very unhappy, wretched. **2** causing misery. **3** squalid. **4** mean

  unhappy **1** sad or depressed. **2** unfortunate or wretched

  wretched **1** miserable or unhappy. **2** worthless

これより大型の *Collins Concise Dictionary*（CCD）（1999）の場合，この点はすでに改良されている。定義法は同義語にかなり依存しているが，より広がりを持たせることで循環性を減少させているのである。

  miserable **1** unhappy or depressed; wretched. **2** causing misery, discomfort, etc. **3** contemptible. **4** sordid or squalid. **5** mean; stingy.

  unhappy **1** not joyful; sad or depressed. **2** unfortunate or wretched. **3** tactless or inappropriate.

  wretched **1** in poor or pitiful circumstances. **2** characterised by or causing misery. **3** despicable; base. **4** poor, inferior, or paltry.

興味深いことに，本辞書の親辞書にあたる机上版の CED4 は，これらの語に関して，CCD の定義以上にはほとんど何も付け加えていない。

3つ目の定義方法は，指示対象に典型的な事項を明示する方法である。この方法はふつう，他の2つの定義方法のいずれか，たいていは分析的定義方法と組み合わせて使われる。「典型的には」（typically）という副詞で書き始められる。COD10 からいくつかの例を見てみよう。

  day of rest a day set aside from normal activity, typically Sunday on religious grounds（普段の活動から除外されている日，典型的には宗教的理由による日曜日）

  gingham lightweight plain-woven cotton cloth, typically checked（軽量で平織りの綿布，典型的にはチェックのもの）

  measles an infectious viral disease causing fever and a red rash, typically occurring in childhood（伝染性のウイルスによる病気で熱と赤い発疹を引き起こす，典型的には児童期に起こる）

scramble move or make one's way quickly and awkwrdly, typically by using one's hands as well as one's feet（すばやく，しかし，やりにくそうに動いて進む，典型的には足ばかりでなく手も使って）

ululate howl or wail, typically to express grief（うめく，もしくは泣き叫ぶ，典型的には悲しみを表すために）

最後の例は，類義語定義（synonym definition）に典型性定義（typifying definition）を加えたもので，その他の例は分析的定義（analytical definition）に典型性定義を加えたものである。

4つ目の定義法は，語や語義の「用法」を通例文法的に説明するものである。この方法が典型的に用いられるのは，文法語や機能語（決定詞・代名詞・接続詞・前置詞・助動詞など。1章参照）を定義する場合で，特にそれらが言語外の対象物を指し示していない場合である。COD10の例をいくつか見てみよう。

and（conjunction）used to connect words of the same part of speech, clauses, or sentences（接続詞；同じ品詞の語，節や文を結びつけるために使われる）

do（auxiliary verb）used before a verb in questions and negative statements（助動詞；疑問文や否定文で動詞の前に置いて使われる）

ever（adverb）used for emphasis in questions expressing astonishment or outrage（副詞；驚きや激怒を表わしている疑問文で強調のために使われる）

herself（pronoun）used as the object of a verb or preposition to refer to a female person or animal previously mentioned as the subject of the clause（代名詞；動詞や前置詞の目的語として用い，節の主語として先行して述べられた女性や動物の雌に言及する）

that（pronoun/determiner）used to identify a specific person or thing observed or heard by the speaker（代名詞/決定詞；話し手が見たり聞いたりして特定化された人や物を指し示すために使われる）

us（pronoun）used by a speaker to refer to himself or herself and one or more others as the object of a verb or preposition（代名詞；動詞や前置詞の目的語として自分自身と他の一人以上を含めて言及するために話し手によって使われる）

these すべての定義は「使われる」(used) という語を用いており，たいていは，英語の文法構造における語の機能の仕方の観点から構成されている。しかし，副詞 ever の場合は，その用法は強調という談話的機能に関係している。

定義は，語彙素の指示関係（2章参照），特にその明示的意味を記述することを目標としている。そして，語彙素の暗示的意味や連想的意味については解説しないのが通例である。しかしながら，NODE における champagne や youth のように，そうした意味が記述されていることもある。

> **champagne** a white sparkling wine from Champagne, regarded as a symbol of luxury and associated with celebration（シャンパーニュ産の発泡ぶどう酒で，豪華さのシンボルとみなされ祝賀と関連している）
>
> **youth** the state or quality of being young, especially as associated with vigour, freshness, or immaturity.（若いことの状態や性質で，特に活力，新鮮さ，未熟さに関連している）

暗示的意味は，適当な用法ラベル（9章参照）を付けて示される場合がより多い。COD9 における次の語がそれに当たる。

> **crony** (often *derog*[*atory*]) a close friend or companion（((しばしば軽蔑的に)) 親しい友人や仲間）
>
> **ethnic cleansing** (*euphem*[*istic*]) the mass expulsion or extermination of people from opposing ethnic or religious groups within a certain area（((婉曲的に)) ある領域内にいる対立する民族や宗教グループの人々の大量追放や根絶）
>
> **ladyship** (*iron*[*ical*]) a form of reference or address to a woman thought to be giving herself airs（((皮肉で)) 気取った雰囲気を持っていると思われる女性に対する敬称あるいは呼びかけ）
>
> **missive** (*joc*[*ular*]) a letter, esp. a long and serious one（((おどけて)) 手紙，特に長くて堅い内容の手紙）
>
> **wrinkly** (*slang offens*[*ive*]) an old or middle-aged person（((侮辱的な俗語)) 年配者あるいは中年の人）

8.4 意味関係

2章では，類義性・反義性・下位性・部分性など，英語語彙内の個々の語彙素間に保持されることのある「意味関係」(sense relation) がいかなるものであるかを論じた。本節では，こういった意味関係がどのように辞書で記載されるのかを見ていきたい。すでに8.3で述べたように，緩い類義性は，いくつかの語の意味を定義する方法として用いられる。いくぶん強い類義性は，当の見出し語が別の用語に置き換えられる場合に，「または〜とも言う」(also called) という表現を用いて表されることもある。例えば，CED4 と NODE はともに，adder（毒ヘビ）を「または viper とも言う」と定義し，rabies（狂犬病）を「または hydrophobia とも言う」と定義している。CED4 では，hookah（水ギセル）に対して，hubble-bubble, kalian, narghile, water pipe というような言い換え語が示されている。そして，これらすべての語の定義には，「hookah の別名」という表現が含まれる。NODE の hookah の見出し項目には，こうした言い換え語は見られないが，hubble-bubble は単に hookah と定義され，narghile の定義には a hookah という語が含まれている。water pipe は，hookah に関係付けられてはいないが，hookah と同じような定義がなされている。NODE では，kalian はあげられていない。CED4 のページのある一列から実例を以下に引用するが，こういった類義語関係を記載している点において，CED4 はおそらく特に推奨できる辞書である。

> **love apple**　an archaic name for **tomato**（tomato（トマト）の古い名）
>
> **lovebird**　another name for **budgerigar**（budgerigar（セキセイインコ）の別名）
>
> **love feast**　Also called: **agape**（agape（神の愛）とも言う）
>
> **love-in-a-mist**　See also **fennelflower**（fennelflower（クロタネソウ）も参照）
>
> **love-in-idleness**　another name for the **wild pansy**（wild pansy（野生のパンジー）の別名）
>
> **love knot**　Also called: **lover's knot**（または lover's knot（恋結び）とも言う）
>
> **lovemaking**　an archaic word for **courtship**（courtship（求愛）の古い語）

lovey　*Brit. informal.* another word for **love**（sense 11）（《英・略式》love（語義11）の意味の別の語）［訳注：語義11は「（呼びかけ）あなた，ねえ，きみ」］

　辞書で類義性を扱うもう1つの方法は，意味の近い類義語を集めて，その中の1つの見出し語項目内に記載し，そこでそれらを解説するやり方である。この方法は，LDEL2とECED（*Encarta Concise English Dictionary*）が採用している。ECEDはgenerousの類義語を次のように解説している。

　SYNONYMS *generous, magnanimous, munificent, bountiful, liberal*
　CORE MEANING: giving readily to others
　generous willing to give money, help, or time freely; **magnanimous** very generous, kind, or forgiving; **munificent** very generous, especially on a grand scale; **bountiful** (*literary*) generous, particularly to less fortunate people; **liberal** free with money, time, or other assets.（generous 惜しげもなくお金や助け，時間を差し伸べようとする；magnanimous 非常に気前が良く，親切で，寛大な；bountiful《文語》特にあまり恵まれない人に対して，気前がよい；liberal お金や時間，もしくは他の大事なものに惜しみない）

　反義的な意味関係を定義に使うこともある。定義対象の語（語義）の反義語をあげて「〜ではない」（not 〜）として示すのである。次にCOD9の例をあげる。

　artificial　not real（本物でない）
　conventional　not spontaneous or sincere or original（自発的でなく，本意ではなく，独自のものでない）
　long-standing　not recent（最近できたものではない）
　vacant　not filled or occupied（満たされていない，占められていない）

　反義語がより明確に示される場合も時にある。例えば，NODEは「〜の反義語」（the opposite of 〜）という形で反義語を記載している。しかし，一般的に言って，こうした記述は限られた数の非常に専門性の高い用語に対して用いられているに過ぎない。例えばanode（陽極）とcathode（陰極），holism（全体論）とatomism（原子論），sinistral（左利きの）とdextral（右利きの），zenith（天

頂）と nadir（天底）などがこれに当たる。CED4 は，「～と比較せよ」（compare）として，同様に反義語を記載しているが，これもまた，少数のかなり専門性の高い用語に対して用いているに過ぎない。反義性という意味関係は，辞書記述において十分に表されてはいない。

下位性は，反義性よりも十分に表されている。これは，分析的な定義（8.3参照）において，下位的な意味関係が扱われるからである。「類」を表す用語は，実際にあるいは理論上，定義対象語の上位語となる。CED4 にある次の定義を考えてみよう。

serge a twill-weave woollen or worsted fabric used for clothing
（綾織りの羊毛もしくは梳毛（そもう）の織物）

serge は，この定義における「類」である fabric（織物）の下位語である。serge は，同じく fabric を「類」とする corduroy（コーデュロイ），lace（レース），velvet（ビロード），worsted（梳毛）などの他の語に対して，共下位語（co-hyponym）の関係にある。このように，1つの上位語が持つすべての共下位語の集合（12章参照）は，従来の辞書で書かれていないことの1つであるが，もし辞書が一貫したものであるならば，共下位語は「類」を表す同一の語に関係付けられるべきである。しかし，こうした点で辞書に一貫性がないことはよく知られている。例えば，NODE は，fork や spoon の「類」としては implement（道具）という語を使い，knife の「類」としては instrument（道具）という語を使っている。NODE はまた，handwritten（手書きの）の定義として 'written with a pen, pencil or other hand-held implement'（「ペンや鉛筆，または手で持つ道具で書かれた」）と書き，pen や pencil の「類」を implement で表しているが，pen や pencil それぞれの項目では，その「類」として instrument を使っているのである。

「～の一部」（part of ～）であることを示す「部分性」（meronymy）の関係は，意味関係としてはあまり知られておらず，意識もされていない。それでも，いくつかの定義の中で部分性が用いられている。COD10 の例をあげておく。

algebra the part of mathematics in which ...（…を扱う数学の一分野）

coast the part of the land adjoining or near the sea（海に隣接しているか海に近い陸の一部）

loin the part of the body on both sides of the spine between the lowest ribs and the hip bones（一番下のあばら骨と坐骨の間にある脊髄の両側に位置する体の一部）

vamp　the upper front part of a boot or shoe（ブーツや靴のつま先の上部）

ここでもまた，従来の辞書に一貫性を求めてはならない。COD10では，upper（靴の甲革）は「ブーツや靴の一部で靴底の上にある部分」(the part of a boot or shoe above the sole) と定義されているが，sole（靴底）の場合はいくぶん違い，「履物の下部を構成する部分」(the section forming the underside of a piece of footwear) と定義されている。

意味関係の扱いが最も一貫している辞書は，学習者用辞書であるCOBUILD1である。同辞書では，類義語・反義語・上位語は「欄外コラム」(extra column)に記載されている（詳細は11章参照）。

8.5　慣用句表現

2章で述べた意味を構成する主要素のうち，その他のものとしてはコロケーションがある。コロケーションとは，ある語に規則的に共起する語，もしくはある語の特定の共起語のことである。8.2では，コロケーションによって語の持つ複数語義を区別する方法が得られるかもしれないと述べた（Clear 1996参照）。コロケーションは，結局のところ，共起に関する統計的頻度の問題であり，語彙研究者は，語の共起上のふるまいに関して，いまだ完璧なデータを収集できてはいない。辞書がコロケーションを扱うのは，語について知られている選択制限の範囲を示す場合か，コロケーションが特定の文脈でのみ現れる場合である。可能な共起語（collocate）や選択制限は，定義冒頭部のカッコ書きとして，「〜について」(of 〜) や「特に〜について」(especially of 〜) といった表現に続いて示されるのが通例である。NODEの例をいくつか見てみよう。

bijou　(especially of a house or flat) small and elegant（（特に家屋やアパートについて）小さくて優美な）

bifacial　*Botany* (of a leaf) having upper and lower surfaces that are structurally different. *Archaeology* (of a flint or other artefact) worked on both surfaces（〘植物学〙（葉が）構造の違う表と裏を持った。〘考古学〙（火打石や他の人工遺物（石器など）が）両面が研磨された）

convoluted (especially of an argument, story, or sentence) extremely complex and difficult to follow ((特に議論や物語，文が) 非常に複雑で理解するのがきわめて難しい)

meander (of a river or road) follow a winding course. (of a person) wander at random. (of a speaker or text) proceed aimlessly or with little purpose ((川や道が) 曲がりくねる。(人が) 当てもなくさまよう。(話し手や文章が) これといった目的もなく漫然と進む)

teem (of water, especially rain) pour down; fall heavily ((水が，特に雨が) 降り注ぐ；激しく降る)

terrigenous *Geology* (of a marine deposit) made of material eroded from the land (〖地質学〗(海底堆積物が) 陸の侵食による物質からなる)

共起語が示される語の多くは形容詞に属しているが，その場合，共起語は典型的に共起する名詞や名詞のタイプを特定化する。動詞の中には，例えばmeanderやteemのように，特定化された名詞を主語あるいは目的語にとるものもある。特に大規模コンピュータ・コーパスの発展を受けて，コロケーションは現在の重要な研究主題となっている。コーパスは，コロケーションに関して，興味深く信頼できるデータを提供してくれるはずである。学習者用辞書の編集者は，すでにこういった情報のいくつかを辞書に盛り込み始めている。なぜなら，コロケーションは，英語を第2言語や外国語として学ぶ学習者が特に興味を抱き，また困難を感じる領域だからである（11章参照）。

学習者が興味を抱く他の問題は，イディオムや他の定型表現であり，特にその意味内容が個々の構成素の意味から推測できない場合である。8.1で見たように，二項複合語（binomial）や時に三項複合語（trinomial）が見出し語としてあがっている辞書もある。例えばCOD9は，そうした見出し語をおよそ120項目あげており，bells and whistles（おまけ，付加物），flotsam and jetsam（がらくた，浮浪者），sweet and sour（甘酸っぱい，苦楽），waifs and strays（寄せ集め，宿なし）などがその例である。本来的なイディオムは，辞書中での記載位置を見つけるのがいっそう困難である。なぜなら，イディオムは，それを構成する「主要な」語のいずれか1つの項目に入れられてしまうからである。多くの辞書は，イディオムの記載位置を見つける規則についてあまりはっきりさせていないが，大ざっぱに言えば，イディオムは最初に出てくる「主要な」語の項目内に記載される。例えば，a storm in a teacup（些細なことで騒ぐこと）はstorm， shoot one's mouth off（知ったかぶりをする）は shoot の見出し語項目内で見つかるだろう。しかし，take the bull by the horns（困難に勇敢に立ち向かう）は bull の項目で記載されており，take は「主要な」語とみなされていない。この規則は，時にさらに複雑である。例えば，LDEL2 はより古い伝統を取り入れている。

> イディオムは，その中の最初の名詞の位置に記載されている。したがって，on the ball（有能な）は ball，in spite of（〜にもかかわらず）は spite の項目にある。名詞を含んでいない場合は，最初の形容詞に記載される。したがって，give as good as one gets（負けずにやり返す）は good の項目で示されている。形容詞もない場合は最初の副詞項目に，副詞もない場合は最初の動詞項目に，動詞もない場合は最初の語の項目にあげられている。いずれの場合でも，イディオムの記載位置を相互参照できるように，イディオム中の他の主要語の見出し項目でもそのイディオムが示されている。例えば，hand の項目には，「take the LAW into one's own hands（法によらず勝手に制裁をする）を見よ」とある。当該イディオムが記載されている見出し語項目は，スモールキャピタル体で示されている。　　　　　　　　　　（p.xiv）

相互参照がすべての辞書でうまくいっているわけではないし，イディオムが通常は見出し語項目の末尾近くに入れ子式に（nested）記載されているため，イディオムの記載位置を探すことは，時として獲物を探すハンティングのような作業に変わりうる。より新しい紙面レイアウトでは，こうしたイディオムのハンティング作業がもっと簡単になっているものもある。例えば COD10 では，PHRASES（「慣用句」）という別立てコラムがあり，ここで，イディオムと見出し語項目が関連付けられている。例えば，shoot の項目では以下の慣用句があげられている。

> shoot the breeze (or the bull)（北米）（略式）（おしゃべりする）
> shoot one's cuffs（シャツの袖のカフスを上着から出す）
> shoot oneself in the foot（略式）（墓穴を掘る）
> shoot a line（英）（略式）（自慢する）
> shoot one's mouth off（略式）（知ったかぶりをする）
> the whole shooting match（略式）（何もかも）
> shoot through（オーストラリア・ニュージーランド）（略式）（姿をくらま

す)

　各々の句に定義が与えられ，適切な用法制限ラベルが付けられている［訳注：用法制限ラベルは COD10 より補った］。
　以上を要約すると，辞書の中で意味を扱うことは，単なる定義以上の問題なのである。意味を扱う際には，同綴異議語の区別，語義の区別と配列，意味関係の提示の効果，コロケーション情報の導入，イディオムや他の慣用表現への目配り，といった問題も含まれてくるのである。

8.6　関連文献紹介

　Landau（1989）の第4章では「定義」を扱っている。同様に，Svensén（1993）の第10章でも「定義」を扱っている。本書において定義スタイルについて触れた箇所は，Kipfer（1984）の第6章にいくらか負っている。Kipfer はその中で意味配列の問題も扱っている。

第 9 章　語義以外の情報

　前章では，辞書の主な機能と考えられている事項，すなわち語の意味（meaning）の記述をどう扱うかについて論じた。本章では，辞書が語に関して持っているそれ以外の情報，すなわち 2 章で概略した「語についての事実」について調べることにする。ここでは，綴り・発音・屈折形・語類・語法などについて検討することとし，語源は次章で扱うこととする。

9.1　綴り

　前述したように，辞書はアルファベット順に並べられた語の本であり，書き言葉としての語を基本にしているから，綴りについての情報を提供するのは当然である。また，辞書使用の主要な目的の 1 つが，語の綴りが正しいかどうかを調べることにあるのは周知の事実である（7 章参照）。見出し語や追い込み派生語は，語の一般的な綴りについての情報を提供するが，辞書には綴りの変異についての情報も含まれる。その変異には，さまざまな種類がありうる。
　単純に異綴り（alternative spelling）が存在して，どちらを選ぶかは個人の好みの問題であるような場合がある。この場合，どちらの綴りも同じように受け入れられる。COD9 から例をいくつかあげる。

　　absorption―absorbtion（吸収）
　　baptistery―baptistry（礼拝堂）
　　caddie―caddy（キャディー）
　　diffuser―diffusor（散布器）
　　extrovert―extravert（外向性）
　　filigree―filagree（金線細工）
　　gizmo―gismo（新案小道具）
　　horsy―horsey（馬好きの）
　　judgement―judgment（判断）

movable—moveable（移動可能な）
neurone—neuron（ニューロン）
pendent—pendant（ペンダント）
regime—régime（政治形態）
smidgen—smidgeon—smidgin（微量）
tranquillity—tranquility（静穏）
yogurt—yoghurt（ヨーグルト）

　驚くほど多くの単語が異綴りを持っているが，このリストから可能なパターンをいくつか見ることができる。例えば，語尾が -ie か -y か，接尾辞が -er か -or か，z か s か，dg または v と接尾辞の間にある e が省略されるか否か，フランス語からの外来語の母音のアクセント記号を省略するか否か，などである。

　イギリスの辞書の多くは，イギリス式綴りとアメリカ式綴りの違いを考慮に入れている。例えば，CED4 は，見出し語リスト中の適切な場所に，center（中心）や pediatrics（小児科学）などのアメリカ式綴りを入れ，それぞれのイギリス式綴り（centre, paediatrics）を参照させている。savior（救済者）や theater（劇場）のように，イギリス式綴りとアメリカ式綴りの見出し語が接近する場合は，アメリカ式綴りをイギリス式綴り（saviour, theatre）に並置するという方法をとっている。イギリス英語とアメリカ英語の差異としてよく見られる綴りのバリエーションは他に2つある。aesthetics—esthetics（美学）などの ae—e の交替［訳注：上記の paediatrics—pediatrics もこの例と考えられる］と，marginalise/-ize（周縁に追いやる）などの -ise/-ize における s—z の交替である。-ise と -ize の交替については，もはやイギリスとアメリカの違いとしてはみなされず，イギリスの辞書では単に異綴りとして示している。ae—e の交替は，イギリス英語ではまだ全面的に容認されているわけではない。Chambers を除いて，ほとんどの辞書には，encyclopedia（百科事典）が主綴りとして，encyclopaedia はその異綴りとして入っている。medieval と mediaeval（中世の）も同様である。しかしながら，archaeology（考古学）は主綴りになっており，Chambers や LDEL では archaeology が唯一の綴りである。archeology は，CED4 では異綴りとされ，NODE や他のオックスフォード系の辞書では米語であるとの注記が入っている。また，aesthetics, paediatrics などは，通常，米語という注記が付されている。

　辞書が注意を払う分野として，他には，cry—cried, big—bigger のように屈

折接尾辞（inflectional suffix）を加えた結果生じる異綴りをどこに置くかという問題がある。これについては，屈折に関する辞書の情報を論じる9.3で検討する。

9.2 発音

　ある語がどのように発音されるかは，語に特有の事実の1つである。それは綴りで言えば，正字法（orthography）に相当する。つまり，語は，書き言葉という媒体においては正字法という形を取り，音という媒体においては発音という形を取る。それゆえ，辞書は少なくとも語の発音を構成する音を示し，音節（syllable）が1つ以上ある語に対しては強勢（stress）のパターンを示すことが期待される。辞書の発音に関しては2つの問題がある。1つは，その辞書が用いる表記媒体（つまり音声表記法）において，発音をどう提示するかという問題である。2つ目は，規範的発音からどの程度の変異を示すかという問題である。

　現代のイギリスの辞書のほとんどは，発音を表示する表記法として国際音標文字（International Phonetic Alphabet, IPA）を使用している。IPA は，あらゆる言語の話し言葉を書き取り，外国語の発音を学ぶ助けとして使えるように，ローマ字アルファベットを基礎にして19世紀後半に開発された。IPA に代わる表記法としては，「綴り変え」(respelling) 方式がある。ジェイムズ・マレー（James Murray）が19世紀半ばに OED 向けに音声表記法を考案していたとき，IPA はまだ発明されておらず，マレーは綴り替え方式（respelling system）を開発した。しかし，OED の第2版が作られたとき，マレーの綴り替え方式は IPA の音声表記に置き換えられ，これは第2版唯一の大幅改訂箇所だった。他のオックスフォード系の辞書もこれに従った。COD7（1982）は綴り替え方式であったが，COD8（1990）で IPA に変わった［訳注：*The Pocket Oxford Dictionary*（POD）は第7版（1984）から IPA に変わった］。LDEL は綴り替え方式を使っている。*Encarta Concise English Dictionary*（ECED）と Chambers も綴り替え方式だが，*Chambers 21st Century Dictionary* はコリンズ社の辞書と同様，IPA を使っている。しかし，アメリカの辞書は，通常綴り替え方式を使っている。

　どちらの音声表記も音と記号が一対一の対応を持つことを狙いとし，それぞれの音を独自に表示する方法を持っている。IPA の場合，ローマ字アルファベット以外の記号も使うので，それぞれの音を表現するのに，たいていは単一の記号

を使う。綴り替え方式は，あいまい母音（schwa）の記号（ə）ぐらいは加えているにしても，記号がローマ字アルファベットに制限されているので，純粋な1対1の対応を実現するために，二重字（digraph）や，時には三重字（trigraph）を使う必要がある。表9.1は，さまざまな辞書の音声表記の例を示している。

表9.1

	Chambers	LDEL2	CED4	COD9
binary（2つの）	bīˈnər-i	ˈbienəri	ˈbaɪnərɪ	ˈbʌɪnəri
creation（創造）	krē-aˈ-shən	kriˈaysh(ə)n	kriːˈeɪʃən	kriːˈeɪʃ(ə)n
genuflect（ひざまずく）	jenˈū-flekt	ˈjenyooˌflekt	ˈdʒɛnjʊˌflɛkt	ˈdʒɛnjʊflɛkt
orphan（孤児）	örˈfən	ˈawf(ə)n	ˈɔːfən	ˈɔːf(ə)n
Thursday（木曜日）	thûrzˈdi	ˈthuhzdi	ˈθɜːzdɪ	ˈθəːzdeɪ,-di

　綴り変え方式の賛成派の主張は，IPAがローマ字アルファベット以外の記号をかなり多く採用しているのに比べて，綴り替え方式は通常慣れ親しんだ記号を使っているという点にある（Paikeday 1993）。その一方で，綴り替え方式は，Chambersのような発音区別符号（diacritic）を使ったり，LDEL方式のように二重字（oo, aw, uh など）を多用したりしなければならない。議論の余地のあるところだが，音声表記を参照する必要のある辞書使用者は，どちらの方式であっても，学習してそれを覚えねばならない。あるいは，少なくとも音声表記を記述・例示している表を理解できなければならない。各ページの一番下に音声記号を参照するための注意書きを載せている辞書もある。例えばCOD9は，見開き2ページに母音記号を載せ，次の見開き2ページには子音を載せることを繰り返している［訳注：この方式はCOD8から採用されている］。CD-ROM版の辞書では，COD9のように，辞書に含まれる各音声表記を音で再現できるものもある［訳注：最近のCD-ROM版辞書の多くは発音を聴く機能を装備している］。

　発音は，母語話者にとっては，日常的に辞書で引くような情報ではない。もし引くとすれば，書き言葉でしか見たことがないような単語の発音を調べるために引く可能性が高い。この辺りを考慮したのかもしれないが，NODEとその後に続くCOD10では，「普通の日常語」の発音表記を記載せず，以下の通りとなっている。

NODE では，発音は原則として，英語母語話者にとってなんらかの問題が発生しそうな場合にのみ与えている。特に，外国語・外国人名・科学や他の専門用語・まれな語（rare word）・通常と異なる強勢パターンを持つ語・2つ以上の発音を持つか，標準的な発音について議論のある語，などである。

(序文 p. xvii)

何が普通の語とみなされるかは，判断の問題にほかならない。比較のため，COD10 のあるページから，発音表記を与えられている語と与えられていない語を抽出し，区別する表を作った。

［発音表記あり］traipse（とぼとぼ歩く），trait（特徴），trajectory（軌道），Trakehner（トラケーナー：乗用馬の一種），Traminer（トラミーナ：白ブドウの一種），trammel（拘束物），tramontana（山から吹き下ろす北風），tramontane（山向こうの），trampoline（トランポリン），trance（恍惚），tranche（薄片），trans-（「超えて」)

［発音表記なし］training college（教員養成大学），training shoe（トレーニングシューズ），train mile（列車走行マイル），train oil（鯨油），train shed（プラットフォームの屋根），trainspotter（機関車ナンバーマニア），traitor（裏切り者），tra la（タララ，ラララ：楽しさを表すメロディー），tram（路面電車），tramlines（路面電車の軌道），tramp（のしのし歩く），trample（踏みつける），tram road（トロッコ用軌道），tram silk（片撚り絹糸），tramway（路面電車（軌道）），trank（トランキライザー），tranny（トランジスタラジオ），tranquil（静かな），tranquilize（静神を安定させる），transaction（業務処理），transactional analysis（交流分析）

NODE と COD10 では多くの語で発音情報が除外されている。これは，一般用辞書の「すべてを記録する」機能に束縛されることなく，辞書使用者のニーズを考慮する方向へのかすかな動きである。

2つ目の問題は，与えられる発音のモデルと，記録されている変異の程度に関係するものである。COD9 の IPA 表記は，「特にイングランド南部に関する発音で，時に「容認発音」（Received Pronunciation, RP）と呼ばれる発音を基本としている」。CED4 では，「語の発音は教育を受けた話者の発話に共通の発音を示す」としている。LDEL2 では以下のようになっている。

示された発音は,「標準的」または「中立的」なイギリス英語発音（British-English accent）と呼ばれるものである。つまり,しばしば「訛りがない」とされる人々に特徴的な発音のタイプである。より正確に言えば,話者の出身地がそれによってわかることがほとんどないような発音である。

NODE は「イングランド南部で話されている英語の標準的発音（standard accent）（容認発音（RP）とも呼ばれる）」を示す。これらの辞書の中には,他の英語圏の国やイギリス内の他の地方で話されている訛りの存在も認めるが,それらすべてを公平に扱うことは不可能であると主張するものもある。**Chambers** は,他の英語の変異において発音がどのように異なるかを記述し,綴り替え方式の音声表記ならば,「2つ以上の解釈が可能になり,辞書使用者各人が自分の話し方を維持していけるように発音を選ぶことができる」と主張する。

しかし,どのように記述しようとも,イギリスの辞書がモデルとして示すのは,イングランド南部の「教育を受けた」話者の発音であり,but の発音としては,/bʊt/ではなく/bʌt/,grass は/græs/ではなく/grɑːs/なのである。かつては,この発音が最も広く理解され,公の場で話すときにも優先的に使われ,外国人英語学習者に教えられるものだと言われていた。**NODE** が「標準的発音」と考えているのは,恐らくこういった意味においてである。ただ,**NODE** 自体は,この発音を固定したものとは認めていない。

> 本辞書の音声表記は,実際の現代英語の発音を反映している。1930年代の放送やパブリックスクールの標準的な発音を反映している伝統的な方式とは違うのである。 (p. xvii)

イギリス英語の中でも格の高い発音とされてきた「標準的発音」の地位は,英語音声学者から常に異議を唱えられてきた。現在,社会生活において聞くことのできる発音は,もっと変化に富んでいる。現代の辞書にこうした発音を記録し続けることは,もしかすると,時代にそぐわないことかもしれない。だが,どの発音を記録すべきかについての議論は,ほとんど緒についたばかりである。

辞書は発音における変異を記録するものである。学習者用辞書は世界規模の市場を有し,現在では通例,イギリス式発音だけでなくアメリカ式発音も載せている（11章参照）。一方,母語話者用辞書は,選ばれた発音内での変異を記録する。例えば,economics の最初の音の/iːk.../と/ɛk.../である。以下,COD9 からの例をもう少しあげる。

- coastguard（沿岸警備隊）/ˈkəʊs(t)ɡɑːd/
- distribute（分配する） /dɪˈstrɪbjuːt/-/ˈdɪstrɪbjuːt/
- February（2月） /ˈfɛbrʊəri/-/ˈfɛbjʊəri/
- oceanic（大洋の） /əʊʃɪˈanɪk/-/əʊsɪˈanɪk/
- sedentary（定座の） /ˈsɛd(ə)nt(ə)ri/
- vin rosé（ロゼワイン） /van rəʊˈzeɪ/-/vɛ̃roze/

上例は，選ばれた発音の中でさえ，数多くのタイプの変異があることを示している。例えば，早口だったり，「あまり注意を払っていない」話し言葉における音の欠落（coastguard や sedentary のカッコの中の音），distribute における強勢位置の変異，February や oceanic における2種類以上の音，vin rosé における元来の「外国語の」発音と外来語に対する英語化した発音などである。

9.3 屈折形

名詞・動詞・形容詞など，英語で屈折しうるほとんどの語にとって，屈折は形態素の一般的規則の結果として起きるものであり，個々の語彙素（lexeme）に特有のものではない。したがって，辞書に含まれる語彙情報（lexical information）としては適切ではない。しかしながら，その規則には若干の例外もあり，辞書はこれを記録する。ごく少数の形容詞，若干の名詞，多くの動詞は，一般的なパターンに従わず「不規則に」屈折し，これらは関連するそれぞれの語彙素の項目で記載される。例えば，以下の通りである。

- 形容詞　bad—worse—worst
- 名　詞　foot—feet, mouse—mice, ox—oxen, sheep—sheep
- 動　詞　bring—brought—brought, feel—felt—felt, give—gave—given, hit—hit—hit, see—saw—seen, wear—wore—worn，など

これらの基本的な不規則屈折は，可能な特異性をすべて網羅しているわけではない。辞書は，予想されうる綴りの変異を含めて，英語を書くときに問題となりそうな屈折形はどんなものでも記載する傾向がある。

名詞の複数形については，下記の注記があることが多い。

- 外来語で，元来の「外国語としての」複数形を持っているもの。cactus—cacti（サボテン），criterion—criteria（基準），kibbutz—kibbutzim（キ

ブツ：イスラエルの農業共同体），phylum—phyla（分類の「門」），vertex—vertices（頂点）など。これらの複数形は，cactuses や vertexes のように，多くは規則的になりつつある。

- -o または -i で終わる名詞。これらは，複数形が -s なのか -es なのか，しばしば混乱する。curio-s（骨董品），domino-es（ドミノ），etui-s（手箱），halo-es（または halo-s）（光輪），piccallili-es または piccallili-s（ピカリリ：香辛料の効いた野菜の漬け物）など。
- -y で終わる名詞。これらは，y を i に変えて -es を加える場合もあるし，単純に -s を加える場合もある。abbey-s（大修道院），academy—academies（アカデミー），monkey-s（サル），mystery—mysteries（神秘），odyssey-s（長期の冒険旅行），symmetry—symmetries（左右対称）など。
- 複数の接尾辞が加えられたとき，最後の音の綴りもしくは発音が変わる名詞。bath-s（入浴），hoof—hooves（ひづめ），house-s（家），mouth-s（口），shelf—shelves（棚），truth-s（真理），wolf—wolves（オオカミ）など。

動詞の屈折形については，下記の注記があることが多い。

- 接尾辞が追加されたとき，語根の最後の子音の綴りを重ねる場合。flip—flipping—flipped（はじく），lag—lagging—lagged（のろのろ歩く），prod—prodding—prodded（突き刺す），refer—referring—referred（言及する），shovel—shovelling—shovelled（シャベルですくう），sin—sinning—sinned（罪を犯す）。
- 最後の子音が重なるように思われるのに，重ならない場合。benefit—benefiting—benefited（利益を得る），galop—galoping—galoped（ギャロップで走る），gossip—gossiping—gossiped（うわさ話をする），market—marketing—marketed（市場で商う），pilgrim—pilgriming—pilgrimed（巡礼する）。
- 最後の子音が -c で，屈折接尾辞の前に k が加わる場合。bivouac—bivouacking—bivouacked（露営する），magic—magicking—magicked（魔法をかける），picnic—picnicking—picnicked（ピクニックに行く）。
- 最後の子音が -y で，屈折接尾辞の前で，それが i に変わる場合。cry—cries—cried（ただし，crying）（泣き叫ぶ），shy—shies—shied（（馬が）後ずさりする），supply—supplies—supplied（供給する），weary—wearies

—wearied（疲れさせる）。

形容詞の屈折形については，通常，下記が当てはまる。

- 動詞の場合と同様，子音が二重になる規則。big—bigger—biggest（大きい），hip—hipper—hippest（事情通の），sad—sadder—saddest（悲しい）。
- 動詞の場合と同様，y が i に変わる規則。dry—drier—driest（乾燥した），fluffy—fluffier—fluffiest（ふわふわした），lively—livelier—liveliest（生き生きした），rosy—rosier—rosiest（明るい），wacky—wackier—wackiest（頭がおかしい）（ただし sly（悪賢い）は -er, -est）。

加えて，common-er/-est（普通の），narrow-er/-est（狭い），thirsty-er/-est（のどが渇いた）のように，more/most による迂言的（periphrastic）構造ではなく，屈折接辞によって比較級と最上級を作る 2 音節の形容詞も辞書に記載される（NODE など）。しかし NODE は，narrow と sallow（黄ばんだ）には接尾辞 -er/-est を示しているが，mellow（熟した）や shallow（浅い）には接尾辞を示していない。

厳密にいえば，屈折ではなく派生形態（derivational morphology）になるが，もう 1 つここで述べておくべき点がある。英語には，古英語から残っている名詞が数多くあり，それらは church（教会）—ecclesiastical（教会の）のように，通常ラテン語から英語に借用した形容詞を持っている。CED4 など，これらの関係を示す辞書もあり，有用である。他の例をあげれば，lung（肺）— pneumonic/pulmonary/pulmonic（肺の），mind（精神）— mental/noetic/phrenic（精神の），wall（壁）— mural（壁の）などである。

9.4 語類

辞書に記載されている各語彙素の語類（word class）ないし品詞（parts of speech）を特定することは，辞書編纂の伝統の 1 つである。伝統的な用語としては次のようなものがあり，通常省略形を用いる。名詞（n: noun），動詞（v, vb: verb），形容詞（adj: adjective），副詞（adv: adverb），代名詞（pron: pronoun），前置詞（prep: preposition），接続詞（conj: conjunction），間投詞（interj: interjection）などがそうである。現代の記述的言語学（descriptive linguistics）の影響の下で，形容詞の類を，厳密な意味での形容詞と限定詞（determiner）（1章参照）に分ける辞書もある（CED，NODEなど）。さらにCEDは，however, thereforeなどは文連結詞（sentence connector），no, maybeなどは文代用詞（sentence substitute）として，独立した品詞とみなしている。どちらも従来は副詞として分類されていたものである。COD10では，間投詞を感嘆詞（exclam：exclamation）と呼び変えて，yesやnoもそこに含めている。

　今のところ，ほとんどの辞書は伝統に従っているが，基本的な語類ラベル以外に与えられる情報については実際的な違いが出始めている。COD10は基本的なラベル以外は何も出していないが，前身のCOD9は動詞を扱う際のもう一方の伝統に準じ，動詞または動詞の語義に，tr（transitive：他動詞），intr（intransitive：自動詞），refl（reflexive：再帰構文）の標識を付けている。kickを例にとると，「足や蹄などで打って前進させる」という語義にはtrの標識があり，「足で強く打つ」という語義にはintrの標識が，「自分を責める」という語義にはreflの標識がある。COD10は，現代の辞書利用者の大半にはほとんどなじみがないという事実をふまえて，これらの標識を省いたのかもしれない。COD10の元となる大型版のNODEでも，やはりそれらは避けられており，かわりにobjectの省略形を使って，with obj（目的語と共に）もしくはno obj（目的語なしで）と記載している。

　実際，NODEは，語の種類を細かく下位区分しているという点で，ほとんどの母語話者用一般辞書を凌駕している。名詞について言えば，legislation（法律制定）のように，複数形にできず，不定冠詞a/anを取れない名詞は「質量名詞」（mass noun）とされる。また，「宗教的儀式」という意味でのobservanceのように，複数形を取ったり，数えたりすることができる質量名詞の語義には，特に「可算名詞」（count noun）というラベルを使っている。このような例外的な場合を除けば，名詞は一般に可算と見なし，特に「可算名詞」のラベルを付けることはしない。NODEは，「文副詞」（sentence adverb）という下位区分を立てて，coincidentally（偶然一致したことだが），fortunately（幸いなことに），paradoxically（逆説的に言えば），regrettably（残念なことに），thankfully（ありがたいことに）など159の副詞または副詞の語義をそれに分類している。また，形容詞や他の副詞を修飾するために使われる「下位修飾副詞」（submodifier adverb）という下位区分も立てているが，そこにはaltogether（完全に），decidedly（決定的に），hideously（ひどく），predictably（予想通りに），simply（まったく），utterly（完全に）など，277の副詞が含まれる。

　語類およびその下位区分の標識は，語が文の統語構造のどこで機能するか，ど

ういったコロケーションが可能かなど，その語に関する文法的情報を示している。語類ラベルを越えた文法的情報を提供する辞書もあるが，語類やその下位区分の情報と他の統語ラベルの間に厳密な意味で明確な区別を引くことは難しい。事実，NODE は「本辞書の使用についての手引き」(Guide to the Use of the Dictionary) の中で，これらの問題を議論する際，そういった区別はまったくしていない。

9.5 他の文法情報

　質量名詞と可算名詞の区別は，単に語類の下位区分というだけではない。その名詞と結合する限定詞を示すことでもある。例えば，可算名詞は数詞を取るが，質量名詞は取らない。同じように，他動詞と自動詞という下位区分は，ある特定の語義のときに，動詞が目的語を取るかどうかに関係があり，加えてその動詞が生起する文が受動態になるかどうかにも関係する。

　NODE は，名詞が形容詞的な機能を持ち，他の名詞の前で「修飾語として」(as modifier) 使える場合を特定する。keynote address（基調講演）の keynote や，shadow minister of...（陰の…大臣）［訳注：野党議員で構成する影の内閣のメンバー］の shadow などである。同様に，CED もいくつかの名詞についてこうした用法に言及しているが，辞書によって分類のしかたは異なるかもしれない。名詞のこういった用法を扱う際の方法の 1 つは，転換（conversion）という語形成過程による形容詞の派生を認めることである（2 章参照）。CED4 は key person（重要人物）における key を「修飾語」(modifier) としている。NODE もこういった用法を担う形容詞の key の存在を認めている。辞書がしばしば言及する名詞の他の特質としては，単数・複数という名詞の形とその使い方が統語的に合致しない場合があげられる。darts（ダーツ遊び）と economics（経済学）は，形は複数形だが通常単数として扱われるので，辞書には treated as sing（「単数（singular）扱い」）と記載される。一方，government（政府）や team（チーム）などのいわゆる集合名詞（collective noun）の単数は，単数・複数両方の扱いがあるので，treated as sing or pl（「単数扱いまたは複数（plural）扱い」）と記載される。NODE でも，in sing（「単数で」）という標識がある。これは，The garden was a riot of colour.（庭は百花繚乱だった）における riot のように，単数形でしか使うことのできない可算名詞（の語義），もしくは，a wealth of information（たくさんの情報）における wealth のように，不定冠詞

が使われる可能性のある質量名詞の語義に対して使われる。

　形容詞について，NODE はそれが統語的に生起しうる3つの位置を区別している。名詞の前なら attrib (attributive：限定用法)，be/become/seem などの動詞の後なら predic (predicative：叙述用法)，名詞の直後なら postpositive (後置用法) の3種である。CED4 は，これらに対して，それぞれ prenominal (前置用法)，postpositive (後置用法)，immediately postpositive (直後後置用法) という用語を用いている。下記に例を示す。

- 限定用法：bridal (花嫁の)，custom (あつらえの)，geriatric (老齢の)，innermost (内奥の)，mere (単なる)，opening (開始の)，teenage (10代の)，zero-sum (零和の)
- 叙述用法：aglow (赤く輝いた) (接頭辞 a- が付く他の多くの語もこの用法)，catching (感染する)，disinclined (乗り気でない)，legion (多数の)，privy (内々に関与した)，tantamount (同等の)，well (元気な)
- 後置用法：aplenty (たくさんの)，designate (指名された)，enough (十分な)，galore (たくさんの)，incarnate (肉体を備えた)，par excellence (一段とすぐれた)，そのほか料理と紋章学に関する多くの形容詞もこの用法

　動詞の統語上の働きはもっと複雑である。辞書が各語彙項目の特性を記録しようとする場合，おおざっぱに他動詞と自動詞を区別しただけでは，多くの動詞の統語的操作 (syntactic operation) を十分に表しているとは言えない。また，NODE の with obj (目的語を伴って)，no obj (目的語なしで)，with adverbial (副詞類とともに) (behave, clamber など) の3区分も十分ではない。学習者用辞書 (11章参照) とは異なり，母語話者用辞書は，一般に動詞が取りうる統語パターンを組織的・包括的に記述しない。ほとんどの辞書は他動詞と自動詞を区分する程度である。しかしながら，CED4 と NODE から引用した次の argue の項目を比べていただきたい。

argue　1 (*intr*) to quarrel; wrangle: *they were always arguing until I arrived.* **2** (*intr*; often foll. by *for* or *against*) to present supporting or opposing reasons or cases in a dispute; reason. **3** (*tr; may take a clause as object*) to try to prove by presenting reasons; maintain. **4** (*tr; often passive*) to debate or discuss: *the case was fully argued before agreement was reached.* **5** (*tr*) to persuade: *he argued me into going.* **6** (*tr*) to give evidence of; suggest: *her looks argue despair.*

[CED4]

argue 1（自）けんかする；口論する：they were always arguing until I arrived. 私が到着するまで彼らはけんかばかりしていた。2（自；しばしば for または against を伴って）議論で賛成・反対の理由もしくは場合を示す；説得する。3（他；目的語として節を取ることもある）根拠を示して〜を証明しようとする；主張する。4（他；しばしば受身形で）〜を討論・議論する：the case was fully argued before agreement was reached. 合意が得られるまでその事例は徹底的に論じられた。5（他）〜を説得する：he argued me into going. 彼は私を説得して行かせた。6（他）〜の証拠を示す；示唆する：her looks argue despair. 彼女の表情は絶望を示している。

argue 1 (*reporting verb*) give reasons or cite evidence in support of an idea, action, or theory; typically with the aim of persuading others to share one's view: [*with clause*] sociologists ***argue that*** *inequalities in industrial societies are being reduced* | [*with direct speech*] *'It stands to reason,' she argued.*
• [*with obj.*] (**argue someone into/out of**) persuade someone to do or not to do (something) by giving reasons: *I tried to argue him out of it.*
2 [*no obj.*] exchange or express diverging or opposite views, typically in a heated or angry way: *don't **argue with** me* | *figurative I wasn't going to **argue with** a gun* | [*with obj.*] *she was too tired to **argue the point.***

[NODE]

argue 1（伝達動詞）ある考え・行動・理論を支持してその理由を述べたり証拠を引用したりする（特に他人を説得して自分の見方を共有させようとする目的で）：［節が続いて］sociologists **argue that** inequalities in industrial societies are being reduced 社会学者は産業社会において不平等は減少しつつあると論じている｜［直接話法が続いて］'It stands to reason,' she argued.「それは道理のあることだ」と彼女は主張した。
・［目的語が続いて］（argue someone into/out of）理由を示した上で，人を説得して，（何か）をさせたり，させなかったりする：I tried to argue him out of it. それをやめるよう彼を説得しようとした
2［目的語なしで］（特に興奮して腹を立てて）異なる見解・反対する見解をやりとりする：don't **argue with** me 俺に逆らうな｜（比喩的に）I wasn't going to **argue with** a gun. 銃口を突きつけられて相手に異を唱えるつもりはなかった｜［目的語が続いて］she was too tired to **argue the point.** 彼女はあまりに疲れていたのでその点を議論することができなかった。

この 2 つの辞書は，統語情報のラベルを使い，用例を示すことによって，動詞に関する統語情報をかなり多く与えている。これは最近まで，通常の一般辞書ならば机上版にも見られないことであった。NODE は，語彙素の意味・語義を識別する際の文法の役割を指摘し，さらに次のように述べてこの方法の有効性を主張している。

> 個々の語義の意味だけではなく，言語自体の構造を説明するのに役立つような方法で情報を提示することが目的である。このため，各語の文法には特別の注意を払い，文法構造は明白な形で示している。　　　　　(p. xi)

9.6　語法

すべての辞書は，語や語義が生起する文脈に何らかの点で制限があることを示すラベルを持っている。文脈を制限するものとしては，地理的なもの（dialectal（方言)），歴史的なもの（archaic（古語）など），文体的なもの（informal（略式の）など），分野的なもの（Botany（植物学）など）などが考えられる。この節では，一般辞書で使われる語法ラベルのタイプと範囲を概観する。

9.6.1　方言

方言ラベルは地理的な制限を示すが，これは国による変異とその中に存在する地域方言の両方を含む。現在のイギリスの辞書の大半は，国際的観点を持っていることを主張し，他の英語国の語彙に特有の語も記載しているが，その多くは北米・オセアニア・南アフリカに限定されている。例えば，インド亜大陸・西アフリカ・カリブ諸国・シンガポールなどの新しい英語にはあまり注意が払われない傾向にある。しかし，COD10 は W. Indian（西インド諸島）というラベルを付けた語を約50語記載しているし，Indian（インド）というラベルの語はそれ以上に多い。以下に例を示す。

- 《西インド諸島》braata（おまけ），dotish（ばかな），fingle（指でいじる），higgler（行商人），mamguy（からかう），nancy story（巧妙な言い抜け），spraddle（大股に歩く），tafia（タフィア：ラム酒の一種）
- 《インド》babu（バブ：Mr に当たる敬称），charpoy（簡易ベッド），durzi（仕立屋），haveli（大邸宅），lakh（10万の），nullah（水路），sadhu（賢人），zamindar（年貢徴収役人）

第9章　語義以外の情報　157

　NODEは，辞書全体で約1万4000の地理的ラベルを付けたとしているが，これらは主に「異なる英語を話す他の国・地域において標準的な文脈で見られる方言」(p. xvi) である。当然のことながら，最も多いのは北米で話される英語の語彙であり，それらについては，N.Amer (North American：北米)，US (United States：米国)，Canadian（カナダ）の3つのラベルを与えている。USとCanadianのラベルは，より地域限定的な用法に付けられるだろう。例えば，次のblue boxのような例である。

　　1.《主に米》長距離電話に不法にアクセスするための電子装置
　　2.《主にカナダ》リサイクルできる家庭ゴミ収集用の青いプラスチックの箱

　同様のラベルは，オーストラリア英語とニュージーランド英語に特有の単語に対しても使われる。mullock ((鉱山の) 廃石) など，多くの語はどちらの方言にも含まれるので，Austral./NZ（豪・ニュージーランド）というラベルが付けられる。だが，Austral.（例：gunyah ((灌木の中に建てられた) 小屋)) とNZ（例：kumara（サツマイモ））に分けてラベルが付けられている語もあり，Austral.の方がやや数が多い。一方，南アフリカの英語にはこういった混乱はない（例：koppie（小さな丘））。ただし，他の地域の英語と同じ語も見られる。例えば，「名前を特定できない物・特定したくない物」という意味のdingusは，N. Amerのラベルと併記されており，「(鉄条網がからまないように) フェンスの上に付けた細長い当て木」という意味のdropperはAustral./NZのラベルと併記されている。また，イギリス英語にしかない語や語義にはそれを示すラベルが適宜付けられる。NODEではイギリス英語を示すラベルの数は4000以上にのぼる。fly-past（儀礼飛行），gobstopper（なめると色の変わる大きなキャンディー），knacker（廃馬屠畜業者），linctus（のどの痛み止めシロップ），nearside（馬・車などの左側），peckish（腹のすいた），scrapyard（くず捨て場）などがその例である。

　イギリス国内の方言については，NODEやCOD10ではあまり特定されていない。Scottish（スコットランド）やN English (Northern English：イングランド北部) のラベルはあるが（この2つはしばしば1語に併記される），他の地方の方言は単純にdialect（方言）とだけ記されている。ただし，scally（不良）という語だけは，例外的にNW English (North West English：イングランド北西部) と記載されている。また，若干の語にはblack English（黒人英語）というラベルが付けられている。LDELとCEDは，どちらもイギリス国内の方

言を非常に詳しく記述しており，詳細なラベルを使って特定化している。CED4は，使用の手引きの中で次のように述べている。

> 地域ごとの適切な雰囲気を読者に示すために，細かく限定しすぎるという危険を負ってでも，地域方言（スコットランド方言・イングランド北部方言・イングランド中部方言など）を可能な限り綿密に特定した。　　　(p. xxi)

このため，chine（崖の壁に開いた深い裂け目）には Southern English dialect（イングランド南部方言），flash（（特に沈下の結果できた）池）には Yorkshire and Lancashire dialect（ヨークシャー・ランカシャー方言），maungy（（特に子供に対して）気難しい）には West Yorkshire dialect（西ヨークシャー方言），snicket（壁に挟まれた通路）には Northern English dialect（イングランド北部方言），tump（小さな土の山）には Western English dialect（イングランド西部方言）というラベルがそれぞれ付けられている。

9.6.2　正式度

多くの語や語義に formal（正式な，かたい）や informal（略式の，くだけた）というラベルが付いているが，後者の方が前者よりはるかに多いのがふつうである。COD10では，informal というラベルは formal というラベルの7倍以上ある。これらの用語は，その語を使うのが適切であるとみなされる状況の正式度（formality）に関係する。LDEL2 の使用の手引きでは次のように定義されている。

> informal というラベルは，公式の場や正式な場での話しことばや書きことばではなく，（友達や同年輩の人などがかわす）会話や略式の書きことばの特徴となるような単語や意味に使われる。
>
> formal というラベルは，話し言葉（講義などの公的な場での話しことばを除く）ではなく書き言葉の特徴となる語や意味に使われる。特に，公文書，学術文書，文学，尊大な文章などで使われる語に付けている。他の文脈では，この種の語は凝りすぎていたりもったいぶった感じに思われるかもしれない。　　　(p. xviii)

colloquial（口語）というラベルが informal の代わりに使われることもある（Chambersなど）。多くの辞書は，正式度がさらに低い語を slang（スラング，俗語）としているが，スラングについては9.6.3で扱う。

以下に COD10 で formal と informal のラベルが付いている語の例をあげる（知らない単語があれば，実際に調べてみるとよいだろう）。

- （正式な）：abnegate（断つ），circumambulate（巡回する），emolument（報酬），gustation（賞味），jocose（滑稽な），lucubration（研鑽），normative（規範の），pinguid（脂ぎった），sapient（賢い），theretofore（それ以前は），wheresoever（どこへでも）
- （略式の）：baby boom（ベビーブーム），beanfeast（使用人のために開く宴会），dekko（ひと目），expat（追放された人），gasbag（気球などのガス袋），haywire（干し草をたばねる針金），junkie（麻薬中毒者），lashings（なわ），manky（くだらない），nitty-gritty（核心），once-over（あっという間の整頓），prang（爆撃），rozzer（警官），shambolic（乱雑な），townie（田舎のことを知らない都会人），vapourware（（宣伝されているが入手できない）幻のソフト［ハード］ウェア），wannabe（熱狂的ファン），yonks（長い期間），zilch（ゼロ）

略式の語は，普通の会話の中心をなしているので，すぐに古くさくなる傾向がある。また，上にあげた語のいくつかは，読者の親や祖父母の世代の話し言葉であり，読者自身の世代では使わないかもしれない。

9.6.3 社会的地位

社会的地位（status）という言葉が意味するのは語の使用の礼儀作法（propriety）であり，それは日常の会話にさえ存在する。社会的地位にタブー（taboo）という用語も含めたい。taboo は COD10 では「特定の事物や人物に対する禁止や制限を与える社会的・宗教的慣習」と定義されているが，COD9 の第2語義では「社会的慣習によって，ある種の行動や言葉の使用などに課せられた禁止や制限」も含められている。したがって，タブー語（taboo word）は，相手に精神的打撃を与えたいと思うような場合でない限り，通常の会話では使わないものである。こういったタブー語は，性・排泄に関する語，神への冒瀆，その他の「ののしり語」（swear word）を含む。しかしながら，我々の社会にはタブーはほとんど残っておらず，CED4 を除けば，現代の辞書はもはやラベルとして taboo という語は使っていない。COD9 も taboo の定義の中で「語法」との関係を述べているが，自身のラベルとしては taboo ではなく coarse slang（下品なスラング）という語を使っている。NODE と COD10 では，vulgar slang（卑

しいスラング），LDEL2 と Chambers では単に vulgar（卑語）というラベルが使われている。

オックスフォード系の辞書では，そうした語は，同項目の別語である slang（スラング，俗語）というラベルに結び付けられている。CED4 では次のように説明している。

> Slang　これは，卑猥なもしくは極端にくだけた語や語義を示す。スラングを使うのに適した文脈は，特定の社会集団の構成員や，特定の活動に従事している人々に制限される。スラング語は，くだけた会話や文章の場合でも適切ではない。

したがって，slang は非常にくだけた（very informal）言い方というだけではない。単なる語の使用文脈の正式度といったものを超えて，特定社会集団にのみ限定されたものであることを含意する。そこにはまた，適切性（appropriacy）も考慮される。スラングはタブーの一種である。語としてのスラングの社会的地位は，くだけた語と比べても，比較的短い期間で変化し，すぐに古くさくなってしまう。また，スラングに対する寛容さは人によって相当に異なっており，これらの語のラベルの付け方が辞書によって異なるとしても驚くには値しないだろう。実際，COD10 は COD9 と異なり，slang という語を単独でラベルに使うことは行なっておらず，vulgar（下品な），nautical（船員の），military（軍隊の），theatrical（劇場の），black（黒人の）などの形容詞の後に組み合わせて使っている。COD9 で slang というラベルが付いた語の大半は，COD10 では informal というラベルに変わっている。例えば，acid（LSD，麻薬），aggro（もめごと），awesome（すごい），banger（ソーセージ，ポンコツ車），dough（現ナマ）などがそうである。そして，COD9 で coarse slang というラベルが付いた語は，COD10 では総じて vulgar slang というラベルに変わっている。例えば，arse（ケツ），crap（くそ），piss（小便），turd（くそ）などがそうであり，言うまでもなく，男女の生殖器に関する語もここに含まれる。ちなみに，fart（屁）は COD9 では coarse slang のラベルがあるが，COD10 では単に informal となっている。

9.6.4　感情的効果

話し手や書き手が，聞き手や読み手の心にある効果（effect）を与えるよう意図して，ある語や語義を使うことがある。辞書には，そういった効果に関係する

語法ラベルのセットが使われている。どのような辞書でも，通常はここにあげるラベルのどれかを使っている。1つのセットは話し手の態度を反映するものであり，derogatory（「侮辱して」：侮辱する意図で），pejorative（「軽蔑して」：軽蔑を示す意図で），appreciative（「ほめて」：肯定的姿勢を示して），humorous/jocular（「おどけて」：気楽な姿勢を伝えて）などを含む。これらと密接に関係するラベルは offensive（「無礼な」：相手の感情を傷つけて）である。これは，話者の側が意図していようが無意識であろうが，聞き手にとっては，人種差別や他の何らかの点で，無礼と取られかねないということである。感情的効果を示す他のラベルとしては，euphemistic（「婉曲的に」：不愉快な話題に言及するために遠まわしの語を使って）や，literary/poetic（「文学的に・詩的に」：文学的テキストや詩に制限される傾向があり，その他の場面で使った場合には「文学的」効果をもたらす）などがある［訳注：英和辞書では，literary/poetic の意味で「文語」「雅語」「詩語」などのラベルが使われる］。下記に例を示す。

- ［侮辱して］：banana republic（バナナ共和国：主要輸出品が果物であるような中南米の小国），bimbo（やつ），cronyism（えこひいき），fact cat（自己満足した怠け者），lowbrow（無教養な），newfangled（新しがりやの），psychobabble（心理学などの専門語をやたらに使うこと），slaphead（禿頭），woodentop（のろま）　　　　　　　　　　　　　　（COD10 より）
- ［おどけて］：argy-bargy（言い合い），bounder（成り上がり者），doughty（勇敢な），funniosity（滑稽），industrial-strength（きわめて強力な），leaderene（女性指導者），osculate（キスする），purloin（盗む），square-eyed（テレビばかり見ている），walkies（散歩）　　　　　　（COD9 より）
- ［無礼な］：bogtrotter（田舎もののアイルランド人），cripple（びっこ），mongrel（雑種，ハーフ），wog（よそもの有色人種）　　　　（COD10 より）
- ［婉曲的に］：cloakroom（クローク→トイレ），ethnic cleansing（民族浄化→特定民族の虐殺），interfere with（干渉する→性的ないたずらをする），passing（通過→死亡）　　　　　　　　　　　　　　　　　（COD9 より）
- ［文学的に］：apace（すみやかに），bestrew（覆う），connubial（新婚），fulgent（まぶしい），incarnadine（深紅の），nevermore（二度と〜しない），plenteous（豊富な），slumber（まどろみ），vainglory（うぬぼれ），wonted（習慣的な）　　　　　　　　　　　　　　　　　（COD10 より）

正式度のラベルや社会的地位のラベル以上に，感情的効果のラベルは辞書間で

異なると予想される。感情的効果のラベルの方が，辞書編纂者の判断によるところが多く，さまざまに受け止められる可能性がより高いからである。

9.6.5 歴史

ほとんどの辞書は，もはや現代語法では消失していたり，その使用が不確実だったり疑わしかったりするような語や語義に付けるラベルを用意している。obsolete（廃語）というラベルで，使われなくなったことが確実な語や語義を示す。もちろん，これは OED では重要な用語だが，現代の語彙を含むことを目的としている辞書ではあまり使われない。しかし，LDEL2 は，次のような注釈を付けて obsolete というラベルを使用している。

> obs（obsolete：廃語）のラベルは，1755年以降，その語や意味が使われた証拠がないということを意味する（1755年とは，サミュエル・ジョンソンの *A Dictionary of the English Language* が出版された年である）。このラベルは，定義されている語に対する評言であり，語が指し示す事物に対する評言ではない。　　　　　　　　　　　　　　　　　　　　　(p. xvii)

fay（信念）は，LDEL2 では obs のラベルが，SOED4 では long archaic, rare（古語になって久しい・まれな語）というラベルが付けられている。CED4 も obsolete のラベルを使用するよう主張している。CED4 には，「obsolete というラベルは，専門分野・技術分野においてその語が他の語に取って代わられたという含みを持つことが多い」という注記がある（p. xx）。CED4 は，「非合法の」という意味の bastard などには old fashioned（古風）というラベルも使っているが，「手引き」の中で old fashioned というラベルについては論じていない。

NODE と COD10 は，すでに使われなくなった語や語義に対して，dated（時代遅れの），archaic（古風な），historical（歴史的な）といったラベルを使う。rare（まれな）のラベルもこれに追加してよいだろう。それぞれのラベルは次のように定義される。

> 《時代遅れの》：英語話者の大部分は使わないが，古い世代の間では見かけることもある。
> 《古風な》：現在では通常の使い方ではない，古風な言葉。時に，わざと古風な効果を与えるために使ったり，過去の文献で見かけることもある。
> 《歴史的な》：現在でも語としては使われるが，もはや現代社会の一部ではな

くなった慣習や事物を指す場合。
《まれな》：通常の使い方ではない。

historical のラベルは，このように語そのものでなく，その語が意味している事物がもはや現在は通用していないことを示すのに用いられる。rare が archaic とどう違うかは明確でない。COD10 の以下の例は，それらを区別するのに役立つかもしれない。

- 《時代遅れの》：aeronaut（気球・飛行船の操縦者），cobble（靴などの修理），gamp（大型コウモリ傘），jerry（尿瓶），necktie（ネクタイ），picture palace（映画館），spiffing（すごい），wireless（ラジオ）
- 《古風な》：asunder（ばらばらになって），chapman（行商人），fandangle（奇抜な装飾品），guidepost（道標），mayhap（たぶん），poltroon（卑怯者），therewithal（その上），vizard（仮面）
- 《歴史的な》：approved school（更正施設），dolly tub（洗濯桶），footpad（追いはぎ），jongleur（吟遊詩人），margrave（神聖ローマ帝国の伯爵），pocket borough（懐中選挙区），safety lamp（坑道の安全灯），tumbril（フランス革命当時の囚人護送車），velocipede（足けり自転車）
- 《まれな》：argute（抜け目のない），comminatory（威嚇的な），lustrate（身を清める），toxophilite（弓の射手），vaticinate（予言する）

9.6.6 主題と分野

語や語義の使用が，特殊性または専門性の高い学問や活動の分野（field）に制限される場合，それにふさわしいラベルを与えるのが一般的である。主題（topic）は，科学技術・医学・法律・ビジネス・スポーツ・娯楽などの範囲にまたがることもある。ラベルは，語や語義がその分野の専門的な語彙に属することを示す。以下，**NODE** から，いくつか例を出して要点を示す。

- handshaking 〔コンピュータ〕（応答確認）
- periventricular 〔解剖学・医学〕（脳室周囲の）
- quiddity 〔哲学〕（物の本質）
- sopranino 〔音楽〕（ソプラニーノ）
- top edge 〔クリケット〕（トップエッジ）
- weather helm 〔海事〕（上手舵）

・white hole 〔天文学〕(ホワイトホール)

9.6.7 論争語法

辞書の存在意義の1つは，ある単語について論争となる語法 (disputed usage) がある場合，その単語に注目し，おそらくは言葉に自信のない人に1つの見解を提供しうることである。議論の的となっている語や語義にはラベルが付けられる。例えば COD9 は，「殺す，かなりの割合を取り除く」という意味の decimate などの語に対して，disp (disputed：論争語法) というラベルを付けている〔訳注：10.1参照〕。辞書においてより多く見られるのは，「語法注記」(usage note) を付けて，語法に関する論争の本質を解説し，助言を与えることである。NODE では，disinterested (公平な) という語に次のような語法注記を付けている。

> 語法において，disinterested と uninterested の差異ほど，深く論じられてきた問題はない。従来の手引書に従えば，disinterested を「無関心な」という意味で使ってはならない。disinterested は uninterested の類義語ではなく，the judgements of disinterested outsiders are likely to be more useful (公平な部外者の判断の方が役に立つだろう) という文に見るように，「公平な」(impartial) という意味なのである。だが皮肉なことに，最初に記録に残された disinterested の意味は，議論の的になっている「無関心な」という方なのである。現在，こうした disinterested の「誤用」語法は広く普及していて，ブリティッシュ・ナショナル・コーパス (BNC) に含まれる引用例のうち，約20パーセントがこの意味になっている。

語法注記に加えて，CED4 は，ain't (=is/am/are not) や worser (=worse) のような項目に not standard (標準的でない) というラベルを採用している。LDEL2 は，nonstandard (非標準) と substandard (標準以下) というラベルを設けて，それらを次のように区別している。

> *nonstandard* のラベルは，非常に広く使われるが，ほとんどの教養ある人々が正しくないとみなす語や意味に使われる。
>
> **lay** ...*vi*...**5** *nonstandard* LIE (横たわる)
>
> *substandard* のラベルは，使う話者もいるが，一般に標準英語の一部とは

みなされない語や意味に使われる。
　　learn...*vb*...**2** *substandard* to teach.（教える）　　　　　　　（p. xviii）

　このようなラベルはそれ自体ですでに規範的でもある。CED4 は learn のこの語義に not standard というラベルを付けているし，lay と lie の違いを論じる語法注記も提供している。それに比べて，Chambers は ain't には coll（colloquial：口語），learn と lay の論争語法には illit（illiterate：無教養の）というラベルを付けている。

9.7　関連文献紹介

　個々の辞書やその各版が，本章で論じたような観点をどう扱っているかについての情報を得るためには，それぞれの前付けにある辞書の手引きから読み始めるのがよい。

　Hudson（1988）は，辞書が考慮に入れるべき語彙情報を調査している。Svensén（1993）は，その中のいくつかの章で，本章で扱ったほとんどの問題についてふれている，

　Landau（1984, 2001）にも語法についての一章（5 章）がある。Norri（1996, 2000）はラベル付けの問題に関する論文である。

第10章　語源

　英語話者用の一般辞書は，17世紀の末から語源に関する情報を採録するようになった（4.3参照）。実際，日常語が辞書に載せられるようになったのは，当初はまさに語源を記録するためであった。辞書は語源欄で語の歴史を究極の源までたどることを目的としている（2.1参照）。新語が派生（derivation）や複合語形成（compounding）といった語形成（word formation）の結果として生まれた場合は，ふつう語源は示されない。ただし，新語の構成要素やその結合過程が明瞭でない場合は別である。一般に語源が示されるのは基底形（語根）（base [root] form）に対してのみである。

　NODEのまえがきでは，語源の追求が考古学にたとえられている。

> 資料が断片的な場合や，全く存在しない場合がしばしばある。そこで，いかに不適切であろうとも，手に入る限りの資料で，語源学者はそれなりの根拠ある結論を出さねばならない。時々新資料が発見されたりするが，そうすると，それまでの語の歴史に再考を加えなくてはならなくなる。　　　（p. xiv）

　現在では，18世紀に出版された辞書に書かれている語源情報の多くはかなり気まぐれな記述だと考えられている。特に，19-20世紀の学問的研究に照らし合わせるとそう考えざるをえない。たいていの大型辞書には語源専門の担当者がいる。OEDは語の歴史を絶えず調査・研究することで語源情報の充実に努めている。大半の辞書が，OEDを主要な語源情報源にしている。

　本章での議論を理解するために，英語の大まかな歴史を四つの基本的時代に区分して認識しておくのが有益であろう（Jackson and Zé Amvela 2000: 23ff.）。

- 古英語期（Old English）
　　自：450年（アングル族，サクソン族，ジュート族による定住）
　　至：1066年（ノルマン人の征服）
- 中英語期（Middle English）
　　自：1066年

至：1450年（ルネサンスの始まり）から1500年の間ごろ（この間，キャクストン（Caxton）が1476年に英国で印刷を始める）
・初期近代英語期（Early Modern English）
　　　自：1500年
　　　至：1800年（工業の発展と大英帝国の始まり）
・近代英語期（Modern English）
　　　自：1800年
　　　至：現在

　これらの年号はもちろんある程度恣意的であるが，英語が社会・文化の変化を受けてどう発展してきたかを示す歴史上の転換区分を大まかに記録するものとして役立つだろう。

10.1　語源情報欄の読み方

　OED や SOED などの通時的辞書の場合，歴史的方針に沿って，語源は見出し語の最初に書かれている。Webster 3 も同じく語源を最初に出している。だが，項目の後半部もしくは最後に語源を記載する方がよりふつうである。いずれの位置にせよ，語源情報は角かっこ [　] の中に提示するのが慣例である。ただし，NODE や COD10 はスモールキャピタルで ORIGIN（語源）と書かれた別の段落を設け，ここに語源を記載している。

　語源をどこまで詳しく載せるかは，辞書のサイズによるところが大きく，小型辞書（例えば携帯版）では，おそらく語の直接の語源を示すにとどまるであろう。大型辞書だとこれに加えてそれ以上の記載がなされる。その語が元は古英語であったとか，あるいはアングロ・サクソン語であったとか，それが古英語の時期あるいはそれ以後に英語に「借用」されて入ってきたとか，こういう直前の語源を示すことは必須である。辞書によっては，その語が英語に入って来た年号を記しているものもある。これは（文献資料から取った）証拠を基に推定されたものである。年号を世紀を示す数字で表すだけの辞書もあるし（例：CED や COD10），一世紀を前期・中期・後期に3区分する辞書もある（例：NODE）。

　大型辞書は，直接の語源やその初出年号の他に，語の始まりを最も古い起源言語にまでさかのぼろうとする。例えば，フランス語からの借用語なら，さらに何らかのラテン語系の起源を示すことになろう。あるいは，ラテン語から直接入っ

てきた語ならギリシャ語まで起源をたどることができるだろう。古英語や古ノルド語起源の語は，古ゲルマン語にその源を求められる場合がしばしばある。さて，ここで興味深い語源を持った語を一例としてあげてみる（NODE より）。

abacus late Middle English (denoting a board strewn with sand on which to draw figures): from Latin, from Greek *abax*, *abak*- 'slab, drawing board', of Semitic origin; probably related to Hebrew ˈābāq 'dust'

abacus（そろばん） 中英語後期（板の上に砂がまぶしてあり，そこで字が書けるようになっている物の意味）：ラテン語から。ギリシャ語 abax, abak（平板，筆記板）より。セム語語源。おそらくヘブライ語の ˈābāq（ちり）と関係あり。

この例のように，語源には起源言語の元の語形の意味を留める場合がある。これにより，いわゆる「語源の誤謬」（etymological fallacy），すなわち語の「真の意味」とは起源言語における意味であるという考えが生まれた。この考えによれば，decimate（虐殺する）の本当の意味は「10人に1人を殺すこと」であると主張される。と言うのは，この語はラテン語の decimus（十分の一）に由来し，動詞の decimate は実際「反乱軍の捕虜兵を10人に1人の割合で殺す」というローマ人の社会慣習を意味していたからである。しかし，こういう議論は間違いである。なぜなら，語は時代と共に音声や綴りはもとより，語義も変化するからである。今では動詞 decimate は大量殺戮や破壊一般を指すようになっている。いずれにせよ，英語の話し手は decimus との関連を全く思い浮かべなくなっている（decimal（十進法）なら，まだ関連を思い浮かべるかもしれない）。

古英語起源の語を見ると，語源欄で他のゲルマン語族における同族語（cognate word）がさらに記されている場合もあるだろう。ここで関係する言語は，スカンジナビアの諸言語（古ノルド語・スエーデン語・デンマーク語），オランダ語，ドイツ語である。これらの言語はすべて「ゲルマン語」と呼ばれる言語，つまり記録には残っていないが存在したとされる共通の祖語から派生したと考えられている。したがって，同族の存在が古英語における語のゲルマン語起源を実証しているのである。例えば，NODE は speak（話す）の語源として「古英語 sprecan，後の specan より。西ゲルマン語起源。オランダ語の spreken とドイツ語の sprechen に関係」と書いている。CED4 は，through（～を通して）の語源として，「古期英語の thurh から。古フリージア語の thruch, 古サクソン語の

thuru, 古高地ドイツ語の duruh に関係」としている。

　語によってはその語源が何らかの特色ある文化的信仰や慣習にまつわるものがあり，これは「民間語源」(folk etymology) とも呼ばれる。例えば，bigwig（大物）の語源欄には「18世紀前半。昔は地位ある人が大きなかつら（big wig）をかぶっていたことから」とある。また，crocodile tears（ワニの涙；嘘の涙）については，CED4 の語源欄に「ワニは獲物を食す時，さらに獲物を誘いこもうとして涙を流すと信じられていたことから」とある。

　語源欄を理解するには，直接の起源・始原の起源・同族語・民間語源などについてそれぞれ理解できることが必要であるが，略語で示される言語名を理解することも必要である。例えば，多くの辞書，特に小型の辞書では，OHG（Old High German：古高地ドイツ語），MDu（Middle Dutch：中期オランダ語），LL（Late Latin：後期ラテン語）などと記載される。ゲルマン語やフランス語については，「古期」(Old)・「中期」(Middle)・「近代」(Modern) という用語は英語の場合の時代区分とだいたい一致し，順に，中世以前・中世・中世以後を指す。ラテン語の場合は，そのまま使えば古代ローマ期を指し，「後期ラテン語」(Late Latin) というとだいたい紀元後200年から400年を指す。「新ラテン語」(New Latin) という名称は，ルネサンス以降にラテン語で造語された語で，主に科学技術用語のことを指す。こういう用語が数多くの（ヨーロッパの）言語に共通している場合，Webster 3 やいくつかの辞書では ISV（International Scientific Vocabulary：国際科学用語）という表記を採用している。このあとの語源についての議論と解説で，ここまで述べた要点がいっそう明らかになってくるであろう。

10.2　創始期の英語

　語源欄で「古英語」（OE）という標示がある場合，それはアングロ族やサクソン族の人々が話していたゲルマン語系の方言に語源を持つ語であることを示している。アングロ族やサクソン族は，5世紀初頭に英国の島々に居住していたケルト系の人々が，略奪目的で北方から襲来するピクト族やスコット族から国土を守るため援軍として迎え入れた。それは，ローマ帝国が没落し始めたことでローマ軍がこの地を去り，ローマに引き揚げた後のことであった。ところが，この北ヨーロッパからの援軍は，今度は自らが侵入者と化し，追われたケルト人たちは，ウェールズ地方やコーンウォール地方に居場所を求めて逃げ去った。現代英

語で古英語由来の語の占める比率はとても少なく，COD10は6万4679語の見出し語のうちで2515語にOEというラベルを付けているのみである。これは全体の4パーセントにもならない。しかし，これらの語は日常生活の中の言葉であり，日常の文章や談話は大部分が古英語由来の語と言える。

　古英語起源の語の中で，ケルト語由来の語として特に注目される語が少数ある。これらは，侵入者のアングロ・サクソン族に逆に借用され生き残った語である。例をあげると以下のようなものがある。ass（ロバ），bin（容器），brock（アナグマ），combe（深い谷），hog（雄ブタ），rich（金持ちの），tor（小高い山）。他にも古英語からの借用語がいくつか残っているが，だいたいが6世紀後半にローマキリスト教がブリトン島に伝来した結果，一緒にラテン語から入って来た語である。これらの大部分が宗教関係の語である（例：anthem（聖歌），candle（ろうそく），charity（慈愛），disciple（門弟），martyr（殉教者），noon（真昼），psalm（聖歌），verse（（聖書の）節）。

　古英語はまた，姉妹関係にあるゲルマン語の古ノルド語からいくつかの語を借用した。これは北海を渡って襲来した北欧バイキングたちの話していた言語である。彼らは8，9世紀に当初は略奪目的で遠征に来たが，やがてそのまま定住し，最終的には国土の半分をいわゆる「デーン法地域」（Danelaw）として支配した。バイキングの古ノルド語（Old Norse）は国の北部と西部地方の地名にかなりの足跡を残しており，現在 -by や -thorpe，あるいは -thwaite で終わる地名は古ノルド語起源であるか，あるいはかつてバイキングの住んだ土地であった。古期英語と古ノルド語の多くの語は同族語の関係にあるが，後者から前者に借用された語もあった。例えば，arrow（矢），baulk（畦），fang（牙），glove（手袋），knife（ナイフ），plough（耕作地），skin（皮），tidings（知らせ），wrong（具合が悪い）である。これらは，辞書の語源欄では，「古ノルド語起源，古英語から」と表記される。古ノルド語からは後の中英語期に入って来た語もある（例：anger（怒り），birth（誕生），dirt（ほこり），ferry（渡し船），ill（病気の），keg（たる），odd（奇妙な），raise（上げる），sky（空），tether（ロープ），ugly（醜い），want（欠乏））。これらは「古ノルド語起源，中英語から」と表記される［訳注：2.1参照］。

10.3　ラテン語からの借用語

　2.1において述べたが，英語の語彙の成り立ちは，ゲルマン語系語彙の基層，

つまり古英語の基礎があり，そこへラテン語から直接的あるいは間接的に取り入れた語層がいくつか重なり加わったことによる。そのような層が最初に加わったのは，1066年のノルマン人の征服 (Norman Conquest) 以後の時代で，次の層は16世紀のルネサンス期とそれに続く時代であった。NODE は中英語 (10.1参照) の時期に直接英語になった語として8322語を記載しているが，そのうち3234語が直接 (これが大部分だが)，あるいは間接的に古フランス語から入ってきた語である。一例をあげておく。

lavish late Middle English (as a noun denoting profusion): from Old French *lavasse* 'deluge of rain,' from *laver* 'to wash', from Latin *lavare*.

lavish (豊富な) 中英語後期 (豊富さを意味する名詞)：古フランス語のlavasse (土砂降り) から。laver (洗う)，ラテン語 lavare が原義。

いくつかの間接的な借用語にはアングロ・ノルマン語 (Anglo-Norman) 経由の語もある (NODE には387語記載)。アングロ・ノルマン語とは英国内でフランス語を話すエリート支配層の間に発達した言葉である。一例をあげる。

astray Middle English (in the sense 'distant from the correct path'): from an Anglo-Norman French variant of Old French *estraie*, past participle of *estraier*, based on Latin *extra* 'out of bounds'+*vagari* 'wander'.

astray (道に迷って) 中英語 (「正しい道から離れた」の意味で)：古フランス語 estraier の過去分詞形 estraie のアングロ・ノルマン・フランス語における異形から。ラテン語の extra (境界外)＋vagari (さまよう) を基にしている。

中英語に借用されて入ったラテン語系の語の中には，古フランス語経由ではなくラテン語から直接入った語もある (NODE には1885語記載)。この現象が起きたのは，中英語後半，ルネサンス期への移行が始まった頃である。一例をあげる。

interrupt late Middle English: from Latin *interrupt-* 'broken, interrupted', from the verb *interrumpere*, from *inter-* 'between'+*rumpere* 'to break'.

interrupt (邪魔する) 中英語後期：ラテン語 interrupt- (壊された・中断された) より。ラテン語動詞 interrumpere (inter- (間で)＋rumpere (壊

す))から。

16世紀と17世紀の両世紀に入ったそれぞれ2000語を超えるラテン語の借用語がNODEに収録されている。そのうち4分の1から3分の1がフランス語経由で英語に入ってきた。例えば，以下のような語がある。

> **exterior**　early 16th cent.: from Latin, comparative of *exter* 'outer'
>
> **exterior**（外側の）　16世紀初頭：ラテン語 exter（外部にある）の比較級から。
>
> **loyal**　mid 16th cent.: from French, via Old French *loial* from Latin *legalis*.
>
> **loyal**（忠実な）16世紀中期：フランス語より。ラテン語 legalis（合法の）から古フランス語 loial（忠実な）を経由。
>
> **precarious**　mid 17th cent.: from Latin *precarius* 'obtained by entreaty' (from *prex, prec-* 'prayer')+-OUS
>
> **precarious**（不確かな）　17世紀中期：ラテン語 precarius（祈りによって得られた：prex，prec-（祈願）から）+-OUS（〜性の）より。
>
> **fatigue**　mid 17th cent. (in the sense 'task or duty that causes weariness'): from French *fatigue* (noun), *fatiguer* (verb), from Latin *fatigare* 'tire out', from *ad fatim, affatim* 'to satiety or surfeit, to bursting'.
>
> **fatigue**（疲労）　17世紀中期（「疲れさせる仕事や義務」の意味で）：フランス語 fatigue（名詞「疲れ」），fatiguer（動詞「疲れさせる」）より。ラテン語 fatigare（疲れ切る）より。ad fatim, affatim（飽き飽き，あるいは食べ過ぎるまで，破裂するまで）より。

Latinという語源ラベルは，語源欄に極めて多く現れるもので，COD10では実に1万2000回登場する（見出し語の18パーセント）。またNODEでは1万5000回以上登場している。

ロマンス系諸語，つまりラテン語から分化してきた諸言語も，それぞれ語源欄において主要な位置を占めている。収録されているのは，フランス語（NODEに1万500語），イタリア語（1500語），スペイン語（1100語），ポルトガル語（300語）である。フランス語からの直接の借用語の例として，abattoir（食肉処理場）（19世紀），democrat（民主主義者）（18世紀後期），lacquer（樹脂ワニス）（16世紀後期，元はポルトガル語より），tirade（長い演説）（19世紀初頭），

voyeur（のぞき魔）（20世紀初期）がある。これらの他に直接，食物や料理関係の語が多く入ってきている。イタリア語もかなり多くの音楽関係用語と食物名称をもたらしている（例：adagio（アダージョ：ゆるやかに），al dente（アル・デンテ：固くて歯ごたえのあるように料理した），finale（フィナーレ），lasagne（ラザーニャ），pergola（パーゴラ），saltimbocca（サルティムボッカ：子牛肉料理），vibrato（ヴィブラート）。スペイン語やポルトガル語からも直接英語に入った語があるが，植民地進出と帝国拡大の時代を通じて，より多くの珍しい言語から語が取り入れられた。例えば以下の語がある。amok（荒れ狂った）（マレー語からポルトガル語経由で），embargo（出入港禁止）（17世紀初頭のスペイン語），guanaco（グアナコ，野生ラマ）（ケチュア語からスペイン語経由で），marmalade（マーマレード）（15世紀後期のポルトガル語）。

　ラテン語からの借用語の源としては，もうひとつ，より新しい時期のラテン語の「新古典複合語」（neo-classical compound）がある（1.6参照）。これらの語はだいたいが科学・技術・医学の専門用語である。こうした新古典複合語は，ギリシャ語の要素から形成されることもある。実際，こうした結合形式においては，ラテン語よりもギリシャ語要素による結合の方が多いのである。結合形式の語源はふつうは示されるが，古典複合語については必ずしもそうではない。もちろん，その構成についてなにか変わった点があれば示される。例えば，以下の通りである（NODE より）。

　　hetero-　　from Greek *heteros* 'other'

　　hetero-（他の）　ギリシャ語 heteros（他の）から。

　　heteromorphic　（a term of Biology, meaning 'occurring in two or more different forms, especially at different stages in the life cycle'）—no origin given, since it is made up of the combining forms *hetero-* and *-morph*(*ic*), both entered in the dictionary.

　　heteromorphic（異形の）　（生物学の専門語で「特に生活環のさまざまな段階で，2つ以上の形態をとること」を意味する。）連結形の hetero- と -morph(ic) は辞書に収録されているのでここに語源は示さない。

　　heterodyne　early 20th cent.: from HETERO- 'other'+-*dyne*, suffix formed irregularly from Greek *dunamis* 'power' (here the second part is not a regular combining form).

　　heterodyne（〘電子工学〙ヘテロダイン式）　20世紀初頭：HETERO-（他

の）＋-dyne（ギリシャ語 dunamis（力）の不規則形の接尾辞）。(-dyne は規則的な連結形ではない)。

10.4 他の借用語

　英語には，世界の多種多様な言語から取り込んできた借用語があるが，それには多くの理由がある。英語語彙の不足部分を補うため，英語文化圏にない現象をうまく表す語を必要としたため，「異国」の香りを直接味わうためなど，さまざまである。語源欄では少なくとも起源言語が何であるかが示される。大型辞書ならその語の起源言語の語義も明記して，語を借用した動機を説明している。この起源言語そのものが，それ以前に他から語を借用していた場合は，その旨記されるであろう。ここで述べたことを具体的に示すものとして，ヨーロッパ諸言語からの借用語を少し列挙しておこう［訳注：語源記述の原語は以下では省略する］。

Gastarbeiter（外国人労働者）ドイツ語。Gast（客）＋Arbeiter（労働者）から。　　　　　　　　　　　　　　　　　　　　　　　　　　（NODE）

plankton（プランクトン）　19世紀：ギリシャ語 planktos（漂っている），plazesthai（うろつく）からドイツ語経由で。　　　　　　　　　（CED）

csardas（チャルダーシュ；ハンガリーの民俗舞踏）　ハンガリー語 csárda（宿）からの csárdás より。　　　　　　　　　　　　　　　　　　　（COD9）

coach（馬車）16世紀中期。（NODE の語義3）：フランス語 coche より。ハンガリーの村名 Kocs にちなむ kocsi（szekér）（四輪車）から。（NODE）

babushka（おばあさん）　ロシア語：（おばあさん）baba（老婦人）より。　　　　　　　　　　　　　　　　　　　　　　　　　　　　　（CED）

cosmonaut（（ソ連の）宇宙飛行士）20世紀：　ロシア語 kosmonaut より。COSMO-（宇宙）＋ギリシャ語 nautes（船乗り）；ARGONAUT（〖ギリシャ神話〗アルゴナウテース）と比較のこと。　　　　　　　　（CED）

bamboo（竹）　マレー語からポルトガル語 mambu を経由してオランダ語 bamboes から。　　　　　　　　　　　　　　　　　　　　　　　（COD9）

intelligentsia（インテリゲンチア，知識階級）　20世紀初頭：ロシア語 intelligentsiya，ポーランド語 inteligencja，ラテン語 intelligentia から。
　　　　　　　　　　　　　　　　　　　　　　　　　　　　　（NODE）

借用語の性質によって語源の扱いもさまざまであることを見るために，COD9に収録されている中国語借用語の語源記述の例をいくつかあげてみよう。

cheongsam（長衫(ちょうさん) 中国語（立ち襟があり，スカートの片側にスリットの入った中国の女性用の衣服）

gung-ho（やる気満々の）　中国語 gonghe（工和；力を合わせて働く）。米国海軍のスローガンとして1942年に採用された。

kowtow（叩頭(こうとう)の礼）　中国語 ketou（叩頭）。ke 叩（叩く）＋tou 頭（頭）より。

lychee（レイシ（の実））　中国語 lizhi（茘枝；レイシ）。

yin（陰）　中国語 yin（陰，女性，月）。

語源欄には，借用語が英語に入ってきた要因について，読者がある程度理解するために十分な量の情報が提供されている。ここで注意しておきたい点は，漢字の体系がローマ字表記に書き換えられて（音訳されて）いることである。

ローマ字表記をしない言語にはどの語にも原則として音訳がなされる。これに含まれる言語には，キリル文字を使うギリシャ語・ロシア語・その他のスラブ諸語・アラビア語・ヘブライ語・南アジア諸語（ウルドゥー語，パンジャブ語を含む）などがある。こういう音訳には，通常一定の慣例があって，英語にない特別の特徴を示すのに，発音区別符号が使われることもある。以下にその例をあげておく。

sepoy（（英領インドの）インド人兵士）　ウルドゥー語とペルシャ語 sipāhi（兵）から。sipāh（軍隊）から。

kosher（正当な）ヘブライ語 kāšēr（立法にかなった）から。

mango（マンゴー）タミール語 mānkāy（mān（マンゴの木）＋ kāy（実））からマレー語 mangā を経由しポルトガル語 manga より。

sherbet（シャーベット）アラビア語 šarba（飲み物），šariba（飲む）からトルコ語 şerbet，ペルシャ語 šerbet を経由。

本節の最後に，世界各地から英語に借用された様々な語の語源のうちいくつかを選び出し，それを並べて示しておく。

aardvark（〖動〗ツチブタ）　アフリカーンス語 aarde（土）＋vark（ブタ）

（南アフリカ）から。

batik（ろうけつ染め）ジャワ語（南アジア）
cassava（〖植〗キャッサバ）タイノー語（カリブ海）
gong（どら）マレー語（南アジア）
impala（〖動〗インパラ）ズールー語（南アフリカ）
karaoke（カラオケ）日本語
kiwi（キーウィ）マオリ語（ニュージーランド）
kayak（カヤック）イヌイット語 qayaq（北米）
pariah（パリア，社会ののけ者）タミール語（南インド）
pampas（パンパス，南米の大草原）ケチュア語　スペイン語経由で（南米）
safari（サファリ，狩猟旅行）スワヒリ語。アラビア語 safara（旅する）から（東アフリカ）
shampoo（シャンプー）ヒンディー語（北インド）
skunk（〖動〗スカンク）アブナキ語 segankw（北米）
wombat（〖動〗ウォンバット）ダルーク語（オーストラリア）
yak（〖動〗ヤク）チベット語 gyag（南アジア）
yogurt（ヨーグルト）トルコ語
zombie（ブードゥー教のヘビ神）コンゴ語（西アフリカ）

10.5　通時的辞書とその記述内容

　誰もが考えるように，通時的辞書（英語の場合，OED とその縮約版の SOED）には語源情報がはるかに詳しく記載されている。OED2 の zenith（天頂）の語源欄を調べてみよう。

　　a. OF. *cenith* (F. *zénith*) or med. L. *cenit* (cf. It. *zenit*, Sp. *cenit*, Pg. *zenith*, G. *zenith*, etc.), obscurely ad. Arab. *samt,* in samt *ar-rās* lit. way or path over the head (*samt* way, *al* the, *rās* head); cf. AZIMUTH (*al* the, *sumūt* pl. of *samt*).

古フランス語 cenith（現代フランス語では zénith）あるいは中世ラテン語 cenit より借用。(参考：イタリア語では zenit，スペイン語では cenit，ポルトガル語では zenith，ドイツ語では zenith などとなる)。おそらくは，字義的に「頭上の道」を意味するアラビア語 samt ar-rās（samt は道，al は定冠詞，rās は頭）の中の samt が適合変形したもの；AZIMUTH（〔測量〕方位角）を参照せよ（語源は，定冠詞 al＋samt の複数形 sumūt より）。

OED の語源欄を読むのに慣れていない人にとっては，これは多少の解釈を要する記述である。最初の a. OF ... or med. L. というのは，adopted from Old French ... or medieval Latin（古フランス語あるいは中世ラテン語から借入）という意味である。現代フランス語（F.）はかっこに入れて示される。これに続いて，イタリア語（It.），スペイン語（Sp.），ポルトガル語（Pg.），ドイツ語（G.）などにおける同族語が記載される（cf. は confer（参照せよ）の意）。次に obscurely ad. Arab. とあるのは，obscurely adapted from Arabic（おそらくアラビア語からの適合変形）という意味であり，想定されるアラビア語の語源が説明されている（lit. は「字義通り（literary）」，pl. は「複数（plural）」の意味）。OED では借用語を 2 つに区別しており，それは「借入」（adoption）（借用語の形がほとんど，または全く元から変化していない場合）と「適合」（adaptation）（綴りや発音を英語の言語体系に合わせた場合）である。

SOED の場合，記述範囲が限られているため，当然語源も切り詰めた形の記述となっている。

> OFr. *cenit* (mod. *zenith*) or med. L. *cenit* (also *zenith*), ult. f. Arab. *samt* in *samt-ar-ra's* 'path over the head': cf. AZIMUTH.

> 古フランス語 cenit（現代語では zenith）あるいは中世ラテン語 cenit (zenith とも) より。さらには，アラビア語の samt-ar-ra's（「頭上の道」）の samt から。azimuth（方位角）を参照．

この記述で，mod は modern（現代語），ult. は ultimately（究極的には），f. は from（〜から）を表す。興味深いことに，CED4 の語源は，少しの相違点はあるが，これと同じくらい詳しい。

> C17: from French *cenith*, from Medieval Latin, from Old Spanish *zenit*, based on Arabic *samt*, as in *samt arrās* path over one's head, from *samt* way, path ＋ *al* the ＋ *rās* head

17世紀：フランス語の cenith から。中世ラテン語から。古スペイン語 zenit から。samt arrās（samt は道，al は定冠詞，rās は頭：頭上の道）におけるアラビア語の samt に基づく。

CED は読者の使いやすさを配慮することを方針とし，特に語源記述については可能な限り省略形を避けようとしている。この方針は NODE も同様である。

late Middle English: from Old French or medieval Latin *cenit*, based on Arabic *samt*（*ar-ra's*）'path（over the head）'

中英語後期：古フランス語または中世ラテン語の cenit より。アラビア語の samt（ar-ra's）「（頭上の）道」に基づく。

このように NODE と CED は，当該語が英語に入った初出年についての意見が同じではない。

OED2 における最初の引用は1387年で，その次がチョーサーからの引用で1391年となっており，これは NODE の示している（中英語後期）という説明を支持しているようである。しかしまた，CED にある古スペイン語からの派生についての部分は，スキートの *Concise Etymological Dictionary*（Skeat 1961）の記述に裏づけされている。それを見ると以下のようである：

Zenith（F.―Span.―Arab.）M.E. *senyth*. ―O.F. *cenith*; F. *zénith*. ―Span. *zenit*, O.Span. *zenith*. ―Arab. *samt*, a way, road, path, tract, quarter; whence *samt-ur-ras*, the zenith, vertical point of the heavens; also as *as-samt*, an azimuth. *Samt* was pronounced *semt*, of which Span. *zenit* is a corruption; again, *samt* is here short for *samt-ur-ras* or *semt-er-ras*（as above）, lit. the way overhead, from *ras*, the head. See Azimuth.

Zenith（フランス語・スペイン語・アラビア語）中英語では senyth，古フランス語では cenith，フランス語では zénith，スペイン語では zenit，古スペイン語 zenith，アラビア語では samt（道，道路，小道，地域，地区）。そこから samt-ur-ras（天頂，天の真上）。また，as-samt（方位角 azimuth）として。samt は semt に発音が転じ，スペイン語 zenit はその転訛形。また samt はここで，samt-ur-ras ないし semt-er-ras（上記）の短縮形で，それは字義的には「頭上の道」を意味する。ras（頭）から。Azimuth を参照せよ。

語源専門辞書はもっと詳細に，大元の起源であるアラビア語がスペイン語・フ

第10章　語源　179

ランス語を経由して，英語に適合されてくる過程を想定し，これを説明する。

　ここで比較を試みるために，car（車）の語源が3種類の辞書でいかに異なるか見てみよう。最初が通時的辞書，続いて一般用辞書，最後が語源専門辞書のそれぞれの例である。

　OED: ME. *carre*, a. ONF. *carre*:-late L. *carra*, a parallel form to *carrus*, *carrum* (whence It., Sp. *carro*, Pr. *car*, *char*, ONF. *car*, F. *char*, ME. *CHAR*), a kind of 2-wheeled wagon for transporting burdens. The L. was a. OCelt. **karr-os*, **karr-om*, whence OIr. (also mod. Ir. and Gael.) *carr* masc. 'wagon, chariot,' OWelsh *carr*, Welsh *cằr*, Manx *carr*, Bret. *kar*. (Late L. *carra* also gave WGer. *carra* fem., in OHG. *charra*, Ger. *karre*, MDu. *carre*, Du. *kar* fem., Sw. *karra*, Da. *karre*.)

　OED：中英語 carre。古北部フランス語 carre より借用。後期ラテン語 carra より。carrus, carrum の並行形。(そこから，イタリア語・スペイン語の carro，プロバンス語の car, char，古北部フランス語の car，フランス語の char，中英語の CHAR が生じる）。荷物を運ぶ二輪車の一種。ラテン語は，古ケルト語の*karr-os，*karr-om より借用。そこから古アイルランド語の carr が生じる（現代アイルランド語およびゲール語でも同じ）。carr（男性形），「車，馬車」の意味。古ウェールズ語の carr，ウェールズ語の cằr，マン島語の carr，ブレトン語の kar。(後期ラテン語の carra もまた，西ゲルマン語 carra（女性形）を与えた。古代高地ドイツ語 charra，ゲルマン語 karre，中期オランダ語 carre，オランダ語 kar（女性形），スェーデン語 karra，デンマーク語 karre）

　SOED: LME. [AN, ONFr. *carre* f. Proto-Romance var. of L *carrum* neut., *carrus* masc., f. Celt. base repr. by (O) Ir. *carr*, Welsh *car*]

　SOED：中英語後期，［アングロ・ノルマン語，古北部フランス語の carre より。ラテン語の carrum（中性形），carrus（男性形）の原ロマンス語の変異形から。ケルト語に基づく。アイルランド語では carr，ウェールズ語は car で表記される。］

　CED: C14: from Anglo-French *carre*, ultimately related to Latin *carra*, *carrum* two-wheeled wagon, probably of Celtic origin; compare Old Irish *carr*

　CED：14世紀。アングロ・フランス語の carre より。根元的にはラテン語の carra, carrum（二輪の車）に関係。おそらくケルト語起源。古アイルラン

ド語 carr と比較せよ。

NODE: late Middle English（in the general sense 'wheeled vehicle'）: from Old Northern French *carre*, based on Latin *carrum*, *carrus*, of Celtic origin

NODE：中英語後期　（「車輪つきの車」という一般的意味で）：古北部フランス語 carre より。ラテン語の carrum, carrus に基づく。ケルト語起源。

SKEAT：(F.—C.) M.E. *carre*.—O.NorthF. *carre*, a car (Ducange, s.v. *Marcellum*).—Late L. *carra*, f.; allied to L. *carrus*, a car; of Gaulish origin.—Bret. *karr*, a chariot; W. *car*, O.Gael. *car*, Irish *carr*. Allied to L. *currus,* a chariot; Brugm. i. §516.
［原注：Ducange は 'Ducange Anglicus'（『民衆のことば』, 1857），Brugm=Brugmann, *Grundriss der vergleichenden Grammatik* （ブルクマン著『比較文法概論』；1897)］

SKEAT：（フランス語，ケルト語）中英語では carre，古北部フランス語では carre（車）（『民衆の言葉』の Marcellum の項目参照），後期ラテン語の carra（女性形）。ラテン語の carrus（車）に関連，ゴール語起源。ブレトン語では karr（馬車），ウェールズ語では car，古ゲール語では cár，アイルランド語では carr。ラテン語の currus（馬車）に関連。ブルクマン i-516 節参照。

これらの例からわかるのは，語源というものは辞書の性質と対象使用者の層により，いかに記述が異なってくるかということである。しかしだいたいにおいて，通時的辞書は英語学者や研究者向けであり，語源専門辞書（例えばスキート）は特にそうである。一般用辞書は，限られた紙面の範囲で，最小限の語源情報を提供することが，一般的な辞書利用者の関心に合致するだろうと想定している。次節で検討しようとするのは，この想定についてである。

10.6　語源欄は必要か？

語源情報は一般用辞書には不要であり，通時的辞書や語源専門辞書に任せておけばよいと言えるのではないだろうか。学習者用辞書（11章参照）は，語源を記載しないことに反論はあるものの（Ellegård 1978; Ilson 1983），語源情報は記載していない。3章で見た3種類のコリンズ社（Collins）の辞書でも，最小のポ

ケット版には語源を記載していないが，大きい方の 2 種類は記載している。最初の 1 言語辞書が出版されてから，わずか半世紀の後には，もう語源が辞書に記載されるようになった（4 章参照）。語源を載せることには連綿とした由来があるのである。Hudson（1988）（2.4参照）は，辞書で留意すべき「語彙事実」（lexical fact）の 1 つに語源情報を含めている。しかし，利用者が語源を知るために辞書を引いているという証拠はまずない（7 章参照）。とすると，普通の利用者を対象とした一般用辞書に語源情報を記載することを正当化する根拠はあるのだろうか。

　すでに見たように（7.4参照），辞書には 2 つの機能がある。1 つはその言語の語彙を記録する語彙記述の機能であり，もう 1 つは語や用法を調べるための参照図書としての機能である。どちらを考えても，語源記載が当然で反論の余地がないことだ，とはならない。記録として機能する場合，辞書は現代の語彙を記述するので，廃れた語や語義は排除し，用法にかげりの見えてきた語は「古語」として片付ける。また参照図書としての辞書は，10.5で見たように通時的辞書ほど十分な語源情報を載せる紙面はない。さらに言うなら，辞書項目に入っている語源情報はおそらく一番読み取りにくい箇所であろう。つまり，歴史についての多少の予備知識が，それも特に言葉の歴史についての知識が実際に必要とされるのである。そうでなければ，「古高地ドイツ語」（Old High German）などというような術語をどう理解したらいいのだろう。

　シドニー・ランドウ（Sidney Landau）は「現代の辞書に記載される情報のうちで，語源は共時的辞書の本来の目的から最もかけ離れたものである」という意見を述べている（2001：127）。語源は現代の語義や用法を記述する上で何の寄与もしない。それはどのように現代の状態になってきたかを例証するかもしれないが，そういう情報は，おそらく助けとなるのと同じくらいに（「語源の誤謬」（etymological fallacy）のような）誤解を生む可能性も大きい。文章を書く時や話をする際に，適切な言葉遣いを知ろうとして辞書にざっと目を通す者には，語源は何の助言も与えない。必要とされる背景知識と解釈能力を兼ね備えた読者に，つかの間，辞書検索の面白さを洞察させるだけである。この観点からして，ランドウは正しいと言える。すなわち，語源記述は辞書の他の記述部分と同じ程度の重要性は持たないのである。

　語源が今日，辞書情報の一部として含まれているのは歴史的偶然だと言えよう。いわゆる「難語」（hard word）を読む辞書という伝統（4.2参照）から英語の 1 言語辞書は始まったわけだが，これに収録されたのは，借用語，それもほと

んどが古典語からの借用語であった。だから，これを契機として起源言語に関する情報も体系的に加えようということに容易に転じていたのである。事実，各辞書ははじめからある程度は語源を記載していた。18世紀に花咲いた，文化と言語の歴史に対する興味が次第に高まっている環境の中で，語源欄は1言語辞書の伝統の中にしっかりと根付いたのであった。辞書製作の世界は独自の伝統・原理・慣習を持ち，言語学の他の分野の伝統・原理・慣習からはかなりの程度独立している。実際，言語学が多少なりとも辞書学に影響を与えるようになったのは，ほんの最近，つまり20世紀の後半になってからである。この観点からすると，語源が，少なくとも大型の一般辞書で，語の記述の一部であり続けているのは驚くべきことではない。辞書とはこういうものだろうと人々に予想されている内容と形式から急に外れることは，出版社としては躊躇することである。購買者の期待に背くわけにはいかないのである。

　語源を（少なくとも英語の）1言語辞書に記載する理由として，もっと理にかなったものが他にもあるかもしれない。それは，2章で解説し，この章の初めの方でも検討した，英語語彙の特性から生じている。英語の語彙の起源は極めて多様で，「本来の」アングロ・サクソン語はほんの一握りに過ぎず，多くの語が広範な外国語から「借用」されて入ってきた。そのため，少なくとも，語のすぐ直前の起源についての情報を示すことは正当性があるように見える。このようにして，英語話者は自分の言葉の生い立ちを知ることができるのである。こうした知識は，我々が英語語彙の多様さを賛美できる拠り所であり，外国語排斥論や言語純粋論の誘惑に対する盾となってくれるはずである。

10.7　関連文献紹介

　辞書の前付けの使い方の手引きは，その辞書の語源欄の読み方について簡潔に情報を提供している。Berg（1993）にはOEDの語源欄についての一セクションが設けてある（pp. 22ff）。

　Kipfer（1984）には語源についての一章があり（12章），Crystal（1995）にもある。ただし後者の多くの部分は地名・人名に関したものである。Landau（2001）は辞書における語源記載の全体像を与えてくれる（pp. 127-34）。Svensén（1993）の15章も同様である。

　この章で扱った話題をさらに詳しく調べる資料としては，語源専門辞書が適している。

第11章　学習者用辞書

　6.6で英国出版社の4種類の主要な学習英英辞典を紹介し，3.2においてこれらの辞書が20世紀後半における辞書学の革新の先鋒を担っていたことにふれた。本章では，学習者用辞書に関してより細かく考察し，第2言語ないし外国語として英語を学ぶ学習者の要求を満たすために学習者用辞書がいかに発展してきたかを見てみたい。学習者用英英辞典は，主に中級から上級レベルの学習者を対象にしている。これは学習者の英語力が向上するにつれて，2言語辞書から1言語辞書に移行する必要があるという考えがもとになっている。このニーズを満たすために，学習者用1言語辞書（monolingual learners' dictionary）には，意味や語法に関して，多くの点で2言語辞書をはるかに凌駕する情報が収録されている。

11.1　学習者用1言語辞書の台頭

　学習英英辞書の原点は，第1次・第2次世界大戦間に外国語としての英語を教えた3人の英語教師によるところが大きい。3人のうち，ハロルド・エドワード・パーマー（Harold Edward Palmer）とアルバート・シドニー・ホーンビー（Albert Sydney Hornby）は日本で，マイケル・フィリップ・ウェスト（Michael Philip West）はインドで英語を教えた。この3人の英語教師は，それぞれが教えた地域の外国語教育水準を向上しようとしたのみでなく，英語教育に関係した研究プロジェクトにも携わった。ウェストは「語彙統制」運動（McArthur 1998, ch. 5）への最大の貢献者となり，英語を効率的に身につけるための基礎となる語彙の調査に従事した（West 1953; West and Endicott 1935）。パーマーは，単語，特に動詞の統語形態に関して研究し（Palmer 1938），後年ホーンビーがそれに続いた（Hornby 1954）。パーマーとホーンビーはコロケーション（collocation）やイディオム（idiom）についても調査し，その成果は最初の一般用学習英英辞典である *Idiomatic and Syntactic Dictionary of English*（ISED：日本版書名『新英英大辞典』）に盛り込まれている（Hornby *et al.* 1942）。

　ホーンビーは1941年に日本を離れたが，ISEDはその後に日本で出版された。

戦後，オックスフォード大学出版局がこの辞書に興味を示し，1948年に *A Learner's Dictionary of Current English* として英国でも出版された。1952年には書名が *Advanced Learner's Dictionary of Current English* に変更され，1974年に刊行された第3版以降では *Oxford Advanced Learner's Dictionary of Current English*（日本版書名『オックスフォード現代英英辞典』）になり，今では OALD という頭文字語で知られている。第3版までの OALD は，上級学習英英辞典市場を独占しており，初版と第2版だけで700万部という膨大な部数が売れたという（Hebert 1974）。OALD の編集方針を知るために，次に示す confide（動詞）と confidence（名詞）の記述に目を通してみよう。

con·fide/kənˈfaɪd/*vt, vi* **1** [VP14] **~ sth/sb to sb,** tell secrets to sb; give (sth or sb to sb) to be looked after; give (a task or duty to sb): *He ~d his troubles to a friend. The children were ~d to the care of the ship's captain. She ~d to me that* . . . . **2** [VP3A] **~ in,** have trust or faith in: *Can I ~ in his honesty? There's no one here I can ~ in.* **con·fid·ing** *adj* truthful; trusting: *The girl is of a confiding nature,* ready to trust others, unsuspicious. **con·fid·ing·ly** *adv*

con·fide /.../ 他 自 **1**［動詞型14］~〈物・人〉to〈人〉]〈人〉に秘密を告げる；(〈人〉に〈物・人〉を) 預けて世話してもらう；(〈仕事・義務〉を〈人〉に) ゆだねる：He ~d his troubles to a friend. 彼は友達に抱えている問題を告白した。The children were ~d to the care of the ship's captain. 子供たちは船長の世話にゆだねられた。She ~d to me that . . . . 彼女は私に…と告げた。**2**［動詞型3 A］[~ in] …を信頼する：Can I ~ in his honesty? 彼の誠実さを信じていいかな。There's no one here I can ~ in. ここには信頼できる人は誰もいない。**con·fid·ing** 形　信頼できる；信頼する：The girl is of a confiding nature, その少女は，人を信頼するたちである（＝他人をすぐ信用し，疑うことがない）。**con·fid·ing·ly** 副

con·fi·dence/ˈkɑnfɪdəns/ *n* **1** [U] (act of) confiding in or to. **in strict ~**, expecting sth to be kept secret: *I'm telling you this in strict ~.* **take a person into one's ~,** tell him one's secrets, etc. **'~ man/trickster,** one who swindles people in this way. **2** [C] secret which is confided to sb: *The two girls sat in a corner exchanging ~s about the young men they knew.* **3** [U] belief in oneself or others or in what is said, reported, etc.; belief that one is right or that one is able to do sth: *to have/lose ~ in sb; to put little/complete/no ~ in sb/ sth; Don't put too much ~ in what the newspapers say. There is a lack of ~ in the government,* People do not feel that its policies are wise. *I hope he will justify* my ~ in him/my ~ that he will do well. *The prisoner answered the questions with* ~.

con・fi・dence /.../ 名 **1** [U] 信頼したり，秘密を告げたりすること（その行為）．**in strict** ~ （物・事の）秘密が守られると予期している：I'm telling you this in strict ~. これは内緒の話だよ．**take a person into one's** ~ 自分の秘密などを人に告げる．'~ **an/trickster** 秘密を打ち明けるふりをして他人をだます人．**2** [C] 人に告げられた秘密：The two girls sat in a corner exchanging ~s about the young men they knew. 2人の少女は隅に座って，知りあいの若い男についての秘密を打ち明けあっていた．**3** [U] 自分自身・他人・発言内容に対する信頼；人が正しいこと，人が何かをできることに対する信頼：to have/lose ~ in sb〈人〉を信頼する［~に対する信頼を失う］; to put little/complete/no ~ in sb/sth〈人・物〉をほとんど信頼しない［完全に信頼する，全く信頼しない］; Don't put too much ~ in what the newspapers say. 新聞に書いていることをあまり信頼してはいけない．There is a lack of ~ in the government 政府への信頼が欠如している（＝政府の政策が愚かだと人々が感じている）．I hope he will justify my ~ in him/my ~ that he will do well. 私の信頼［彼ならうまくやるだろうという私の信頼］に彼が応えてくれるよう望む．The prisoner answered the questions with ~. 囚人は質問に自信をもって答えた．

~ sth/sb to sb（＝confide something/someone to someone）という文型表示，および，VP（＝verb pattern：動詞型），U（＝uncountable：不可算名詞），C（＝countable：可算名詞）などのコード表示によって，文法パターンに関する情報が盛り込まれていることに気がつく．また，文法パターンを詳述し，典型的コロケーション（to put little/complete/no ~ in ...）を特定するために用例が広範囲にわたって使われているほか，定型句（in strict ~）も含まれている．定義はかなり簡潔であるものの，必要な場合は用例にも解説がつけられている（*The girl is of a confiding nature*, ready to trust others, unsuspicious）．用例の多くは作例であり，中にはかなり古めかしいものも見受けられる．動詞型は，辞書の前付けの部分で例を交えながら解説がなされている．見出し語や派生語の綴りの途中に点が打たれていることにも注目する必要がある．これは，英語を書く際に，行末で分かち書くことができる「語の分綴位置」を示している．

OALD にとっての最初のライバルは，1978年にポール・プロクター（Paul Proctor）の編集によりロングマン社から刊行された *Longman Dictionary of*

Contemporary English（LDOCE）であった。LDOCEには多くの改善点や新機軸が盛り込まれていたが，その中で最も重要なものは，語数を制限した定義語彙（defining vocabulary）を採用したことであろう。LDOCEの執筆者は，すべての語義をわずか2000語の基本的な英単語だけで定義することを試みたのである。定義語彙のリストは巻末に記載されている。どうしても定義語彙以外を使わないと定義ができない場合は，その語はスモールキャピタルの活字体で表記され，辞書で当該見出し項目を相互参照して意味を把握するよう指示されている。実際には，定義語彙に入る語の多くが複数の意味を持っている。また，リストには派生接辞も含まれており，リスト内の語に派生接辞を付けて利用することもできる。編集の最終段階で，辞書本文がコンピュータ・プログラムにかけられ，すべての定義に関して，定義語彙以外の語が用いられていないか，やむを得ず使った場合はスモールキャピタルになっているかがチェックされた。

　LDOCEはまた，特に動詞の統語法について，文法情報のコード化の改善を試みた。OALDでホーンビー（Hornby）が編み出した動詞型は重要な新機軸ではあったが，25もの動詞型（下位区分まで含めると50以上）を覚えようとすると，それを常に調べなくてはならなかった。たしかに，辞書をよく引くユーザーなら，少なくとも一般性の高い動詞型は暗記するであろうが，動詞型の番号から実際の形を連想することはできない。LDOCEでは，動詞・形容詞・名詞のすべてに共通する，アルファベット＋数字からなるコードを導入した。アルファベットは，T（＝Transitive：他動詞），I（＝Intransitive：自動詞）のように，可能な限り記憶しやすいものとした。数字は，ϕ（ファイ）：「何も後続しない」（すなわち，Iϕは完全自動詞を表す），1：「名詞(句)や代名詞を伴う」，5：「that節を伴う」というように，補語や修飾語句の種類などを表している。文法コードの表は，参照しやすいように背表紙カバーの見返し部分に記載されている。LDOCEにおける文法コードの改良は，学習者がより覚えやすく，使いやすいコード体系にすることで，文法コードを理解しやすくすることが目的であった。しかしながら，辞書使用者の行動に関する研究（Béjoint 1981など）で明らかになったところでは，ほとんどの学生は自分の使っている辞書の文法コードを活用していないし，それどころか，コードを理解さえしていなかった。彼らは用例から文法的な情報を拾い集めていたのである。

　LDOCE第2版は初版から9年後の1987年に出版されたが，同年，*Collins COBUILD English Dictionary*（COBUILD）も出版された。同辞書は，学習者用1言語辞書としては3冊目に当たるもので，多くの新機軸を備えていた。コ

ウビルド計画は，グラスゴーを拠点とする出版社，ウィリアム・コリンズ＆サンズ有限会社の後援を受け，バーミンガム大学英語学教授であるジョン・シンクレア（John Sinclair）によって始められた。本計画の目的は，「コリンズ社・バーミンガム大学国際言語データベース」(the **C**ollins/**B**irmingham University International **L**anguage **D**atabase) というコンピュータ・コーパスをもとに，学習英英辞典を編纂することであった。初版のCOBUILDの執筆者は，730万語のテキストデータに加え，1300万語の「予備コーパス」(reserved corpus) を利用することができた。その後，COBUILDコーパスは「ザ・バンク・オブ・イングリッシュ」(The Bank of English) と改称され，今では4億語をこえる容量になっている［訳注：3.4参照］。大規模コーパスを利用することで，辞書執筆者は，語や語義の相対的な出現頻度に関して信頼のおける情報を確認できるようになった。さらに重要なのは，コンコーダンスの形で情報を得ることで，語や語義が収録に値するか否かを決定するための客観的な資料が得られるようになったということである。コーパスを辞書編纂に用いることは，単に目新しいだけでなく，革命的でさえあった。今ではすべての学習者用1言語辞書だけでなく，母語話者用辞書の多くも，編集に際してコーパスを活用していると標榜している。

　COBUILDは，コンピュータ・コーパスをもとにした初めての辞書であること以外にも，いくつかの新機軸が見られる。第一に，すべての定義が完全な文章で書かれていることである。まるで，教室で単語の意味を教師が説明しているような感じであり，その語が典型的に用いられる文脈情報も得られる。次の例で考えてみよう。

> **joyride**　If someone goes on *joyride,* they steal a car and drive around in it at high speed.（もし人が joyride するとしたら，その人は車を盗み，猛スピードでそれを乗り回すということだ）
>
> **jukebox**　A *jukebox* is a record player in a place such as a pub or a bar. You put a coin in and choose the record you want to hear.（jukebox とは，パブやバーなどの場所に置かれたレコードプレーヤーで，硬貨を入れて聞きたいレコードを選ぶことができる）
>
> **junk**　You can use *junk* to refer to old and second-hand goods that people buy and collect.（人々が買ったり収集したりする古物や中古品に対して junk という語を使うことができる）

　第2の特徴は，微細な修正や短縮をすることはあるものの，すべての用例が

「本物の英語」(real English) であるコーパスから抜粋されたことである [訳注:"Helping learners with *real* English" というのが同辞書のキャッチフレーズであるが,初期の版の用例には,文脈がないため理解しにくいものも少なくなかった]。第3の特徴は,文法に関する情報を主項目の中に盛り込まないで,主項目欄の右側に追加された「欄外コラム」(extra column) に収録し,あわせて類義語や反義語もそこに記載したことである。第4の特徴は,1つのスペリングにつき見出し語を1つにまとめ,その中で頻度順に語義を配列したことである。規則変化・不規則変化に関係なく変化形はすべて示されていて,語義ごとに改行されている。また,ほとんどすべての語義には,最低1個の用例が付されている。

　1995年は,OALD が第5版に,LDOCE が第3版に,また COBUILD が第2版に相次いで改訂された年であり,「辞書の年」と言ってもよい。同年には,また,LDOCE 初版の編集主幹であったポール・プロクター (Paul Proctor) 編集による *Cambridge International Dictionary of English* (CIDE) が,最新の学習者用1言語辞書として市場に参入してきた。CIDE は,見出し語の配列に関しては COBUILD と逆のスタンスをとった。すなわち,同じ綴りであれば語義や品詞に関係なくすべて1つの見出し語におさめるのではなく,主要な語義は別々の見出し語にして,見出し語の直後に置かれたガイドワード (guide word) により区別をした。例えば,job には,**job** employment (雇用), **job** piece of work (個々の仕事), **job** duty (義務), **job** problem (問題), **job** example (例), **job** crime (犯罪) という6つの項目が存在する。CIDE では,あらゆる文法パターンを用例で示し,用例はまた典型的なコロケーションも示している。CIDE は個々の語が形成する句表現の可能性に注目しており,網羅的な「成句索引」(phrase index) が掲載されている。索引中において,成句はそれを構成するすべての語の見出し語項目内に記載されており,各々の項目から,当該成句が記載されているページ数・段数・行数への参照指示が明記されている [訳注:成句 take into account を例にとると,この成句は巻末のアルファベット順成句索引中で A (account) の位置と T (take) の位置に二重に収録されており,どちらを引いても 9R79 という記号が記載されている。これは,当該成句が辞書本体の9ページ目 (account の見出し項目内) の右欄 (Right) 79行目で解説されていることを示している]。CIDE では,イギリス英語だけでなくアメリカ英語やオーストラリア英語も扱われている。また,「空似ことば」(false friends) という欄では,日本語・韓国 (朝鮮) 語・タイ語などの16言語と英語の間で意味

の紛らわしい単語を比較している［訳注：日本語の例としては,「エゴ」という外来語に相当する語が ego ではなく，正しくは selfishness であることなどが述べられている］。CIDE が学習英英辞書の中で唯一 International（国際的な）を書名に冠している所以でもあろう。「空似ことば」欄は，英語の学習者コーパスである「ケンブリッジ学習者コーパス」(Cambridge Learner Corpus) を分析して書かれており，辞書本文は1億語のコーパスである「ケンブリッジ言語調査コーパス」(Cambridge Language Survey Corpus) に基づいている［訳注：CIDE 改訂版に相当する Cambridge Advanced Learner's Dictionary (CALD) (2003) では，「空似ことば」欄は割愛された］。

外国語として英語を教える EFL 市場は，出版社にとっては利益の得られるものであり，学習者用1言語辞書は教科書・文法書・リーディング教本といった EFL 教材の中で，学習者と教師の両方の需要に応える唯一の物である。出版社にとっては，競争力の大きさが改訂や新機軸の導入の刺激となり，改訂版が出るたびに明らかな進化が認められる。それに加え，学習者用1言語辞書の辞書編纂論は，実際の辞書執筆者（Rundell 1998 など）と辞書学者（Herbst and Popp 1999 など）の両者によって広く議論されており，最近では，学習者のニーズや彼らが備えていると期待される辞書の検索技術にも目が向けられている。

11.2 受信の際に役立つ情報

母語話者用辞書と学習者用1言語辞書の大きな相違点の1つとして，利用者が外国語を発信する（書く，話す）際の必要性を，後者は前者以上に考慮していることがあげられる（11.3参照）。受信面においては，学習者用1言語辞書と母語話者用辞書の利用者は，いずれも未知の語句の意味を調べるというニーズを持っている。しかし，辞書の中から必要な情報を見つけだしたり，適切な語義が見つかった時にそれを理解したりすることについては，学習者用1言語辞書の利用者は，母語話者用辞書の利用者以上に困難を経験する場合もある。ここでは，表面に表れにくいこの2点に関する解決策を考えてみよう。

受信の際に辞書を引くという作業は，通常，英文を読んでいて文脈から解釈することができなかった語の適切な語義を探すために行なう。この場合，利用者は単語のスペリングをすでに知っていることが普通である。しかし，調べたい単語の発音を聞いたことはあるが，見たことがないという場合，音と綴り字を結びつけることが難しく，その結果，辞書で単語を検索するのに支障をきたすことにな

る。このような場合を想定し，LDOCE2（1987）では，表に発音と綴り字の関係（裏には文法コードの表が記載されている）が書かれた，ラミネート加工のカードが付属している。もっとも，ほとんどの場合，利用者は検索しようとする語の綴りはわかっており，複数の語義の中から自分の求めるものを選別することが困難なのである。調べる単語が一般的な語であるほど，語義の数も多くなる。このような場合に効率よく検索を行なうため，多くの学習者用1言語辞書では，語義の違いがよりわかりやすくなるよう工夫を試みてきた。CIDE が複数の見出し語とそれに付随する「ガイドワード」により語義の区別を明確にしていることは以前にも述べた。LDOCE3 や OALD6 でも，1つの見出し語内で CIDE と似た解決策を取り入れている［訳注：LDOCE では「サインポスト」(sign post)，OALD では「ショートカット」(shortcut) と呼ぶ］。以下は stamp の例である。

 CIDE: **stamp** letter, **stamp** foot, **stamp** mark, **stamp** quality.
 stamp 郵便，**stamp** 足，**stamp** 印，**stamp** 特質

 LDOCE3: **stamp**[1] n 1 MAIL, 2 TOOL, 3 the stamp of sth, 4 PAYMENT, 5 TAX, 6 IN A SHOP, 7 a man/woman of his/her stamp; **stamp**[2] v 1 FOOT, 2 stamp your foot, 3 stamp your feet, 4 MAKE A MARK, 5 stamp on sb/sth, 6 AFFECT SB/STH, 7 stamp sb as sth, 8 MAIL.
 stamp[1]（名）　1郵便，2道具，3…の特質，4支払い，5税金，6買物で，7…の性格を持つ者；**stamp**[2]（動）1足，2足を踏みならす，3足踏みをする，4印を付ける，5…を踏み［握り］つぶす，6影響を与える，7…に（…として）印象づける，8郵便を出す

 OALD6: **stamp** noun ON LETTER/PACKAGE 1, PRINTING TOOL 2, PRINTED DESIGN/WORDS 3, PROOF OF PAYMENT 4, CHARACTER/QUALITY 5, 6, OF FOOT 7; verb FOOT 1, WALK 2, PRINT DESIGN/WORDS 3, SHOW FEELING/QUALITY 4, 5, ON LETTER/PACKAGE 6, CUT OUT OBJECT 7.
 stamp（名詞）手紙・小包の上に1，印刷道具2，印刷された図・文字3，支払い証明4，性格・特質5，6，足による7；（動詞）足1，歩く2，図や文字を印刷する3，感情や性格を表に出す4，5，手紙や小包に6，物を打ち抜く7

こうした工夫を行う目的は，検索対象語の存在する文脈にガイドワードを関連付

けることで，見出し項目をざっと一瞥し，自分の検索に関連した意味をすばやく見つけられるようにするためである。

　受信の際に生じる別の問題点として，引いた語義が理解できるかどうかということがある。先に，LDOCE が特別に統制された定義語彙を採用したことにふれた。一定範囲の語彙で定義を行なうことの必要性は，LDOCE 以前に，初版の OALD の編者も認識していた。LDOCE，OALD，CIDE の現行の版では，いずれも定義語彙が採用されており，そのリストは各辞書の付録に記載されている［訳注：OALD6 は約3000語，CIDE は約2000語を使用］。COBUILD では，定義語彙を採用する代わりに，文定義をすることで，語義を理解しやすいものにしている。文定義はその後，部分的ではあるが，他の学習者用1言語辞書にも波及している。名詞 knuckle（指関節）の例を以下に示そう。

> **OALD6**: any of the joints in the fingers, especially those connecting the fingers with the rest of the hand － picture at BODY
> 指の関節の1つ1つ，特に指とそれ以外の腕をつないでいる（指の付け根にある）もの。BODY の項にある図版を参照。
>
> **LDOCE3**: the joints in your fingers including the ones where your fingers join your hands
> 指が腕とつながっているところのものを含めた，指の関節。
>
> **COBUILD3**: Your **knuckles** are the rounded pieces of bone that form lumps on your hands where your fingers join your hands, and where your fingers bend.
> knuckles は，指が手とつながる部分や指が曲がる場所にこぶを形づくる丸い骨の部分である。
>
> **CIDE**: one of the joints of the fingers, esp. between the hand and the fingers ... PIC **Body**.
> 指の関節の1つ。特に，手と指の間にある物をいう。body の図版参照。

ここで気づくのは，4冊のうち2冊（OALD6とCIDE）は図版（挿し絵）への参照指示をしているということである。なお，LDOCE には参照指示はないものの，図版は収録されている。COBUILD には図版は一切収録されていない［訳注：最新の COBUILD4（2003）では巻末に8ページの集合図版を収録］。通常，挿し絵は線画であり，本文の至る所に散らばっている。しかしながら，LDOCE3とOALD6には1ページ大の図版が収録されている。特に具体的な物

を表す名詞においては，図版は言葉による定義を補完する。body のように，集合図版を用いれば，同じ概念を持つ語をいっぺんに示すことが可能となる語もある。

次に，動詞の smear（塗りつける）の定義を比較してみよう。

> **OALD6**: to spread an OILY or soft substance over a surface in a rough or careless way
> 油を含んだ，または柔らかい物質を，表面に乱暴な，または無造作なやり方で塗ること。
>
> **LDOCE3**: to spread a liquid or soft substance over a surface, especially carelessly or untidily
> 液体や柔らかい物質を表面に（特に無造作に，または乱雑に）塗ること。
>
> **COBUILD3**: If you **smear** a surface with an oily or sticky substance or **smear** the substance onto the surface, you spread a layer of the substance over the surface.
> 表面に油を含んだまたはねばねばした物質を smear する，または，物質を表面に smear するということは，物質の層を表面に塗り広げるということである。
>
> **CIDE**: to spread (a thick liquid or a soft sticky substance) over a surface.
> （どろりとした液体や柔らかくてねばねばした物体を）表面に塗ること。

すべての辞書において，spread（薄く塗る），liquid/soft substance（柔らかい物質），over surface（表面に）という重要な構成要素が含まれている。OALD6 と LDOCE3 には，さらに carelessly（無造作に）という要素も加わっている。なお，OALD6 の oily が大文字になっているが，これは定義語彙に入っていない語という意味である。COBUILD3 は定義語彙を用いていないのでそのような制約はない。ここで注目したいのは，CIDE の定義にあるカッコ書きである。これは伝統的な約束事であり，典型的なコロケーション（この場合，動詞がとりうる目的語）を示している。COBUILD3 の定義は動詞型を示しているのでかなり難解である（*smear* a surface *with* a substance/*smear* a substance *on* a surface）。このような情報は他の辞書では文型として表示する（～ sth on/over sth ｜ ～ sth with sth －OALD6）か，用例の中で示している（... smeared the walls of their cells **with** excrement －CIDE）。

今度は，抽象形容詞の versatile（多才な・万能の）を見てみよう。

OALD6: (*approving*) **1** (of a person) able to do many different things. **2** (of food, a building, etc.) having many different uses
（ほめて）**1**（人が）多くの異なったことをすることができる。**2**（食べ物，建物などが）多くの異なった用途がある。

LDOCE3: *approving* **1** good at doing a lot of different things and able to learn new skills quickly and easily. **2** having many different uses
ほめて **1** たくさんの異なったことをすることが得意であり，新しいことを短時間で簡単に身につけることができる。**2** 多くの異なった用途がある。

COBUILD3: **1** If you say that a person is **versatile,** you approve of them because they have many different skills. **2** A tool, machine, or material that is **versatile** can be used for many different purposes.
1 人が versatile であるということは，その人がさまざまな異なった技術を備えていることを認めているということである。**2** 道具や機械，材料が versatile であるということは，さまざまな異なった目的に使えるということである。

CIDE: able to change easily from one activity to another or able to be used for many different purposes.
ある活動から別のものへ容易に変わることができる，または，多くの異なった目的に使うことができる。

CIDE 以外の辞書では，人に対して使う場合と物に対して使う場合を区別している。LDOCE はそれほど明確に区別していないが，4種の学習者用1言語辞書のすべてが，両者の区別が明確になるような用例を収録している。もっとも，「物」として versatile が使える範囲は明確ではない。OALD は食べ物や建物と述べているが，COBUILD では道具・機械・材料としている。OALD と LDOCE では *approving*（ほめて）という，話者の態度を表すラベルをつけているが，COBUILD では定義の中に組み込まれている。また，CIDE では言及されていない。このような例からも，最近の学習者用1言語辞書が，学習者にとって理解しやすい定義にすることにいかに工夫を凝らしているかを垣間見ることができよう。

11.3　発信の際に役立つ情報

受信の際，学習者は2言語辞書を引くことが多いであろうが，発信の際には，

学習者用1言語辞書の方が2言語辞書に比べて包括的かつ信頼のおける情報源になることは疑いない。学習者用1言語辞書は，学習者の発信の際，特に英語を書く際の要望をきちんと満たしてくれるのである。発信面を意識した収録情報としては，主要なものが2つあり，それ以外にも細かな付加的情報がある。

　第一の特徴は，学習者用1言語辞書では幅広い文法情報が提供されているということである（Bogaards and van der Kloot 2001 参照）。そのため，利用者は文法的に自然な英文を組み立てることができる。名詞の場合は，ホーンビー（Hornby）らによる OALD 初版以来，可算名詞と不可算名詞の区別が示されており，C，U の表記が一般に用いられている。形容詞の場合は，比較変化の有無や，文法的な位置の制約（限定的にのみ用いられるか，叙述的にのみ用いられるか）を示す必要がある。次に，mere（単なる）の見出し語を比較してみよう。

> **OALD6**：［only before noun］（*superlative* **merest**, no *comparative*）
> ［名詞の前で］（最上級 merest，比較級なし）
>
> **LDOCE3**：［only before noun, no comparative］
> ［名詞の前で，比較級なし］
>
> **COBUILD3**: **merest Mere** does not have a comparative form. The superlative form **merest** is used to emphasize how small something is, rather than in comparisons. ADJn
> mere には比較級はない。最上級である merest は，比較をするというよりもある物がいかに小さいかを強調するために使われる。［形容詞＋名詞］
>
> **CIDE**：［not gradable］
> ［段階的形容詞ではない］

ここでは，COBUILD3 が最も詳細で明確な情報を提供している。欄外コラムにある ADJn という表記は形容詞（ADJ）である mere が名詞（n: noun）の直前位置でのみ用いられることを示している。OALD6 と LDOCE3 では，only before noun と書かれている。CIDE はもっとも情報が少ないが，merest が独立した見出し語になっており，そこに記載されている用例は限定用法のみであることからわかる。

　発信に関する情報で最も重要になるのは，動詞に関するものである。なぜなら，動詞は文の中核的要素であり，それが出現する節・文の統語法をかなりのところまで決定するからである（Jackson 2002）。ホーンビーや彼の同僚たちは，学習者用英英辞書の萌芽期にこの点を特に重視した。重要な問題は，情報をどう

提示するかである。当初の解決策（OALD1, OALD2）は，コード化して用例を付与するという方法であったが，後に OALD3 では文型を載せるようになった。動詞 propose の記述を OALD2 と OALD3 で比較してみよう。

OALD2: *v.t. & i. 1.* (VP 1, 2, 11, 17B) offer or put forward for consideration, as a suggestion, plan, or purpose: *I ~ an early start (to start early, that we should start early, starting early). We ~ leaving at noon. The motion was ~d by Mr X and seconded by Mr Y.* **~ a toast (sb.'s health)**, ask persons to drink sb.'s health or happiness. **2.** (VP 1, 21) offer marriage (to sb.): *Did he ~ (marriage) to you?* **3.** put forward (sb.'s name) (*for* an office, *for* membership of a club, etc.): *I ~ Mr Smith for chairman. Will you please ~ me for your club?*

他自 **1.** (VP1,2,11,17B)提案，計画，目的として，検討のために提案したり推薦をする：I 〜 an early start (to start early, that we should start early, starting early). 早く出発することを提案します。We 〜 leaving at noon. 正午に出発することを提案いたします。The motion was 〜 d by Mr X and seconded by Mr Y. 動議はX氏が提出し，Y氏が支持した。 〜 **a toast (sb.'s health)** 人に（人の健康や幸福を願って）乾杯をする。**2.** (VP1,12)求婚する：Did he 〜 (marriage) to you? 彼はあなたにプロポーズしましたか。**3.** （人の名前を）（会社やクラブの会員になるために）推薦する：I 〜 Mr Smith for chairman. スミス氏を議長に推薦します。Will you please 〜 me for your club? 君のクラブに僕を推薦してくれないか。

OALD3: *vt, vi* **1** [VP6A,D,7A,9] offer or put forward for consideration, as a suggestion, plan or purpose: *I ~ starting early/an early start/to start early/ that we should start early. We ~ leaving at noon. The motion was ~d by Mr X and seconded by Mr Y.* **~ a toast/sb's health**, ask persons to drink sb's health or happiness. **2** [VP6A,2A] **~ (marriage) (to sb)**, offer marriage. **3** [VP14] **~ sb (for sth)**, put forward (sb's name) for an office/for membership of a club/etc: *I ~ Mr Smith for chairman. Will you please ~ me for your club?*

他自 **1** (VP6A,D,7A,9)提案，計画，目的として，検討のために提案したり推薦をする：I 〜 starting early/an early start/to start early/that we should start early. 早く出発することを提案します。We 〜 leaving at noon. 正午に出発することを提案いたします。The motion was 〜 d by Mr X and seconded by Mr Y. 動議はX氏が提出し，Y氏が支持した。~ **a toast** (**sb's health**) 人に（人の健康や幸福を願って）乾杯をする。**2** (VP6A,2A) ~ (**marriage**) (**to sb**),（人に）（結婚）を申し込む。**3** (VP14) ~ **sb** (**for sth**),（人の名前を）（会社やクラブの会員になるために）推薦する：I ~ Mr Smith for chairman. スミス氏を議長に推薦します。Will you please ~ me for your club? 君のクラブに僕を推薦してくれないか。

OALD4以降では動詞型はなくなった。最新のOALD6では，文型が用例と関連づけられたので，文法コードと用例が連携して機能するようになった。

OALD6: *verb*

SUGGEST PLAN **1** (*formal*) to suggest a plan, an idea, etc. for people to think about and decide on: [VN] *The government proposed changes to the voting system.* ◇ *What would you propose?* ◇ [Vthat] *She proposed that the book be banned.* ◇ (*BrE also*) *She proposed that the book should be banned.* ◇ [VNthat] *It was proposed that the president be elected for a period of two years.* ◇ [V-ing] *He proposed changing the name of the company.* ◇ [VNtoinf] *It was proposed to pay the money from public funds.* HELP This pattern is only used in the passive. INTEND **2** to intend to do sth: [Vtoinf] *What do you propose to do now?* ◇ [V-ing] *How do you propose getting home?*

MARRIAGE **3** ~ (**sth**) (**to sb**) to ask sb to marry you: [V] *He was afraid that if he proposed she might refuse.* ◇ *She proposed to me!* ◇ [VN] *to propose marriage.*

AT FORMAL MEETING **4** [VN] ~ **sth** | ~ **sb** (**for/as sth**) to suggest sth at a formal meeting and ask people to vote on it: *I propose Tom Ellis for chairman.* ◇ *to* **propose a motion** (= to be the main speaker in support of an idea at a formal debate) − compare OPPOSE, SECOND

SUGGEST EXPLANATION **5** [VN] (*formal*) to suggest an explanation of sth for people to consider **SYN** PROPOUND: *She proposed a possible solution to the mystery.*

IDM propose a toast (**to sb**) | **propose sb's health** to ask people to wish sb health, happiness and success by raising their glasses and drinking: *I'd like to propose a toast to the bride and groom.*

［計画を提案する］　**1**（正式）人々が検討し，決断を下せるように，計画・考えなどを提案すること：[VN] The government proposed changes to

the voting system. 政府は投票制度の変革を提案した。◇ What would you propose? どんなことをご提案になりたいのですか。◇［V that］ She proposed that the book be banned. その本は発禁にすべきだと彼女は提案した。◇（イギリス英語ではまた次のようにも言う）She proposed that the book should be banned.◇［VN that］It was proposed that the president be elected for a period of two years. 大統領は２年を任期として選出するということが提案された。◇［V -ing］He proposed changing the name of the company. 彼は会社の名称変更を提案した。◇［VN to 不定詞］It was proposed to pay the money from public funds. 公債から金を支出することが提案された。［HELP ガイド］この文型は受身でのみ使用。
［意図する］2 何かをしようと意図する：［V to 不定詞］What do you propose to do now? 何をしようと思っているんですか。◇［V -ing］How do you propose getting home? どうやって家に帰るつもりなの。

［結婚］3 ～ (sth)(to sb) 結婚してくれるよう〈人〉に求める：［V］He was afraid that if he proposed she might refuse. もし求婚したら彼女に断られるかもしれないと彼は心配していた。◇ She proposed to me! 彼女、俺にプロポーズしてくれたんだ。◇［VN］to propose marriage 結婚を申し込む。

［公式の会合で］4［VN］～ sth｜～ sb (for/as sth) 公式の会議で何かを申し出る、人々にそれに票を投ずるよう頼む：I propose Tom Ellis for chairman. 議長にトム・エリスを提案します。◇ to propose a motion 動議を提出する（＝公式の議論の場で、ある考えを支持して主たる発言者になること）。OPPOSE, SECOND と比較せよ。

［説明を申し出る］5［VN］（正式）人々が検討できるよう、物事の説明をすること。［同義語］PROPOUND: She proposed a possible solution to the mystery. 彼女はその謎に対して、可能性のある解決法を説明した。

［イディオム］propose a toast (to sb)｜propose sb's health 人の健康・幸福・成功を願い、グラスを持ち上げてそれを飲むよう人々に言うこと：I'd like to propose a toast to the bride and groom. 新郎新婦に乾杯しましょう。

ここからも見て取れるように、文型表示（［V that］、～ sb (for/as sth)）、用例（She proposed that the book be banned）、そして慣用句（propose a motion）などのさまざまな方法で、統語形態などの情報を伝えようとしている。CIDE では、次の例からもわかるように、文法コードと用例はより完全な形で連携して

いる。

propose (obj) SUGGEST v to offer or state (a possible plan or action) for other people to consider • *I propose **that** we wait until the budget has been announced before committing ourselves to any expenditure.* [+ *that* clause] *He proposed deal**ing** directly with the suppliers.* [+ v-ing] *She proposed a boycott of the meeting.* [T] • *He proposed a **motion** that the chairman resign.* [T] • To propose someone is to suggest them for a position or for membership of an organization: *To be nominated for union president you need one person to propose you and another to second you.* [T] • If you propose (**to** a person) you ask someone to marry you: *I remember the night your father proposed to me.* [I] ○ *She felt sure he was going to propose.* [I]

propose（目）［提案する］動（可能性のある計画や行動を）他人に検討するように申し出る，または述べる・I propose **that** we wait until the budget has been announced before committing ourselves to any expenditure. 予算が発表されるまで，いかなる支出の約束もしないで待つことを提案します。［＋that 節］He proposed deal**ing** directly with the suppliers. 彼は業者と直接取引することを提案した。［＋ing 形］She proposed a boycott of the meeting. 彼女は会議への参加を拒否することを提案した。［他］・He proposed a **motion** that the chairman resign. 議長は辞職すべきだという**動議**を提出した。［他］・人を propose するということは地位や組織の会員になることを提案するということである：To be nominated for union president you need one person to propose you and another to second you. 組合の会長に推薦されるには，推薦者1名と支持者1名が必要です。［他］（人に）propose するということは，結婚してほしいと頼むことである：I remember the night your father proposed to me. お父さんが私にプロポーズした夜のことを覚えているわ。［自］○ She felt sure he was going to propose. 彼がきっとプロポーズをしてくるだろうと感じた。［自］

文法コードを用いた文型表示は，用例の最後に角かっこで記載されている。また，用例の中で太字になっている箇所も文法パターンを示している。先にも述べたように COBUILD では完全文による定義のおかげで，定義される語義の中で，実際に語が使われる形で提示することができるようになった。それに加え，欄外コラムには，語の文法的な働きに関してより明確なコードが記載されてい

る。例えば，*propose*, V n/-ing, V that, V to-inf, V *to* n, V, V n *to* n などである。

　学習者用1言語辞書が学習者に提供している発信的情報を提示する上で，第2の主要な方法は，コロケーションや成句，他の種類の語法といった語彙的なパターンに関するものである。COBUILD では，先にも述べたように定義が典型的な連語パターンを示す働きも兼ね備えている。次の propose と proposition の定義を見てみよう。

> If you **propose** a theory or explanation, you state that it is possibly or probably true, because it fits in with the evidence that you have considered.
> 理論や説明を propose するということは，すでに検討した根拠に合致するため，その説明がもしかしたら，あるいはおそらく正しいと述べるということである。
>
> If you describe something such as a task or an activity as, for example, a difficult **proposition** or an attractive **proposition**, you mean that it is difficult or pleasant to do.
> 仕事や活動といったようなことを，例えば難しい proposition である，または魅力的な proposition であると述べることは，それをすることが難しいまたは快いということである。

propose の定義の場合，you を定義に用いることで主語が人間であることを示し，目的語には theory や explanation，あるいはこれらに準ずる語を用いることを示している。proposition の定義を見ると，difficult や attractive といった形容詞が名詞の proposition と典型的に共起するということを示している。CIDE では，コロケーションは角かっこを使うという伝統的な様式で示されている（前述の propose の例を参照）が，以下の malaise（不快・不安）のように用例の中で太字によって示されることの方が多い。

> They claim it is **a symptom of** a **deeper** and more **general** malaise in society・They spoke of the feeling of moral and **spiritual** malaise, the lack of will to do anything・They were discussing the roots of the current **economic** malaise.
> 彼らはそれは，社会における**より深い**そしていっそう**全体的**な不安の**兆候**であると主張している。・彼らは何かをしたいという意志がなくなるという道徳的かつ**精神的**な倦怠感について話した。・彼らは現在の**経済的**沈滞の原因

を話し合っていた。

この例を見れば，malaise に付随する代表的な形容詞には，deep, general, spiritual, economic などがあり，これらの形容詞は a symptom of ... malaise という形で用いられることがわかる。OALD6 では，コロケーションに関する学習ページを設けているが，用例の中で代表的なコロケーションを示すことも重視している。malaise については以下のようになっている。

> economic/financial/social malaise, a serious malaise among the staff
> 経済的・財政的・社会的沈滞，職員内での深刻な沈滞

sample についての用例は以下のようになっている。

> The interviews were given to a **random sample** of students. The survey covers a **representative sample** of schools. a sample survey. a blood sample. Samples of the water contained pesticide. 'I'd like to see a sample of your work,' said the manager. a **free sample** of shampoo. sample exam papers.
> 面接は**無作為抽出**された学生に実施された。調査は代表的な学校をカバーしている。標本調査。血液のサンプル。水質サンプルから殺虫剤が検出された。「君の仕事の実例を見たいね」と部長が言った。シャンプーの**無料試供品**。答案用紙のサンプル（標本）。

重要なコロケーションは，用例の中では太字で示されている。LDOCE では，コロケーションや定型句は語義の中で太字で示し，その後に説明または用例のどちらか，あるいは両方を載せている。例えば，door の定義では次のような内容が示されている。

> open/close/shut/slam the door（ドアを開ける［閉める，閉じる，バタンと閉める］），knock on/at the door（ドアをノックする），kitchen/bathroom/ bedroom etc door（台所［浴室，寝室など］のドア），front/back/side door（正面［裏，横］のドア），revolving/sliding/swing doors（回転ドア/引き戸/スウィングドア），at the door（戸口で），answer the door（玄関に出る），show/see sb to the door（〈人〉を玄関まで見送る），two/three doors down etc（2[3]軒先），(from) door to door（戸口から戸口へ），out of doors（戸外で），behind closed doors（非公開で），show sb the door（〈人〉を追い出す），lay sth at sb's door（〈事〉を〈人〉のせいに

する），be on the door（入り口で仕事をする），an open door policy（門戸開放政策），open doors for sb（〈人〉のためにドアを開けてやる），open the door to（…に道を開く），shut/close the door on（…に門戸を閉ざす），at death's door（死に瀕している）

　学習者用1言語辞書は，文法的・語彙的パターンのいずれも重視している。このような情報の扱いは，ホーンビーと彼の同僚たちが，英語学習者が発信をする際にそれが必要度の高い情報であると認識して以来，大いなる進歩を遂げたのである。
　学習者が発信をする際の必要性に関して，他に注意が払われている情報としては次の2点があげられる。1点目は，同義性や反義性といった意味の関係（2.3.3参照）である。学習英英辞典の中でも，COBUILDはこの種の情報が豊富であるが，最近の版では下位性（hyponymy）に関する情報が盛り込まれていないなど，初版に比べて情報が少なくなってきている。COBUILDの意味関係に関する情報は，欄外コラム内に，「＝」（同義語），「≠」（反義語）の記号で示されている。例えば，a heavy meal の heavy（こってりした）には「＝filling」「≠light」と示され，the air is heavy の heavy（重苦しい）には「＝oppressive」「≠cool, fresh」の表記がある。OALD6 では，同義語は **SYN**（synonym），反義語は **OPP**（opposite）で示されている。例えば，impute（～のせいにする）には **SYN** ATTRIBUTE，left-winger（左翼の人）には **OPP** RIGHT-WINGER の表記がある。しかし，COBUILD に比べればこのような情報は非常に少ない。
　発信に関する付随的情報の2つ目は，さまざまな種類の語法注記である。種類は多くないが，母語話者用辞書のようにラベルを用いているものもある。例えば，OALD6 では三角形の中に感嘆符の入った記号（△）により，その語（義）が俗語あるいは卑語であることを警告している。COBUILD2 では，「欄外コラム」の中で PRAGMATICS（語用論）というラベルを用い，語法的な情報が定義の中に含まれていることを示している。COBUILD3 ではこの情報は削除され，欄外コラムの PRAGMATICS ラベルも "disapproval"（けなして）や "informal"（略式の）などに置き換えられた。その他の学習英英辞典では，LDOCE のさまざまな種類の「語法注記」（usage note）や，OALD6 の「学習ページ」，CIDE の「ランゲージ・ポートレート」（language portrait）といったものがある。OALD6 では，辞書全体にさまざまな囲み記事がある。例えば，

「語彙力養成」(vocabulary building)（approximatelyのさまざまな言い方など），「同義語使い分け」(Which Word?)（asとlikeの使い分けなど），「イギリス英語とアメリカ英語の違い」(British/American)（already, just, yetの比較など），「文法の要点」(Grammar Point)（avengeとrevengeの使い分けなど），「語のファミリー」(Word Family)（clear, clarity, clarifyなど），「詳細情報解説」(More About)（of courseなど）などである。学習者が目標言語において正しく適切な文章を組み立てるためには，文法・意味・語用といった語についての幅広い情報が必要だということは認識されている。

11.4 付加的な情報

　11.3で述べた情報のうち，発信の際に厳密に必要とは言えない部分もある。このような情報は，辞書を引くきっかけとなった特定の作業のためだけでなく，広い意味で，学習者の英語語彙に対する知識と理解を増すことを目的としている。この種の情報の中には文化的な情報もあるが，それは単語の理解を深める文脈の中に語を置くものである。例えば，CIDEにはWORK（仕事）という囲み記事が辞書内の適当な箇所にあり，「自分の仕事・退職・失業・求職などの話題を話す際に日常会話でよく使われる一般的な単語・表現」(p. 1681)が，英米語の違いとともに扱われている。

　付加的な情報は，それぞれ関連した見出し語の近くに掲載されるため，辞書全体に散在しているものもあれば，付録や辞書の一部に差し込まれた特別ページのように1か所にまとめられているものもある。OALD6では，「パン・ケーキ・デザート」「果物・野菜」「服・生地」「動物の王国」「ゲーム・玩具」などの事物をまとめた8種のカラー図版（本文p.372とp.373の間，A1-A8）や，文法・語彙の問題，手紙や履歴書の書き方などを部分的に扱った16の「学習ページ」(p. 756とp.757の間，B1-B16)，8枚のカラー地図(p.1140とp.1141の間，C1-C8)がある。それに加えて，不規則動詞・地名・数字・句読法・文芸批評用語・語法注記索引・定義語彙一覧を盛り込んだ付録も含まれている。

　コンピュータ・コーパスを用いることで，辞書執筆者は単語や語義の出現頻度に関して，かなり信頼のおけるデータを得られるようになった。コーパスからの情報はCOBUILD初版以来，学習者用1言語辞書を特徴づけている。初期の頃から，COBUILDは辞書の中で，語の頻度情報を5個の菱形記号（◆◇など）で表していた。黒い菱形5つの語は頻度最上位の700語（例：main, paper）であ

り，4つはそれに続く1200語（例：maker, management），3つは続く1500語（例：panel, panic），2つは続く3200語（例：loyalty, lounge），1つは以上の次にくる8100語（例：malt, mandatory）となっている。このように，菱形記号を用いた頻度表記によって，「バンク・オブ・イングリッシュ」（Bank of English）コーパスにおける最も頻度の高い1万4700語を示しているのである。黒い菱形4つ以上の語（1900語）で，すべての英語の用法の75%を占めているとのことである（COBUILD2, p. xiii）。

　LDOCE3にも頻度情報が掲載されているが，こちらはCOBUILDと異なり，話し言葉と書き言葉を区別していて，それぞれ頻度上位3000語のみが示されている。頻度表示は，W（＝written：書き言葉），S（＝spoken：話し言葉）の後に1から3までの数字で表示されている。1は上位1000語，2はその次の1000語，3はその次の1000語である。例えば，commonは「S1，W1」，commitmentは「S2, W2」，competeは「S3, W3」，committeeは「S3, W1」，commentは「S1, W2」，comparisonは「S3，W2」，compensationは「W3のみ」，complicatedは「S2のみ」などである。こういった情報は上級学習者には興味深いであろうし，特に教師や授業計画策定者が，語彙項目の提示順序を考えるといった用途にも有用である。現在の学習者用1言語辞書は，1930年代から40年代にかけての初期の構想をはるかにこえて進化している。学習者に提示する情報の幅が広がったのみならず，学習者のニーズや検索技術に対してもより多くの注意が払われるようになった。今後もさらなる進化をとげることであろう。

11.5　CD-ROM版の学習辞書

　本章で述べた4種の学習者用1言語辞書はCD-ROMでも入手できる。一般的に言って，学習者用辞書は母語話者用辞書以上に幅広く電子媒体の可能性を追求しており，付加機能・相互参照機能・検索機能などが備わっている。COBUILD以外のCD-ROMは，書籍版辞書単体よりも少々高い程度の値段で，書籍版辞書同梱で入手できる［訳注：最新のCOBUILD4（2003）ではCD-ROM同梱版が出た。高機能単体版CD-ROMもResource Packとして発売されている］。ただし，OALDの場合，書籍版辞書に付属しているCD-ROMは，単体で売られているものの機能を大幅に削った「辞書本文・音声限定版」である。それぞれのCD-ROMは独自の機能を持ち，バージョンアップのたびに進化してきている。Heuberger（2000）は1990年代後半の電子版の学習者用1言

語辞書を批評しているが，本書がここで扱うものは2000-2001年に発売された電子版である。

　書籍版の第3版をもとにした LDOCE の CD-ROM 版は，2000年に発売された。これには，辞書本文・動詞変化・図版・表（数字，語形成，地名など）の4種類の情報が収録されていて，それぞれに索引が備わっている。辞典の索引にはアルファベット順の見出し語リストが含まれており，図版の索引には図版の中に示されているすべての単語の一覧がある。辞書の見出し語と図版の単語は相互に連携しており，辞書の画面でカメラのアイコンをクリックすれば図版が表示され，逆に図版の画面で単語をクリックすれば辞書の画面が表示される。同様に，辞書と動詞変化も連携しているので，動詞の変化形がわからない場合は，辞書の動詞の見出し語において「V」のアイコンをクリックすればよい。

　"choice" と書かれたボックスに単語を入れると，自動的にリストの適切な場所にジャンプする。見出し語を選択するか，スピーカーのアイコンをクリックすると発音が聴ける（イギリス英語の発音のみ）。白い円の中に×印のあるアイコンをクリックすると，検索した見出し語に関係のある「関連語」のリストが表示される。例えば，support の関連語には supporting（支持すること），child support（子供の養育費），life support system（生命維持装置），price support（政府の価格維持政策），support group（支援グループ）などがある。CD-ROM 版の LDOCE では，Book（書籍版内容）と書かれた選択メニューから Search（検索）を選ぶと，さらに2種類の応用検索を行なうことができる。1つは「本文検索」であり，and, not, or といったブール演算子で結合することにより最大3語の検索ができる。また，定義文検索や用法ラベル検索も可能である。例えば insect（昆虫）を入力して，定義内に insect という語を含む昆虫関係の語をすべて探したり，決定詞の仲間や俗語の仲間をすべて探し出すこともできる。もう1つは，ワイルドカード（「?」で任意の1文字を表し，「*」で0文字以上の任意の文字を表す）を使った見出し語検索である。例えば，「*gry」と入れれば，gry で終わるすべての語（実は angry と hungry の2語しかない！）が検索でき，「?oo?」と入れれば，単語の真ん中に「oo」を含む4文字の語がすべて検索できる。

　OALD6 の CD-ROM 版は2001年に発売され，多くの付加機能を搭載している。しかしながら，書籍版辞書に同梱で付属する「辞書本文・音声限定版」では，単体版で紹介されている機能のほとんどは実際には働かない。多くの CD-ROM 辞書と同じく，見出し語リストは左画面に入力ボックスとともに示され，

より大きな右画面には辞書本文が表示される。見出し語を選択すると，その語が含まれる複合語や，定義の中にその語の含まれる単語が現れる。スピーカーのアイコンをクリックすれば，イギリス英語，アメリカ英語それぞれの発音が再生される。「上級検索機能」(Advanced Search) は，ブール演算子により3語までの単語を組み合わせて検索できる。さらに，検索の「タイプ」や「フィルター」を選ぶことで，検索結果を絞り込むことが可能となる。「タイプ」は見出し語・成句・コロケーション・語義・用例のように辞書の特定箇所の情報に限って検索するもので，「フィルター」は品詞・使用域・地域（イギリス英語・アメリカ英語）によって検索対象を絞り込むものである。

　画面上部のタブをクリックすると，CD-ROM の付属機能にアクセスできる。タブは，3-D（3次元）検索・図版・地図・練習問題・ゲーム・その他に分かれている。「3-D 検索」と「その他」以外は説明するまでもないであろう。「その他」には，「この辞書の使い方」・「トピックス」・「ランゲージ・スタディ」など，書籍版に収録されているさまざまな補足資料が含まれている。斬新で興味深い特徴は「3-D 検索」である。これは，語彙領域 (lexical field)（同じ意味領域（12章参照）を共有するさまざまな単語）を示すクモの巣状の図を表示する［訳注：例えば Japan を検索すると，Japan を中心に放射線状に12本の線が引かれ，その先に Japan を定義に含む prebecture, yen, loquat などの語が示される。ここで loquat（ビワ）の上でダブルクリックすると，それを中心にさらにその関連語が放射線状に広がる］。そのため，利用者は検索した単語を，他に密接な関連のある単語との関係でとらえることができ，語彙増強の有用な情報となる。

　2001年に発売された COBUILD の CD-ROM 版は，書籍版の第3版に基づいており，第2版をベースにして1995年に発売された CD-ROM 版の後継となるものである。CD-ROM 版は単なる辞書以上のものであり，辞書・シソーラス・文法書・語法の手引き・「ワードバンク」(Wordbank) が統合された情報源となっている。ワードバンクとは，バンク・オブ・イングリッシュ (Bank of English) から抜粋した500万語の用例集で，そこから用例を得ることができる。検索語を入力すると，その見出し語を含む CD-ROM の全情報領域を検索するので，単一の見出し語により広範な情報が検索できる。実は，見出し語を検索する際には「見出し語項目」(Entry) と「全文」(Full Text) の2種類の方法がある。見出し語項目検索では，辞書・シソーラス・文法書・語法書など，検索語を含む項目を調べる。全文検索では，「見出し語」（検索語を含む見出し語（複合語も含む)），「解説」（検索語を語義に含む見出し語），「サンプルリスト」（検索語

を含む文法書の該当部分），「用例」（検索語を含む，辞書・語法書・文法書・ワードバンクの項目），「類義語」（辞書およびシソーラス），「反義語」（辞書のみ）の検索ができる。ここには，単語の意味や使用法を調べたり，その語を英文中で適切に使う際の手引きを求めたりする上で，相互に関連づけられた豊富な情報がある。

　辞書の表示の中にある，各単語の変化形についているスピーカーのアイコンをクリックすると，発音を聴くことができる（イギリス英語のみ）。また，辞書項目を前から後ろに，あるいは後ろから前へと順に一覧するボタンや，単語の検索履歴をたどるボタンもある。他のCD-ROM辞書と同様，定義の中の任意の語をダブルクリックすると，その単語の見出し語にジャンプする。COBUILDのCD-ROM版の大きな特徴は，さまざまな語彙的・文法的情報源を1つに統合したということである。

　CIDEのCD-ROM版は書籍版の初版（1995）をもとにしており，2000年に発売された。このCD-ROMは電子媒体の特性を生かし，書籍版辞書以上の機能を備えたという点で，最も高性能なCD-ROM辞書といえよう。この辞書は2つの独立した画面を持ち，大きさや場所を別々に変更することができる。1つは検索見出しや各種検索オプションを備えた「検索パネル」（Search Panel）である。もう1つは「内容ウインドウ」（Content Window）と呼ばれるもので，ここには，見出し語項目に加えて，練習問題・図版・学習情報（文法・文化情報・単語力増強・手紙の書き方など）などが含まれる。検索パネルの検索ボックスに単語を入れると，自動的に入力した語に関係するさまざまな単語見出しが表示される。supportを例にとると，**support**, supportable, supported, support group, **supporting**, supportive, supportively, supportiveness, support systemなどが表示される（このうち，太字の語は主見出しであり，それ以外の語は主見出しに含まれる副見出しである）。この中の任意の単語をクリックすると，入力語が含まれる見出し語や複合語，語義の中に入力語が含まれる見出し語など，さらに多くの語を見ることができる。それぞれの単語をクリックすれば，内容ウインドウに辞書の内容が表示される。イギリス英語，アメリカ英語両方の発音を聴くこともできる。

　CIDEのすべての見出し語項目には，「関連語」（Related Words）というリンクが備わっており，これをクリックすると，細かく区分・分類された語彙領域分析機能が起動する［訳注：CALD（2003）のCD-ROM版ではSMART Thesaurusと呼ばれる］。これはCIDEのCD-ROM版の非常に革新的な機能であ

る。例えば，support（BEAR）の「関連語」をクリックすると，「心理学，精神医学，精神分析」「許可と認可」「忍耐と我慢」の3種の語彙領域が表示される。3つ目を選ぶと，似たような意味を持つそれ以外の動詞の一覧が示され，さらに，似た品詞の語や句，表現（take it on the chin など）も見ることができる。語彙領域の分析結果は検索パネルで見ることができ，選択した領域に含まれるすべての語句を表示させることができる。語彙は以下の17の大領域に分類される。

1. 芸術と娯楽
2. 建築と土木工学
3. 衣服・持ち物・身の回りの手入れ
4. コミュニケーション
5. 教育
6. 金融とビジネス
7. 一般・抽象
8. 歴史
9. 生と死・生き物の世界
10. 光と色
11. 動きと場所
12. 宗教
13. 科学
14. 社会
15. スポーツ・ゲーム・余暇
16. 思想と理解
17. 戦争と軍事

それぞれの大領域には下位区分やさらにその下位区分が存在する。この機能は学習者の語彙増強に役立つのみでなく，辞書学的にはアルファベット配列の辞書と，テーマ別シソーラス（12章参照）の橋渡しをしているのである。

　CIDE の CD-ROM 版の検索パネルを使えば，その他の検索方法も可能となる。品詞，ラベル（地理的なものや使用域など），文法，範疇（見出し語，成句，語義内容，用例，語法注記など），頻度からの絞り込み検索である。文法検索は，辞書に表示されている特定の文法的特徴や構造から検索するものである。例えば，「＋目的語＋that 節」（＋object＋that clause）で検索すると，目的語の後に that 節を伴うすべての動詞（CIDE には42語）が検索される。「＋2つの目的語」（＋two objects）はすべての二重目的語を取る動詞（同152語），「動詞の後」

(after verb）は叙述用法のみで用いられるすべての形容詞（同322語），「段階的でない」(not gradable）では段階形容詞以外の形容詞（同3202語）が検索される。「頻度」の検索では，「まれ」(Rare）から「非常に頻繁」(Very Common）までの項目と「定義語彙」(Defining Vocabulary）の項目がある。「非常に頻繁」を選択すると，611語が表示され，「頻繁」(Common）を選ぶと3181語が表示される。こういった情報は教師や授業計画策定者には有益であろうし，上級学習者にも興味深いであろう。

学習者用1言語辞書のCD-ROM版は，それぞれ独自の方法によって書籍版辞書をしのぐべく，電子媒体の特性を活用し始めたところである。中でもCIDEのCD-ROM版はぬきんでているが，まだまだその特性を十全に生かしているとは言えない（Jehle 1999）。

11.6 関連文献紹介

「第3世代」までの学習者用英英辞書（OALD4, LDOCE2, COBUILD1）の発達に関しては，Cowie（1999）で述べられている。COBUILD1の編纂過程は，それに携わったジョン・シンクレアにより，Sinclair（1987）としてまとめられている。

1995年に一斉に出版された学習者用1言語辞書に関する論文は，Herbst and Popp（1999）に収録されている。Heuberger（2000）は書籍版とCD-ROM版の学習者用1言語辞書を共に論評した博士論文である。

Hausmann *et al.* (ed)（1989-91）には，学習英英辞典に関する論文が何篇か収録されている。中でも影響力のある論考は，Rundell（1998）（初出は *International Journal of Lexicography*）である。

第12章　アルファベット配列を捨てて

辞書で dictionary という語を引くと，およそ次のような定義が書かれている。

　語をアルファベット順に記載した本。語の意味・品詞・発音・語源などが記載される。　　　　　　　　　　　　　　　　　　　　　　　　（CCD4）

「辞書の語順」と「アルファベット順」は同義語である。電話帳・百科事典・各種索引といった参照図書の場合と同じく，辞書はアルファベット順の見出しを採用するものと考えられている。文字の順序をすでにアルファベット順で学習しているので，書き出された一覧リストの中からある項目を探す場合，アルファベット順は最も便利なシステムなのである。検索目的でアルファベットを使う技術は，どんなリストであっても一般的に応用できるものである。

　それゆえ，参照便覧である辞書の見出し語リストはアルファベット順に配列されるのが理想である。探すのはふつう単一項目であるから，これにより，探そうとする項目を容易に見つけられるのである。ここで検討すべきことが2つある。1つ目は，総体として語彙を記述するのにアルファベット順が最適かどうかということであり，2つ目は，辞書の収録語がアルファベット順以外で配列されている方が辞書使用者のニーズにかなう場合がありはしないかということである。

12.1　A–Z方式の欠点

　アルファベット配列の欠点の1つは，形態的に同種の語のいくらかが分かれてしまうことである。このことは，特に次に示す2種類の関係に当てはまる。1つ目は，接頭辞（2.2.2参照）が付いて派生化した語が，その語根から分かれて見出し化されることである。しかも，語根に当たる項目には，接頭辞付き派生形の存在はまったく示されていない場合が大半である。接尾辞付きの派生形は，独立見出しとして（ただしアルファベット順なので語根の近くに）記載されるか，もしくは語根となる語の下に追い込みで記載されるため，語根と派生形の関係は明瞭である。例えば，courage とその派生形 courageous はアルファベット順では

非常に近くに現れる。だが，discourage と encourage は遠くに現れ，しかもその関係付けはなされていない。問題とすべき 2 つ目の形態上の関係は，他の語類に語源の異なる対応語が存在する場合である。その大半が，古英語起源の名詞がラテン語起源の形容詞を持つ場合である。例えば，lung（肺），church（教会），mind（精神），earthquake（地震），horse（馬）などの名詞は，それぞれ，pulmonary（肺の），ecclesiastical（教会の），mental（精神の），seismic（地震の），equine（馬の）という関連する形容詞を持っている。こうした場合，*Collins English Dictionary*（CED）だと名詞の位置に「関連形容詞あり」（"Related adj."）という注記があるが，原則として辞書はこうした関連付けを行なっていない。

アルファベット配列のより重大な欠点は，総体としての語彙が特定の見方をされるようになることである。各々の語を孤立的に扱うアルファベット配列では，見出し語とその内容が記述されるだけで，語と語の間に存在する関連性がほとんど記載されない。そのため，語彙というものがあたかもばらばらの原子が寄り集まった総体であるように見えてしまうのである。音韻論・文法などの言語の他の領域と同じく，語彙は体系であり，同義・反義・包摂・部分などの範列的（paradigmatic）関係と，共起という連辞的（syntagmatic）関係を備えている（Jackson and Zé Amvela 2000, 5 章）［訳注：文の中で特定の語と実際には選択されなかったその語の代替候補語との間の縦の関係を範列的関係と呼び，特定の語とその隣り合う語の間の横の関係を連辞的関係と呼ぶ］。語彙論では，「意味［語彙］領域」（semantic [lexical] field）という概念によってこれらの関係のいくつかをとらえようとする試みがなされている（Lehrer 1974; Jackson 1988: 210-16）。語彙領域は，ある特定の経験領域について話す際に用いられる語彙素の集合である。一例をあげると，Lehrer (1974) は，料理用語の領域を広範囲に論じている。語彙領域分析で試みられるのは，語彙の総体の中で，調査対象領域について話す場合に利用可能な語彙素を特定することであり，さらに，意味および用法においてそれらが互いにどう異なっているかを提示することである。こうした分析により，総体としての語彙がどのように構造化されているかが明らかにされ始めている。特に個々の語彙領域が互いに関連し合っている場合は，構造化はより顕著である。語彙領域を構成する要素を決定する上で，規定された方法や決められた方法は存在しない。各々の研究者は，自分自身で境界線を引き，自分自身の基準を打ち立てる必要がある。こうした手法を語彙に適用して研究するためには，まだまだ多くの仕事がなされなければならない。語彙領域分析が反映さ

れた辞書では，語の提示や記述において，「話題別」（topical）や「テーマ別」（thematic）のアプローチが採用されている。

　語彙の記述に際しては，しばしば「意味論的」（semasiological）アプローチと「概念別」（onomasiological）アプローチという二項区分が立てられる。semasiological は「意味」を指すギリシャ語 semasia に由来しており，意味論的アプローチでは，形（術語・語）から意味や概念へと進み，最終的には伝統的なアルファベット配列の辞書につながる。onomasiological は「術語（term）」を指すギリシャ語 onomasia に由来しており（Kipfer 1986），概念別アプローチでは，概念から術語へと進み，最終的にはテーマや話題別に編纂されたシソーラスにつながる。この2つのアプローチを統合しようとする試みもいくらかなされているが，最も有名なものはロベール辞書出版社（Dictionnaires Le Robert）が刊行したフランス語辞典である。同書では，ほとんどの項目において同義語や反義語への相互参照が網羅的に記載されている。

> **IMMENSE** adj. **1** vx Illimité, infini. **2** Dont l'étendu, les dimensions sont considérables. → **grand, illimité, vaste.** *Perdu dans l'immense océan.* **3** Qui est très considérable en son genre (par la force, l'importance, la quantité). → **colossal, énorme.** *Une foule immense. Une immense fortune.* contr. **Infime, minuscule.**
>
> (*Le Robert Collège* 1997)

> **IMMENSE** 形 **1.** 無限の，無制限の。**2.** 拡張して，寸法がかなり大きい。→ **grand, illimité, vaste.** Perdu dans l'immense océan 巨大な海中に没して。**3.** (力・重要性・量などの) 領域において非常に大きいこと。→ **colossal, énorme.** Une foule immense 大群衆。Une immense fortune 莫大な財産。反義語：**Infime, minuscule.**

矢印は同義語を示し，(項目末尾の) 'contr.' は contraire の略語で反義語を示す。これほど体系的ではないが，同様の試みは，例えば *Longman Dictionary of the English Language,* 2nd edition (LDEL2) や *Encarta Consice English Dictionary* (ECED) などの同義語欄でも行なわれている。

> **synonyms Huge, vast, immense, enormous, mammoth, elephantine, giant, gigantic, colossal, gargantuan, titanic: huge** is a general term, expressing great size, bulk, or capacity ⟨*a huge man*⟩ ⟨*huge piles of wheat*⟩. **Vast** stresses extent or range ⟨*vast distances*⟩. **Immense** and

enormous suggest size or degree far in excess of what is usual, with **immense** sometimes implying almost infinite ⟨*immense vistas of blue sky*⟩ ⟨*enormous strength*⟩. **Mammoth** and **elephantine** suggest the large size and unwieldy nature of the animals they recall. Used figuratively, **mammoth** can mean 'excessive' or 'extravagant' ⟨*a mammoth darts tournament*⟩. **Giant** and **gigantic** suggest something abnormally large; **gigantic** is preferred for figurative use ⟨*a giant doll*⟩ ⟨*a gigantic bill for repairs*⟩. **Colossal** suggests, something of awesomely large proportions, while **titanic** implies the colossal size and primitive strength of the Titans. The hugeness of **gargantuan** is like that of Rabelais' hero: larger than life, especially with regard to food and appetites. **antonyms**, tiny, minute, minuscule. (LDEL2)

同義語：**Huge, vast, immense, enormous, mammoth, elephantine, giant, gigantic, colossal, gargantuan, titanic**：**huge** は一般的な語で大きなサイズ・容積・容量を表す⟨a huge man 大男⟩⟨huge piles of wheat 小麦の大きな山⟩。**vast** は境界や範囲を強調する⟨vast distances 広範囲⟩。**immense** と **enormous** は通常の状態をはるかに超越したサイズや程度を含意する。特に **immense** はほとんど無限を含意することもある⟨immense vistas of blue sky 青空の壮大な眺め⟩⟨enormous strength すさまじい力⟩。**mammoth** と **elephantine** は各々の語が想起させる動物につきものの大きくて手に負えないという特質を含意する。比喩的に用いた場合，**mammoth** は「過剰な」や「過度の」といった意味を持ちうる⟨a mammoth darts tournament ダーツ大競技会⟩。**giant** と **gigantic** は並外れて大きな物を含意する。**gigantic** は比喩的な用法の際により好まれる⟨a giant doll 巨大な人形⟩⟨a gigantic bill for repairs 莫大な修理代金⟩。**colossal** はすさまじく大きな割合を含意するが，一方，**titanic** は Titans［訳注：ギリシャ神話で天を肩で支えたとされる巨人神］の巨大なサイズと原初的な力を含意する。**gargantuan** の巨大さはラブレーの主人公［訳注：16世紀にフランスで書かれた『ガルガンチュアとパンタグリュエル物語』において，主人公ガルガンチュアは巨大で大食らいの王様とされる］の巨大さであり，実物以上の大きさを含意し，特に食べ物や食欲に関して用いる。反義語：tiny, minute, minuscule。

しかし，上記の記述は，従来の英語母語話者用一般辞書の記述とほぼ同程度である。学習者用辞書は，COBUILD の欄外コラム（11章参照）に見られるように，少なくとも同義語と反義語に関しては，さらに多くの情報を記載する場合が多

い。

12.2 辞書学におけるテーマ別配列の伝統

　単語リストをアルファベット順にすることは，古英語時代に学者僧が編纂したラテン語と英語の語彙集にまでさかのぼる。しかし，話題別（4.1章参照）に語彙を配列することもまた同様の起源にさかのぼるのである。後者の中で最も重要なのはアルフリック（Ælfric）の *Glossary*（『語彙集』）である。同書は彼が編纂したラテン語の *Grammar*（『文法』）の付録として出版されたものである［訳注：この業績により，彼はしばしば「文法家アルフリック」と呼ばれる］。アルフリックは955年ごろに生まれ1020年に死んだとされる。1005年にアルフリックはオックスフォード近郊のエインシャム修道院長となったが，彼の仕事には英語の初心者を対象にしたラテン語指導が含まれていた。*Glossary* は，ラテン語の単語が対応する英単語と共に複数のグループに分類されたものであった。アルフリックの業績を解説したワーナー・ヒューレン（Werner Hüllen）の著述（1999: 62ff）によれば，*Glossary* における語のグループは次のような見出しと構成を持っていた。

1　　神，天，地，人類
2.1　肉体の各部
2.2　教会の仕事
2.3　家族関係
2.4　国の仕事および道具・技術・器具
2.5　人間の性格の否定的特質
2.6　知的作業
2.7　病気・病疫・功徳
2.8　天候と世界
3　　鳥
4　　魚
5　　野生動物
6　　草本
7　　樹木
8.1　建物（教会・修道院）およびそこで用いられる材質や事物

8.2 戦争・城・武器・貴重品
8.3 その他諸々
8.4 人間の悪徳

アルフリックは全語彙を自分の考えた枠組みの中に当てはめようと望んだが，自分がそれをなしえていないことに気づいていた。こうした話題別配列が，中世初期の聖職者の関心を示しているのは確かである。

辞書編纂が発展するにつれて，2言語辞書・1言語辞書ともにアルファベット配列の伝統が主流となったが，特にルネサンスの影響のために，テーマ別の単語集も編纂された。その中で最も有名なものは，チェコのモラビア生まれのコメニウス（Comenius）（チェコ語名 Johann Amos Komensky, 1592-1670）が書いた *Ianua Linguarum Reserata*（『開かれた言語の扉』，通称『語学入門』）である。同書はラテン語版とドイツ語版が1631年に出版された。英語で書かれたものの中で当時最も有名であったのは，ジョン・ウィルキンス（John Wilkins）が「普遍言語」（universal language）を提案する一環として書いた *An Essay Towards a Real Character, And a Philosophical Language*（『真の人格および哲学言語に関する一考察』）で，1668年に出版された。自らの提案の一環として，ウィルキンスはあらゆる言語の語彙を分類する枠組みを考案した。その枠組みの最も一般的な概略は，同書において全11章にわたって記述されている（Hüllen 1999: 253）。

I 　　後続する秩序の法則のすべてを決定する「超越物」および一般的概念。「事物」に対して，「会話」，すなわち「語」が含まれる
II 　　創造主である神と神による創造。すなわち集合的に観察される世界。
III 　　本章ならびに以下の章は個別的に観察される世界を扱う。特定の「状況」下の無生物的要素，すなわち物質の範疇。
IV 　　植物類
V 　　感覚を持った動物類
VI 　　動植物の重要な各部
VII 　　「量」に属するさまざまな現象，すなわち「出来事」に包摂される範疇。以下の4つの章も同様。
VIII 　　「質」に属するさまざまな現象
IX 　　「行動」に属するさまざまな現象
X 　　「個人関係」に属するさまざまな現象

XI 「社会的関係」に属するさまざまな現象

これらの範疇は幅広いものだが，その各々は，論理的で哲学的な枠組みに従って，さらに下位区分，または下位区分の下位区分にまで分割される。

最も有名なテーマ別語彙集である *Thesaurus of English Words and Phrases*（以下 *Roget's*；『英語語句シソーラス』）を著したピーター・マーク・ロジェ（Peter Mark Roget）は，ウィルキンスの著作をよく知悉していた。*Roget's* は1852年に初版が出た後，何度も版を重ねて現在も出版されており，最も正統な版は Kirkpatrick（1995）である。ロジェの本職は医者であったが，幅広い関心を活かして，*Encyclopaedia Britannica*（『ブリタニカ大百科事典』）の項目を執筆したり，電気と磁気に関する論文を書いたりした（McArthur 1992: 871）。22年にわたって勤め上げた王立協会事務局長の職を辞した後の1849年，当時70歳になっていたロジェは，収録語を「表出される概念に応じて配列する」参照図書を執筆するという，40年来関心を持ち続けてきた仕事に再び取り組むことになった。

> 本書執筆の目的は……特定の語もしくは語群を見つけ出せるよう，その語によってもっとも適切かつふさわしく表されている概念を示すことである。
> （序文）

「実用的利便性」への配慮がロジェの執筆動機であったが，一方で，ロジェの分類の枠組みはウィルキンスの「哲学的分類表」の背後にある考え方にまでさかのぼるものである。ロジェは6つの「大領域」（Class）を設け，それらをまず「中領域」（Section）に分類する（表12.1参照）。

「中領域」の各々はさらに下位区分に分けられ，最も下のレベルに至る。そこでは語集合が，可能ならば対立項目を対にした形で配列される。「大領域Ⅰ・中領域Ⅳ」（抽象的関係―秩序）の例を表12.2に示す。

こうした語句の集合は *Roget's* の本編に，1ページに2列ずつ記載されている。語の大領域には，最初に名詞，次に動詞が記載され，その後に形容詞・副詞が続くが，定義・発音・語源などの他の情報はまったく記載されていない。同書は語の「倉庫」ないし「宝物庫」（'treasure'；ギリシャ語の thesauros に相当）となるよう意図されており，書き手は自分の目的にぴったりの語をそこから選び取るのである。

Roget's に詳しい者なら，同書の最後の3分の1がアルファベット順の「索

[表12.1]

大領域		中領域	
I	抽象的関係	I	存在
		II	関係
		III	量
		IV	秩序
		V	数
		VI	時間
		VII	変化
		VIII	因果
II	空間	I	一般
		II	次元
		III	形態
		IV	運動
III	物質	I	一般
		II	無機物
		III	有機物
IV	知性	I	観念構成
		II	観念伝達
V	意志	I	個人
		II	対社会
VI	情愛	I	一般
		II	個人
		III	共感
		IV	倫理
		V	宗教

引」となっていることを知っているだろう。この索引がシソーラスの内部に分け入る最も便利な方法であると使用者の多くが感じている。ピーター・マーク・ロジェは1869年に90歳で亡くなったが，彼は生前，自分が編纂・編集したいかなる版にも索引を付けなかった。索引を付けたのは息子のジョン・ルイス・ロジェ（John Lewis Roget）である。ジョンは1879年に同辞書の重要な改訂を行ない，1908年に死ぬ時までその編集を続けた。編集作業はさらに，ジョンの息子のサミュエル・ロミリー・ロジェ（Samuel Romilly Roget）に引き継がれた。サミュエルは1936年に重要な改訂を行なった後，死の前年に当たる1952年に同辞書

[表12.2]

IV 秩序					
1. 一般	58	秩序	59	無秩序
	60	配列	61	無配列
2. 連続	62	先行	63	後続
	64	先駆	65	後発
	66	開始	67	終了
		68 中間		
	69	連続	70	非連続
	71	期間		
3. 集合的	72	集合	73	非集合, 分散
	74	焦点		
4. 個別的	75	階層		
	76	包含	77	除外
	78	一般性	79	特殊性
5. 範疇	80	画一性	81	多様性
	82	調和	83	非調和

の権利をマクミラン社に売却した（McArthur 1992: 871）。*Roget's* は今もなお英語参照図書の代表作であり，辞書におけるテーマ別分類の伝統を示す金字塔であり続けている。

12.3　専門家用のシソーラス

　語に関する現代の参照図書の編者の多くは，その内容を提示するのにアルファベット順よりもテーマ別の配列を選んでいる。編者たちは，テーマ別配列が本の目的に対してより効果的に役立ち，記述しようとする語彙がよりよく洞察できると考えている。ここでは，そうした参照図書を4種取り上げてみよう。1冊目は *A Thesaurus of Old English*（『古英語シソーラス』）（Roberts *et al.* 1995）である。同書は，現存する古英語期の写本から古英語の語彙をできる限り拾い上げて提示したものである。語彙は18の大領域別に配列されている。

　1　自然界
　2　生と死

3 物質と大きさ
4 肉体的欲求
5 存在
6 精神機能
7 意見
8 感情
9 言語と意思疎通
10 所有
11 行為と利益
12 社会的相互関係
13 平和と戦争
14 法と秩序
15 財産
16 宗教
17 仕事
18 余暇

これらの領域はそれぞれさらに下位区分されている。例えば，上記9の「言語と意思疎通」の場合だと，総括的区分と7つの下位区分に分かれる。

09 発話・発声
09.01 話すこと，発話能力を用いること
09.02 沈黙，話さないでいること
09.03 言語
09.04 意味，意図，趣旨
09.05 好奇心
09.06 物事を話に取り上げること
09.07 議論，討論

これらの各区分の下には，現代英語の単語もしくはその言い換え語が記載され，その後に古英語の用語が続けられる。例えば下記の通りである。

09.01.01 A speech, what is said, words（発話，話されたこと，語）：(ge)spræc, word, wordlac
A dictum, remark, observation（意見，発言，批評）：spell

A saying, words（発言，語）：cwide, word, wordcwide
A phrase（句）：foreset(ted)nes
A formula（決まり文句）：formala, hiw
An idiom（成句）：wise
A verse, sentence (of Bible)（(聖書内の) 詩句・文）：fers
A discourse（会話）：mæÞelcwide, mæÞelword, spræce, tospræc
A set speech（決まった会話）：getynges
An instructive talk（説明的な話）：spell
A thesis, proposition（主張・提案）：betynung

A Thesaurus of Old English は，英語史のこうした初期の段階で用いられた語彙を非常に鋭い洞察で分析すると同時に，ノルマン人による侵略の結果として英語から消滅してしまった語をありのままに記録し，我々の頭の中に蘇らせてくれるのである。

2つ目の例は，地域変種の語彙を示した *The Scots Thesaurus*（『スコットランド語シソーラス』）（McLeod 1990）である。同書は，スコットランドの田園地帯に焦点を当てて，スコットランド語約2万語を15の大領域に区分して提示している。

1 鳥，野生動物，無脊椎動物
2 家畜
3 水棲動物
4 植物
5 環境
6 湖沼，海，船
7 農耕
8 生活環，家族
9 物質の状態
10 食べ物と飲み物
11 法律
12 戦争，争い，暴力
13 建築，建造物，交易
14 宗教，迷信，教育，祝祭事
15 感情，個性，社会活動

以上の領域はそれぞれ下位区分されており，例えば10「食べ物と飲み物」の場合で言うと，10.6は「パン，カラス麦のビスケットなど」，10.7は「ケーキ，菓子パン，ビスケット」となっている。それぞれの下位区分内で，個々の語はアルファベット順で記載されており，10.6には90語近くが含まれている。そのいくつかは地域限定の語で，スコットランド内の関連地域や郡が明示されている。

    luifie　平らなロールパン［*Ags*］（アンガス（Angus）地方）
    nickie　カラス麦のビスケット，または縁がギザギザの黒パン［chf Fif］
    （主としてファイフ（Fife）地方）
    rumpie　小さく皮のぱりぱりした食パンやロールパン［now Per WC］（現在の西パースシャー中央部（Perthshire West Central））
    skair scone　カラス麦と小麦に溶き卵とミルクを加えて作ったスコーン

3つ目の例は，クリスチャン・ケイ（Christian Kay）教授の監修の下，現在グラスゴー大学英文科で編集作業が進行中の *Historical Thesaurus of English*（HTE；『歴史的英語シソーラス』）である。HTEはケイの前任者のM.L. サミュエルズ（M.L. Samuels）教授が1964年に編集作業を開始したもので，OEDのデータに基づいているが，さらに追加調査でそれを補っている。HTEは，最古の写本記録以降の英語語彙を意味的・時間的配列で示すことを目標としており，これにより，読者は特定の意味分野において英語語彙がどのように発展してきたかがわかる。テーマ別配列の辞書がすべからくそうであるように，同書の効率性も大部分がその語彙分類システムに依存している。

    データを精査した結果，伝承的な分類法の修正版を本書の分類法として採用した。それは3つの大領域からなる。「(I) 世界」は物質界・植物・動物を含み，「(II) 精神」は人間の精神的活動を対象とし，「(III) 社会」は社会構造と社会的創造物を扱う。こうした3つの主要区分内において，言語資料は連番を振られた階層的範疇に配列される。それらの各範疇は，最初に定義を示す見出し部が記載され，次に定義された見出し内容の同義語として用いられた語や，同義語に準じて用いられた語がすべからく歴史的に一覧される。さらにそれぞれの語が通用していた年代が記載される。（HTEウェブサイト）

HTEのデータベースは高度な検索ができるよう構築されている。例えば，1300年から1500年の間に英語に加わった「笑う」を意味するすべての語を検索し

たり，ルネサンス期の英語で用いられていた特定領域の意味を持つすべての語を検索したりすることも可能である。上で触れた *A Thesaurus of Old English* は，この計画が枝分かれしたもので，同書が特定時期の切り取られた語彙相を意味領域に基づく配列によって示そうとした一方，HTE は古英語以降の時間経過の中で意味領域ごとに語彙がどのように発展してきたかを示そうとするものである。HTE 計画に関する詳しい情報や実例は HTE ウェブサイトで見ることができる（アドレスは巻末の文献一覧を参照のこと）。

専門家用のテーマ別配列辞書の最後の実例として，*Longman Dictionary of Scientific Usage*（『ロングマン科学用語用法辞典』）(Godman and Payne 1979) を検討する。同書は，科学という特定領域の語彙に限定されていることと，特に英語学習者を対象にしていることの2点において特殊なものである。同書の対象者は，第1言語でない英語を媒介として科学を勉強している人々である。科学語彙は19の大領域別に提示されており，それぞれに A から U のアルファベットがふられている（I と O は使用されていない）。例えば，大領域 A には「基本語」が含まれ，それはさらに複数の「集合」に下位区分される。これは他の領域でも同じである。

AA	空間
AB	物質
AC	形態
AD	存在
AE	構成
AF	運動
AG	変化
AH	時間
AJ	過程
AK	知識
AL	語の分析
AM	陳述
AN	測量
AP	関係
AQ	実験

A以外の他の領域には「科学用語」が含まれており，領域はそれぞれ意味的に関

連のある集合を含んでいる．例えば，領域 H には次のような集合が含まれている．

HA　刺激反応
HB　神経系
HC　視覚
HD　聴覚
HE　感覚器官

上記のような各集合の下に，個々の語が配列されているが，それらはアルファベット順ではなく，当該の科学領域を一貫して説明できるように，一般的内容を指す語から個別的内容を指す語へと順に並べられている．個々の語には，語類ラベル・定義・説明，さらに場合によっては例文が付けられている．また，自集合および他集合内の随所へ向けた膨大な相互参照が付けられている．領域 HD「聴覚」の例を下に示す．

> **HD001　hearing** (*n.*) One of the senses of animals, concerned with the stimulus of sound. Hearing is well developed in tetrapod vertebrates, but poorly developed in fishes; it is well developed in insects but not in most other invertebrates. ― **hear** (*v.*) ↓ AUDIBILITY・SCOLOPHORE・STATOCYST・LATERAL LINE SYSTEM・AUDIBLE・EAR・MIDDLE EAR・INNER EAR・MEMBRANOUS LABYRINTH・COCHLEA → IRRITABILITY

> **HD001　hearing** (名) 動物の感覚の1つ．音の刺激に関与する．聴覚は四足脊椎動物において高度に発達しているが，魚類においてはあまり発達していない．聴覚はまた昆虫において高度に発達しているが，他の大半の無脊椎動物においては発達していない．― **hear** (動) ↓ AUDIBILITY・SCOLOPHORE・STATOCYST・LATERAL LINE SYSTEM・AUDIBLE・EAR・MIDDLE EAR・INNER EAR・MEMBRANOUS LABYRINTH・COCHLEA → IRRITABILITY

> **HD005　statocyst** (*n.*) (In some invertebrates) an organ of balance, consisting of a vesicle containing statoliths with sensory cells on the vesicle walls, Hair-like processes on the sensory cells are stimulated by the statoliths when the animal moves. ↓ OTIDIUM・OTOCYST・STATOLITH ↑ HEARING

HD005　statocyst（名）（ある種の無脊椎動物における）平衡器官。耳石を含む小胞から構成され，小胞の壁には感覚細胞が分布する。動物が動く際には，耳石が感覚細胞表面の毛髪状突起を刺激する。↓ OTIDIUM・OTOCYST・STATOLITH ↑ HEARING

下向き矢印は当該集合の中でそれ以降に現れる要素への相互参照を示し，上向き矢印はそれ以前の要素への相互参照を示す。本書にはアルファベット順の索引が付いている。索引には，当該語が記述されている集合を示すコード記号と，集合内でのその数が記載されている。執筆者はこの辞書が4通りに使われるだろうと予想している。

1　「何かを読む際に特定の語の意味を見つける」—当該語の記載場所を特定するのに索引を利用する。これは辞書の従来の使用法である。
2　「何かを書く際に特定の語を使用する」—この場合も語の特定に索引を利用するが，焦点が置かれるのは，その語の用法に関して記述項目から拾い出せる内容である。これは学習者用辞書の従来の使用法である。
3　「何かを書く際に未知語を探す」—既知語を用いて索引を利用したり，または記述内容を利用して書こうとする意味領域を表出する集合を特定したりする。これはロジェが自らの『英語語句シソーラス』に関して想定していたようなシソーラスの真の使用法である。
4　「特定分野の用語を書き換える」—語集合はそれぞれ論理的に構築され，内部で相互参照されているので，書き換えの目的で当該分野を適切に概観することができる。

　これら4例は，辞書学におけるテーマ別配列の伝統を想像力豊かに利用すれば，特殊な目的に見合う語の情報が提示できることを示している。この場合，アルファベット配列では，想定された使用法や使用者に対して望ましい洞察を与えることができないであろう。

12.4　学習者用のテーマ別配列辞書

　テーマ別に内容を提示することは，第2言語ないし外国語として英語を学習する人にとって少なくとも2つの点で役に立つ。まず，大半の言語指導が主題に沿って行なわれる傾向にある中で，テーマ別配列辞書は，言うまでもなくそうし

た教授アプローチに付随する参照図書になりうる。また，学習者が英文を書く際には，語が取りうる適切な文法的・共起的パターンを確認することはもちろん，そもそも適切に語を選択すること自体が問題の1つとなる。適切に語を選択する前提として，学習者は，特定の思考や概念を表出するために用いられるさまざまな語彙項目の知識を備えていなければならない。それがあって初めて，そこから1要素を選び出すことができる。テーマ別配列辞書は，加えて，同じような意味を持った複数の単語間の微妙な意味論的・語用論的差異を学習者に認識させ，学習者により明瞭な恩恵を与えることになる。

　学習者のための最初のテーマ別配列辞書は，トム・マッカーサー（Tom McArthur）が編集した *Longman Lexicon of Contemporary English*（以下 *Lexicon*；『ロングマン現代英語レキシコン』）(1981) であった。同書の成り立ちとその後の発展は McArthur (1998) の14章に詳しい。マッカーサーは自らの辞書を意識的にテーマ別配列の伝統に位置づけたが，後に彼は *Worlds of Reference*（『参照の世界』）(1986) において，テーマ別配列の伝統を再検討して次のように書いている。

> アルファベット配列辞書にはある種の必然性があるが，それは日々の生活上の必然ではない。原則的には，語はそれが通例共起する語集団によって定義されるべきだと思われる。こうした方向での2つの有名な動きは，ボヘミアの教育者コメニウスが1631年に出した『語学入門』と，1852年にロングマンから初版が出たロジェの『英語語句シソーラス』である。『ロングマン現代英語レキシコン』はこうした伝統に属するものである。
> 　コメニウスの本は全100章から構成され，宗教的色彩を帯びたものであった。一方でロジェの本はその驚嘆すべきリストの枠組みとして普遍的な概念体系を利用している。しかし，本書の「意味領域」は14種だけであり，それらは実用的で日常的な性質を持つ。　　　　　　　　　　（序言 p. vi）

マッカーサーが言うように，「英語の中核的語彙」から選び取った1万5000語の選定語彙は14の大領域に区分され，それぞれAからNの記号が通しでふられている。

　A　生命と生物
　B　肉体：機能と健康
　C　人々と家族

D	建物，家屋，家庭，衣服，身の回り品，清掃・身だしなみ
E	食べ物，飲み物，農耕
F	感情，情緒，態度，感覚
G	思考と意思疎通，言語と文法
H	材質，物質，事物，用具
I	技術と技巧，科学技術，産業と教育
J	数字，測量，金銭，商業
K	娯楽，スポーツ，遊び
L	空間と時間
M	運動，位置，移動，輸送
N	一般語，抽象語

大きな「意味領域」はそれぞれ下位区分される。そして，各区分では，語彙項目が関連する集合の中に配列される。また，個々の語彙項目には定義と用例が与えられる。マッカーサーは，先に編集された LDOCE1（1978）の資料を利用したので，*Lexicon* の収録語は LDOCE1 と一致している。語彙項目はさまざまな集合の中に注意深く配列されており，定義や用例も与えられているので，学習者は関連語間の相違を理解し，使用される特定の文脈に適した語を選び出すことができる。詳しく説明するために，下記に領域 F「感情，情緒，態度，感覚」の下位区分と F173 の語集合の記述内容を示す。

F1	一般的な感情と行動
F20	嗜好と嫌悪
F50	善と悪
F70	幸福と悲しみ
F100	怒り，暴力，ストレス，平穏，精神的安定
F120	恐怖と勇気
F140	賛美，誇り，軽蔑，批判
F170	親切と不親切
F190	正直，忠誠，ごまかし，欺き
F220	くつろぎ，興奮，興味，驚き
F240	感情に応じた顔面の動き
F260	五感と感覚

F173 *adjectives:* **humanitarian and charitable** [B]
humanitarian concerned with trying to improve life for human beings by giving them better conditions to live in and changing laws, esp those which punish too severely
generous showing readiness to give money, help, kindness, etc: *She's not very generous with the food; she gives very small amounts. You are far too generous with your money.* —**ly** [adv]
liberal generous, esp in giving or being given quickly and easily or in large amounts: *He is very liberal with his money. She gave us liberal helpings of food.* —**lly** [adv]
magnanimous having or showing unusually generous qualities towards others: *A country should be magnanimous towards its defeated enemies.* —**ly** [adv]
charitable showing kindness and charity [→ F175]: *Be charitable; try to help them.* —**bly** [adv Wa3]

F173 形容詞：**humanitarian** と **charitable** [B]
humanitarian は，人間により良い生活条件を付与したり，法（特に過度に厳しく人を罰するような法）を変えることによって，人間の生活を改善しようとすることを含意。
generous は進んで人に金を与えたり，人を助けたり，人に親切にしたりすることなどを示す：*She's not very generous with the food; she gives very small amounts.*（食べ物に関しては彼女はそれほど気前が良くない。ほんの少ししか人に分け与えない）*You are far too generous with your money.*（君は金を気前よくばらまきすぎるよ）—**ly**［副］
liberal は気前がよいこと。特に，たやすくさっと与えたり，大量に与えたりすること。またはそのように与えられること：*He is very liberal with his money.*（彼は非常に気前よく金を与える）*She gave us liberal helpings of food.*（彼女は我々に気前よく食事をふるまってくれた）—**lly**［副］
magnanimous は，性質として，他者に対する並外れた気前の良さを持つこと。またはそれを示すこと：*A country should be magnanimous towards its defeated enemies.*（国家は自らが打ち破った敵に対して寛大であるべきだ）—**ly**［副］
charitable は親切心と慈善心を示す [→ F175]：*Be charitable; try to help them.*（情けを持って彼らを助けなさい）—**bly**［副 Wa3］

記号（B, Wa3）は LDOCE1 から取られている。*Lexicon* には線画の挿絵と

アルファベット順索引が付いており，索引では（国際音標文字 IPA で）発音も記載されている。語彙項目が複数の語義を持つか複数の語類にまたがっている場合は，当該項目は異なった意味領域や語集合に割りふられ，索引にその旨が簡潔に示される。以下に例を示す。

long wish v F6
measurement *adj* J63
distance or time *adj* L139, N307

索引によって学習者は語の意味領域をすばやく概観し，またその要素を適切な意味集合の中に位置づけることができるのである。

　Roget's とは異なり，マッカーサーの *Lexicon* は，少なくとも学習者用辞書に出てくると思われるような幅広い情報をテーマ別配列という型に盛り込んでいる。この意味で真の「テーマ別配列辞書」である。同書が一度も改訂・増補されていないことは残念である。言い換えれば，一般辞書を補うこうした辞書を母語話者を対象にしてあえて作ろうとする出版社が存在しないのが実情なのである。もっとも，CIDE の CD-ROM 版（11.5参照）に付けられた単語の意味分類はこれと同種のもので，CIDE 収録の 5 万の見出し語のすべてを包含している。だが，この電子版辞書では，書籍版の *Lexicon* のように語彙構造を一覧することはできない。結局のところ，CIDE の CD-ROM 版における見出し語の基本的配列方法は，書籍版と同じくアルファベット順なのである。

　テーマ別配列の伝統から得られた知見のいくらかを組み込んだ学習者用参照図書としては，もう 1 つ，自ら「世界初の発信型辞書」を標榜する *Longman Language Activator*（以下 *Activator*；『ロングマン英語アクティベータ』）(1993) がある［訳注：2002年に第 2 版が刊行され，これは LDOCE4 (2003) の付属 CD-ROM にも収録された］。同書が特に念頭に置いているのは，英語を書いたり話したりする際に，適切な語を選び，それを適切に用いたいという学習者の要求である。*Activator* は1052の「概念」ないし「キーワード」から構成されている。

　これらの概念が表しているのは英語の核にあたる意味である。「現実世界」の事物を表す語の中にも英語の核に属すものはあるが，この *Activator* はそうした語に焦点を絞っていないことを最初に指摘しておきたい。一般的に言って，具象名詞や内容語は，学生がそれらを正しく使おうとする場合にそ

れほど深刻な問題にはならないし、また、問題になることもより少ないと考えられる。このため、本書では、transport（輸送）、dog（犬）、machinery（機械）、building（建物）といった語については、その関連語を扱っていない。そうした語は、現実世界の事物を含む意味領域を効果的に扱っている *Lexicon* に委ねられている。　　　　　　　　　　　　　　　　（序文 p. F8）

見出しとなるキーワードは次のように構造化されている。1つの語に大きな意味が複数ある場合は、まずそれらの意味が特定され、ついでその意味に相当するキーワードに相互参照が付される。そして、そのキーワードの下で各々の意味が説明されるのである。例えば modern というキーワードは2つの意味を持っており、それらは次のように特定される。

・modern places, methods, *etc.*　→ MODERN
・using the newest equipment, technology, *etc.*　→ ADVANCED.

そして、個々のキーワードの下で語彙項目は関連集合の中にまとめられ、項目の冒頭にはその集合についての概要が記されるのである。modern の例を下記に示す。

1　最新の発想や装備を用いて発達してきた機械・体系・過程などを描写する語
2　最新の発想や考え方を用いたり、進んでそれらを用いようとすること
3　現代美術・文学・音楽などを描写する語
4　何かをより新しくなるように変えること

これらの集合にはそれぞれ語彙項目が羅列され、さらに集合の冒頭には（上に示したような）記述が加えられる。modern の第2集合の場合、modern, progressive, innovative, forward-looking, move with the times, go-ahead などの語彙項目が並ぶ。そして、語彙項目にはそれぞれ発音・語類・定義・用例などの内容が記載される。

キーワードはアルファベット順に配列され、アルファベット順リストには辞書で言及されるすべての語彙項目が含まれている。キーワードでない語については、キーワードへの相互参照指示が付され、そこで扱われる。*Activator* では見出し語はアルファベット順に並んでいるが、そのうちキーワード1052語についてはテーマ別アプローチが取られ、語彙項目は語彙集合別に配列されているのであ

る。

12.5 伝統を引き継いで

　テーマ別配列辞書では語彙構造を洞察することができるが，これはおそらくアルファベット配列の辞書では不可能なことである。にもかかわらず，*Roget's* のような書物の場合ですら，大半の人はアルファベット順索引を入り口にして辞書の中に入っていくのである。*Roget's* や *Lexicon* のようなテーマ別配列辞書は，辞書を使いやすくし，辞書への糸口を与え，辞書の利便性を高めるために，索引をつける必要があった。このことに加え，多くの語が異なる場所に数度にわたって現れることもあって，テーマ別配列辞書は，扱う範囲が狭くなりがちで（*Lexicon* の収録語数は1万5000語しかない），潜在的に使いにくくなる傾向にあった。したがって，一般用テーマ別配列辞書の刊行に取り組む出版社がなかったことはおそらく驚くに値しないのであろう。テーマ別配列辞書のもう1つの潜在的な欠点は，多義語がいくつかの場所に断片的に記載されるため，当該語の語彙記述を総覧できないことである。

　しかしながら，電子媒体により新しい可能性が開かれてきた（McArthur 1998, 15章）。すべてとは言わないまでも，これまでに自社の辞書のCD-ROM版を出した出版社の大半は，アルファベット配列の書籍版を単に電子媒体に移し変えただけであり，電子版での改良の大部分は検索機能に関するものであった。しかし，学習者用辞書のCD-ROM版はもう少し進んでいる。中でも最も注目すべきは**CIDE**のCD-ROM版の意味領域分析（11.5および12.4を参照）である。これは，辞書のすべての見出し語と意味を，慎重に構築された階層的意味領域内の何らかの集合へと割りふるものである。このように**CIDE**のCD-ROM版はアルファベット順の枠組みの上にテーマ別というもう1つの枠組みを接合したものであるが，結果的に透けて見えるのはアルファベット順の枠組みの方である。なぜなら，読者はアルファベット順リストだと見出し語を総覧できるが，テーマ別リストではそれができず，リスト内の要素をアルファベット配列内の当該の場所から個別的に抜き出してくる必要があるからである。これは誤った回り道であることを言っておきたい。

　アルファベット順に基づく検索は常に1語を対象とする。**CD-ROM**辞書の場合だと，検索のために特定の語を入力するので，辞書がどのように構築されているかは問題とならない。実際，いくつかの**CD-ROM**辞書（**COD10**など）では

1画面に1語だけが表示される。それゆえ，やろうと思えば，見出し語をでたらめな順番で CD-ROM に収録することも可能である。1語だけを検索するのならば，ほとんど違いは生じないであろう。しかしながら，もし見出し語が意味領域を基準にして収録されており，それらをざっとスクロールして一覧することが可能であるなら，CD-ROM 辞書は，アルファベット配列の利点である単一語検索と，テーマ別配列の利点である意味領域分析という両方の目的を達成しうる。もちろん，複数の意味領域にまたがっている複合的な見出し要素に関しては何らかの措置が必要であろうが，電子版辞書は書籍のようにスペースを考慮する必要がないのである。

12.6 関連文献紹介

　辞書学の内容を含め，参照図書におけるテーマ別配列の伝統を最も平明に説明した本は McArthur（1986）であるが，残念なことに現在は絶版である。同じ著者による McArthur（1998）の12-14章もテーマ別配列辞書を扱っており，そこでは Lexicon も解説されている。Hüllen（1999）も，話題別配列という伝統の発達過程における主要関連著作をいくぶん詳細に論じている［訳注：同じ著者による *A History of Roget's Thesaurus*（OUP, 2004）もある］。

　Roget's の正統版（たとえば Kirkpatrick（1995））は，ロジェが書いた初版序文の原文を掲載している。ロジェは序文において，同書とそれが下敷きにしている概念が合理的なものであることを説いている［訳注：*Roget's II. The New Thesaurus*（Houghton Mifflin）など *Roget's* を冠していてもアルファベット配列のシソーラスも少なくない］。

第13章　辞書の編集

　時折実施される学術的な辞書事業はおそらく別にして，どの辞書も商業的な事業である。辞書刊行には，スタッフ・設備・資料・時間において莫大な投資が必要である。投資の回収は何年たってもできそうにない。辞書事業は予算と日程表にしたがって進行するものであり，計画を立てて管理しなければならない。幅広い専門知識と技能を持った人々の参加が必要とされる。辞書編集は，結婚と同じく，軽々しく考えるべきものではない。この章では辞書編集に関わる問題のいくつかを概観し，辞書の執筆者・編集者が決定を迫られる事柄のいくつかについて考察する。

　辞書には，その完成までの物語が書物として紹介されているものもある。レディック（Reddick 1990）は最新の研究を利用して，サミュエル・ジョンソン（Samuel Johnson）が *A Dictionary of the English Language*（『英語辞典』）をいかにして編集したかを説明している。エリザベス・マレー（Elizabeth Murray）は，*Caught in the Web of Words*（1997）（『ことばの網に捕らえられて』；邦題『ことばへの情熱』）という題で，祖父ジェームズ・マレー（James Murray）の伝記を著し，OED の誕生，とくに初版の中心的編者としてのジェームズ・マレーの貢献をあとづけている。ハーバート・モートン（Herbert Morton）は Webster 3 とその編者フィリップ・ゴウブ（Philip Gove）についての本（Morton 1994）を書いている。ジョン・シンクレア（John Sinclair）編（1987）の *Looking Up*（『検索』）は，COBUILD の成立を詳しく考察している。

13.1　計画

　慎重な考慮と計画なしで辞書の編集が始まることはありえない。特定の辞書や辞書の版に関する考え方の一部は，しばしばはしがきや序文で語られるが，商業出版社が出版計画を公表することは通常ない。公表された出版計画で有名なものはサミュエル・ジョンソン（4.5参照）の *The Plan of a Dictionary of the English*

Language（『英語辞書刊行計画書』：Wilson 1957 に所収）である。これは，書店・出版社などの出資者を満足させるために，また，彼らの薦めに応じてチェスターフィールド伯爵の後援を得ようとして書かれたものである。ただし，結局は伯爵からの後援は得られなかった。公表されてもされなくても，辞書計画においては，重要な多くの質問にはっきり答え，完成した辞書の特徴を左右するであろう諸問題に決定を下さなければならない。

　最初に決定すべきことの１つは，対象とする辞書使用者層である。実際には，計画を立て始める前に，その決定がなされている場合もありうる。例えば，７-10歳（小学校３-６年生）の子供向けの辞書を作ると決めることが最初の出発点となるべきであり，そこから他の質問や決定が生じるのである。同様に，もし学習者用辞書が企画されるならば，計画の当初からそれを視野に入れておく必要がある。一般用辞書は，使用者として一般的な母語話者を想定しつつも，意識的にその中の特定の使用者層を対象にすることもある。例えば，*Encarta Concise English Dictionary*（ECED）は，ブックカバーにおいて，同書が「家庭と学生の必要を念頭において」いると書いている。大部分の辞書は一般的な使用者を想定しており，特定の使用者層を定めていない。CCD4 は「読み，書き，学ぶあらゆる人，そして英語を愛するすべての人」のものであり，*Chambers English Dictionary*（Chambers）はすべての人を想定使用者に入れようとしている。

> Chambers は，英語の使用者，つまり学生・学者・著述家・ジャーナリスト・図書館員・出版業者にとって，このうえなく価値ある辞書である。科学者・法律家・会計士・ビジネスマンにとって重要な専門語が満載されている。Chambers は「全英スクラブル®選手権」[訳注：語の綴り替えゲーム大会]における指定参照辞書である。クロスワードクイズの作者と解答者に好まれる辞書であり，言葉遊びをする人と言葉を愛する人，すべてにとっての宝箱である。　　　　　　　　　　　　　　　　　　　　　　（書籍カバー）

製品のマーケットはできるだけ広く設定する方がメリットがある。

　使用者層の決定と同じくらい重要なのは辞書サイズの決定である。というのも，これが計画段階においてさらに多くの事柄に大きな影響を及ぼすからである。辞書サイズは辞書の費用と販売価格とに関係する。コンサイス版の辞書（3.2を参照）は，おそらく６～９万語程度の見出し語を持っており，（2001年の価格で）16～20ポンド[訳注：約3500～4500円]である。机上版の辞書はかなり大きくなり，およそ30ポンドで販売される。辞書サイズは，全体の寸法とページレ

イアウトの両方の点から，完成辞書の体裁に影響を与える．もっとも，ページの段組数など，その他の要素がページレイアウトに大きな影響を及ぼすこともある．大部分の辞書は1ページ2段組であるが，最近の辞書には，机上版でも（NODE）コンサイス版でも（ECED），3段組のものがある．

　辞書サイズおよび辞書の想定使用者が決まれば，出版計画の段階において，収録語彙範囲に関するさらなる決定に影響を及ぼす．学習者用辞書は，専門性の高い術語よりも，むしろ当該言語の中核語彙に注意を向ける．いわゆるポケット版の携帯用辞書は専門語にあてるスペースは少なくなる．しかし，一般用辞書の机上版やコンサイス版は，最新の情報を提供すべく，コンピュータ・医学・科学技術・ビジネス・金融・環境などの分野の語を収録しようとする．同様に，英語語彙の中に正式に仲間入りした最新の口語や俗語，さらには卑語や禁句までをも収録しようとする．米語語彙は載せるのが通例であるが，世界のそのほかの英語変種の語彙を収録するかどうかは選択を迫られる．さらに，イギリス諸島の方言を入れるかどうかも1つの選択である．もっともこれは辞書の特徴となることもある（例えば，スコットランド英語を採録している Chambers など）．同じく，収録語彙の範囲と量に大きな影響を及ぼすのは，人名や地名という百科事典的項目を収録するかどうかの決定である．こうした項目は，ECED では1項目1行で全9,000項目だけだが，例えば CED4 では，公表された数によると1万8500項目以上になり，かなりの量になることがある．

　このような決定がなされたのち，想定される使用者，辞書サイズ，目指す収録語彙の範囲を考慮して，見出し語リストが選定されなければならない．前に述べたように（3.4参照），どの辞書も全体としての語彙の中から選択している．例えば，見出し語の中でbで始まる語の数が不つり合いに多かったり少なかったりするアンバランスを避け，見出し語を望ましい範囲で収録するために辞書はどうしているのだろうか．例をあげると，英語ではcで始まる語はgで始まる語よりもずっと多く，2，3倍もある．この問題の解決法の1つとして，一連のソーンダイク・バーンハート（Thorndike-Barnhart）辞書を準備中であったエドワード・ソーンダイク（Edward Thorndike）が1950年代にアメリカで提案したものがある．彼はアルファベット別で語がどのように分布しているかをふまえ，アルファベットの各文字をほぼ同じ大きさの105の「ブロック」に等分割した．例えば，cは10ブロックあるが，gは4ブロックしかない．実際には，アルファベットのある文字の最後のブロックでは語数が少ないこともあるし，アルファベット1文字で1ブロックのこともあれば，最後のブロックでX，Y，Zの3

つのアルファベットをカバーしたりしている。ソーンダイクの分類システムは多くの辞書で採用されている。その一覧表を Landau（1989：242，2001：361）から引用し，COD10（CD-ROM 版）におけるブロックごとの語数を添えたものが表13.1である。

　COD10（CD-ROM 版）の見出し語は合計 6 万4679語なので，105ブロックに分割すると 1 ブロックの平均は616語となる。ソーンダイクは，略語（abbreviation），派生接辞（derivational affix），連結形（combining form）を考慮に入れていないと思われるが，COD10 では，それらは見出し語の中に入っている。いくつかのブロックで語数が少なくなっているが，これには納得のいく理由がある。q は全部で 1 ブロックなので Q-74 は345語だけとなる。また，F-37 は324語しかないが，このように，いくつかの文字の最終ブロックでは語数が少なくなる。これらを別にすれば 1 ブロックの語数はおおむね変動がない。例外的に語数の多いブロックも説明がつくだろう。K-51（854語）は K を 1 ブロックにまとめたためであり，U-98（958語）は，辞書によって語数が変動しやすい否定接頭辞 un- で始まる語を含むためである。COD10 を使って調べてみたが，ソーンダイクの表は総合的に見て妥当性があるようだ。もっとも，半世紀を経ているので，何を見出し語にするかについては現代の語彙と慣例に合うように調整する必要はあるだろう。

　実際のところ，辞書のマクロ構造とミクロ構造（3.3を参照）をどのようなものにするかは計画段階で決める必要がある。マクロ構造の観点からは，複合語，定義付きの派生語，接辞，連結形，略語，そして人名と地名を入れるのであればそれも含めて，見出し語を単一のアルファベット順にするのが一般的傾向である。ミクロ構造の観点からは，見出し語項目（entry）の中に含まれる情報と，その形式と順序の決定が必要である。例えば，見出し語すべてに発音をつけるか，どの発音表記方式を使うか，語強勢はどう表示するか，どのような用法ラベルを使うか，それに加えて語法注記を入れるかなどである。語源については，どの程度の情報を提供するか，当該言語での初出年情報を与えるかなどである。このような事項が決定されると，それをマニュアルに書いておいて，その辞書の作業にかかわるすべての人，あるいは後で参加する人が，既決の方針と基本規則をわかるようにしておく必要がある。

　厳密には辞書学の問題ではないが，きわめて重要なことは，費用と時間の両方について見積もりを決定しておくことである。ラディスラフ・ズグスタ（Ladislav Zgusta）は次のように述べている（1971：348）。

[表13.1] ソーンダイクによる辞書見出し語項目の筆頭文字別ブロック分類法

ブロック	文字	COD10における数	ブロック	文字	COD10における数
A-1	a-adk	616	L-54	lim-louh	724
A-2	adl-alh	672	L-55	loui-lz	385
A-3	ali-angk	654	M-56	m-marb	720
A-4	angl-arak	659	M-57	marc-med	561
A-5	aral-ath	632	M-58	mee-mil	820
A-6	ati-az	420	M-59	mim-monn	608
B-7	b-basd	660	M-60	mono-mz	976
B-8	base-benf	602	N-61	n-nif	735
B-9	beng-bld	772	N-62	nig-nz	747
B-10	ble-bouq	858	O-63	o-oo	706
B-11	bour-buc	698	O-64	op-ou	682
B-12	bud-bz	444	O-65	ov-oz	367
C-13	c-caq	625	P-66	p-par	729
C-14	car-cel	686	P-67	pas-peq	681
C-15	cem-chim	737	P-68	per-picj	752
C-16	chin-cled	733	P-69	pick-plea	636
C-17	clee-col	667	P-70	pleb-poss	699
C-18	com-conf	549	P-71	post-prh	632
C-19	cong-coo	431	P-72	pri-prot	564
C-20	cop-cq	677	P-73	prou-pz	574
C-21	cra-culs	656	Q-74	q-qz	345
C-22	cult-cz	340	R-75	r-recn	683
D-23	d-defd	653	R-76	reco-renn	615
D-24	defe-deteq	558	R-77	reno-rhn	556
D-25	deter-discol	678	R-78	rho-rotd	678
D-26	discom-dold	569	R-79	rote-rz	369
D-27	dole-dt	715	S-80	s-sat	640
D-28	du-dz	314	S-81	sau-sd	626
E-29	e-elk	551	S-82	sea-seo	668
E-30	ell-en	573	S-83	sep-shio	610
E-31	eo-exb	689	S-84	ship-sinf	638
E-32	exc-ez	393	S-85	sing-smd	611
F-33	f-fem	541	S-86	sme-sors	624
F-34	fen-flah	654	S-87	sort-spln	627
F-35	flai-ford	649	S-88	splo-stas	542
F-36	fore-fror	591	S-89	stat-stov	531
F-37	fros-fz	324	S-90	stow-sucg	553
G-38	g-geq	634	S-91	such-swar	553
G-39	ger-gord	707	S-92	swas-sz	319
G-40	gore-grouo	625	T-93	t-tel	729
G-41	group-gz	352	T-94	tem-thq	664
H-42	h-hav	617	T-95	thr-too	663
H-43	haw-hh	627	T-96	top-trh	668
H-44	hi-horr	740	T-97	tri-tz	852
H-45	hors-hz	663	U-98	u-unl	958
I-46	i-inam	542	U-99	unm-uz	686
I-47	inan-infn	486	V-100	v-vim	673
I-48	info-intn	594	V-101	vin-vz	349
I-49	into-iz	461	W-102	w-wess	688
J-50	j-jz	615	W-103	west-wis	676
K-51	k-kz	854	W-104	wit-wz	456
L-52	l-ld	640	XYZ-105	x-zz	478
L-53	le-lil	656			

> もちろん，過去と現在のすべての辞書事業を知っているわけではないが，私が知っている範囲で言えば，当初の予定通りの時間と費用で完成した辞書は1つもない。　　　　　　　　　　　　　　　　　（Landau 2001: 347 に引用）

有名ないくつかの辞書に関して，実はこの通りのことが言える。ジョンソンの辞書は3年の予定が9年かかった。マレーは OED を10年以内に4巻本で刊行するという契約をオックスフォード大学の代表者と結んだが，結果的には50年かかり，全部で10巻（のちには12巻）となった。しかし，コンピュータ技術の出現によりズグスタの悲観論はもはや正しくはないだろう。OED2 は予定通り1989年に出版された。そして注目すべきことは，辞書の改版までの期間が短くなっているように思えることである。例えば，COD の場合，7版が1982年に，8版が1990年に，9版が1995年に，10版が1999年に，そして10版改訂版が2001年に出ている。

ランドウも述べるように，辞書編集にかかる費用は他の書籍の場合と大きく異なっている。

> 多くの本では，準備段階の費用（出版界の隠語で「立ち上げ経費」（plant cost））は比較的少額であるが，制作費（紙・印刷・製本費）は多額である。辞書の場合はこの反対である。決して無視できる額ではないにせよ，制作費は，巨大な編集費用と比較すれば小さい。編集費用は，一般の出版物よりはるかに長い期間をかけて回収されなければならない。資料管理費（システム分析・コンピュータプログラミング・コンピュータ処理）も他の本よりずっと高額である。　　　　　　　　　　　　　　　（Landau 2001: 348）

予算の総額と，それをさまざまな編集過程においてどう配分するかは，最終的な辞書の仕上がりに大きな影響を及ぼすかもしれない。もし時間と努力と費用が，おそらくは新規性の高い一分野に集中的に使われたならば（例えば語法情報が語源よりも優先されるなど），他の分野は質が悪くなるという結果になるかもしれない。

13.2　資料

見出し語のリストを決め，他に必要とされるすべての予備的な計画決定をすませると，辞書の資料をどこから手に入れるかという問題が生じる。本質的には3つの資料源があり，それは既存辞書・引用文・（コンピュータ）コーパスである。

すべての新刊辞書は既存辞書の系譜につながる新しい版か，あるいは全く新規のものである。どちらの場合も，その背後には辞書作成の長い伝統があり（4～6章参照），意識していてもいなくても，既存の辞書が影響を及ぼしている。ジョンソンはナサニエル・ベイリー（Nathaniel Bailey）の辞書を使い，ノア・ウェブスター（Noah Webster）はジョンソンの辞書を使い，ファウラー兄弟（F.G. Fowler & H.W. Fowler）は OED を使って COD の初版を作った。辞書編集の境界が広がりつつある今日でも，過去の成果を無視するのは愚かであろう。もっとも，既存の辞書から，その内容ではなく方針を借用する方が時には賢明かも知れない。ランドウは「すべての商業辞書は，ある程度は既存の辞書に基づいている」とまで言っている（Landau 2001: 346）。

　長年にわたって辞書部が存在する出版社は，しばしば何十年も前にさかのぼる大量の引用文のたくわえがある。そのような出版社では，最近の出版物を読んで新語や既存語の新用法を探す文献閲読計画が継続して実行されている。社内に文献閲読者（reader）がいることもあるが，一般人のなかで関心を持つ人に資料の提供を呼びかけることが多い。ロングマン社は1980年代に長期にわたって「ワードウオッチ」（Wordwatch）プログラムを運営し，それが *Longman Register of New Words*（Ayto 1989, 1990）の資料となった。オックスフォード大学出版局には，約60人の文献閲読者からなる国際的な「世界文献閲読プログラム（World Reading Programme）」のネットワークがあり，彼らは「オックスフォード新語データバンク」（Oxford Bank of New Words）に入れるために，1か月に1万8000項目の寄稿をしている（Ayto 1999参照）。引用文の収集には長い歴史があり，少なくとも，ジョンソンが自分の辞書に載せるために当時の文芸作品からの引用を行なったことにまでさかのぼる。OED は，特定の作品あるいは特定作家の著作物を読んで適切な引用文を提供する文献閲読ボランティアを募集することでその基礎が形成された［訳注：5.2, 5.3参照］。1879年にジェームズ・マレーが，文献閲読ボランティアを再募集したときには，以下のような指示が含まれていた。

　　まれだったり，廃れていたり，古めかしかったり，新奇だったり，特殊だったり，あるいは特殊な使われ方をしていると自分が思う「すべての」語に関して用例を引用しなさい。

　　ある語が新語または臨時的に用いられた語であることや，それが廃語または古語として説明を必要とすることを直接・間接に示し，それにより，語の初出または廃用の時期を確定するのに役立つような用例に注目しなさい。

> 一般的な語については，それが特徴的に用いられており，文脈上，語の意味や用法を説明するのに役立つような引用文を可能な範囲でできるだけ多く集めなさい。
> (Murray 1997: 347)

文献閲読者は便箋の半分の大きさの用紙に引用文とその書誌的情報をもらさず書くことになっていた。マレーは次の見本をあげている（Murray 1977: 350）。

> *Diplomatist,* n.
> 1860. *J. L.* MOTLEY, United Netherlands (*ed. 1868*), *I. ii, 24.*
> *If* diplomatic *adroitness consists mainly in the power to deceive, never were more adroit* diplomatists *than those of the sixteenth century.*

> 外交官　（名）
> もし外交上の巧みさが主として相手を欺く力にあるとするなら，16世紀の外交官ほど巧みな者はいなかった。

およそ2000人の文献閲読者が，上記の様式によって約500万枚の引用をOED編集者に提出し，そのうち180万の引用例が初版に掲載されたと推測されている（Berg 1993）。

　今日では，文献閲読計画を持っている辞書部も，コンピュータ・コーパスから資料を手に入れる。*Encarta Consice English Dictionary*（ECED）の編集主幹が述べているように，文献閲読計画は，特別な専門分野だけに限定されることになるかもしれない。

> ECEDの編者は定義の根拠となる情報をどこから集めたのであろうか。現在1億5000万語以上の規模に及ぶ「ブルームズベリ世界英語コーパス」（Bloomsbury Corpus of World English）が主たる言語的証拠を提供した。また，多様な領域における語の使用の証拠を探すため，科学・工学・ビジネス・その他の重要分野に関して整備された文献閲読計画によってこれを補強した。最後に我々はインターネットを調査源として使った。
> (「前書き」p.xiii)

　11章では，COBUILDが，辞書編集の典拠となる資料収集にコンピュータ・コーパスを使用した先駆であったと述べた。同社のバンク・オブ・イングリッシュ（Bank of English）は現在では総計で4億語を超えており［訳注：3.4参照］，コリンズ社の母語話者用辞書と学習者用辞書の両方に資料を提供し続けている。オックスフォード大学出版局とロングマン社はブリティッシュ・ナショナ

ル・コーパス（British National Corpus, BNC）を使い，ケンブリッジ大学出版局はケンブリッジ言語調査コーパス（Cambridge Language Survey Corpus）を使う。

　コンピュータ・コーパスは電子化されたテキストの集積である。コーパスには，英語の書き言葉と話し言葉の両方が収録されており，さらに，英語という言語に見出される幅広いテキストタイプ（text type）と言語使用域（register）のバリエーションが集められている（Sinclair（1987）の中でアントワネット・レノフ（Antoinette Renouf）が書いた「コーパス開発（Corpus Development）」に関する章を参照）。コンピュータ・コーパスは検索が容易なため，文献閲読者が偶然気づいたものだけではなく，語のすべての生起を見ることができる。この意味で，コンピュータ・コーパスから取った情報は，他の原資料から取ったものより包括的で信頼度も高い。コーパスはさらに，語と同綴異義語だけでなく，語義の相対的生起頻度についての情報も提供する。コンピュータ検索の結果は通例コンコーダンス・リストで表される。次に示すのは，conductor という語の生起状況を示すリストである（100万語の書き言葉資料である「ランカスター・オスロ・ベルゲン・コーパス（通称 LOB コーパス）」（Lancaster-Oslo/Bergen Corpus）から取ったデータである）。

1 ...owski *>｜^T * 2HAT * 0former fire-eating [[conductor]] * 4Leopold Stokowski * 0is a mellowed man...
2 ...party, to save any tickets he receives from the [[conductor]], the number of which ends in *"7.**"^Wh...
3 ...closing curtains were combined by producer and [[conductor]] into an exquisite theatrical unity...
4 ...\0Mr. Harry Tomkins) and \0Mr. George Hespe their [[conductor]].^ I am sure everyone will agree that the...
5 ...Robert Hughes, euphonium solo, and the [[conductor]] played a tubular bell solo accompanied b...
6 ...and lead the others.^As for basses and altos the [[conductor]] had to teach by singing the parts with t...
7 ...was unhappy about a forthcoming concert.^*"The [[conductor]]—* so-and-so *- he has no temperament.^It...
8 ...composers.**"^It is true that he was the first [[conductor]] to put Elgar on the musical map, the rea...
9 ...Hamilton Harty in 1933 as the permanent [[conductor]] of the Halle *?2 Concerts, the orchestra...
10 ...stra declined in its ensemble.^Another permanent [[conductor]] was needed, but the Halle *?2 Society wer...

11 ...n ordinary theatre managements to choose [[conductor]], producer, designer, and so on, and then, having...
12 ...all responsible should be experts *‒ the [[conductor]], the orchestral players, the singers, the...
13 ...stage (which includes arranging that the [[conductor]] can catch the eye of the singer at neces...
14 ...be guided. ˆHow often does an excellent [[conductor]] wish to take a passage of music at an *'...
15 ...in the circumstances? ˆThe co-operative [[conductor]], like Beecham, will always listen and be...
16 ...tage is wrong.) ˆBut I have known a good [[conductor]] insist on what was arguably a *'correctly **' fast...
17 ...is too clean to be the score used by the [[conductor]], and it was probably the fair-copy prepa...
18 ...transmitted to the voltmeter V by a nickel [[conductor]] D, nickel being resistant to corrosive a...
19 ...ed to the voltmeter by an earthed nickel [[conductor]] attached to the bottom of a well E in th...
20 ...coupling H which also positions the \0 + ve nickel [[conductor]] with respect to the sodium by circlips o...
21 ...ectrolyte J attached to the \0 + ve nickel [[conductor]] by nickel circlips. ˆFixing and positioning of th...
22 ...ce, and with far more to offer. | ˆThe [[conductor]] rang his bell. | ˆ*" Good-bye, Dai,**"...
23 ...ˆWhere indeed? ˆMegan Thomas spoke sharply to the [[conductor]], demanding an explanation. ˆBut non...
24 ...demanding an explanation. ˆBut nonplussed, the [[conductor]] was. ˆA good man, mind; knew his job. ˆB...
25 ... first thing about it.**" | ˆStung, the [[conductor]] was. ˆ*"What you expect me to do?**" he...
26 ...proper... ˆGetting dark, now. ˆThe [[conductor]] switched on the lights. ˆ The beleaguered...
27 ...ng the sleeping Cadwallader. ˆDriver and [[conductor]] peered ahead into nothingness. ˆOn the b...
28 ...ˆ*"Can't go lighting bonfires on this bus,**" the [[conductor]] said firmly. ˆ*"Contrary to the Company'...

これはコンコーダンスの見本としてあげたものにすぎず，小さいコーパスからとっているので一般的な結論を導き出せるほど十分な情報はない．しかし，「指揮者」(1-17)，「電気の導線」(18-21)，「バスの車掌」(21-28) という conductor の3つの主要な意味がここでは例証されている．辞書執筆者はこの種の資料

を詳しく調べて解釈し，ある語形が1つの語を代表しているのか，あるいは2つ以上の同綴異義語を代表しているのかを判断し，語義の数をいくつにすべきかを決定しないといけない。コンコーダンスの長所は文脈が示されていることと，その長さを調整できるので文法・コロケーションにおける語のふるまいを確認でき，それが語義区分を決める指標となることである。ラメッシュ・クリシュナマーシー（Ramesh Krishnamurthy）はコウビルド計画に関して，次のように述べている（Sinclair 1987: 75）。

> コロケーションに関する言語的証拠はコーパス・データを分析するときに非常に役立った。空白（スペース）をはさんでキーワードに後続する語の語頭アルファベットの順にコンコーダンス・ラインを並べたが，これによって，テキスト内のある語彙項目のふるまいの特徴がすぐに明らかになった。

コンピュータ・コーパスは，入手可能な資料の質と，その資料から導かれる結論の信頼性という2点において，辞書編集の過程に革命を起こしたと言っても決して誇張ではない（Rundell and Stock 1992）。

13.3 方法

コンピュータ・コーパスは，高性能の検索プログラムとあいまってより質の高い資料を生み出し，電子データベースは辞書に盛り込む情報を統合する作業を容易にしてくれるだろう。しかし，資料から自動的に完成辞書を作り出すプログラムはまだ書かれていないし，これからも書かれることはないだろう。今日，すべての辞書は，さまざまな技術や専門を持つ幅広い層のスタッフの注力を必要としている。少数の助手に手伝ってもらい，屋根裏部屋でせっせと仕事をしたジョンソンや，オックスフォードにあるOEDの編集部を時折訪問しつつ，ガーンジー島の自宅でCODの初版を編集したファウラー兄弟のように，辞書編集者が孤独であった時代は遠い昔のことである。例えばCED4には，執筆者とコンピュータの専門家をふくめて約20人の編集スタッフと，世界各地の英語の変種を専門とする「分野別校閲者」（Special Consultant）17人，航空学から労使関係，宗教に及ぶ「専門語校閲者」（Specialist Contributor）58人の氏名が掲載されている。さらに測時［時計］学から地名，スポーツにいたる分野別に「その他校閲者」（Other Contributor）として30人の氏名があげられている。顧問団を作っている辞書もある。ECEDには，イギリス，オーストラリア，カナダ，アメリカ

の大学から選ばれた総勢40人からなる「英語語法諮問委員会」(Academic Advisory Board on English Usage)がある。

　辞書項目を系統的に組み立てていくためには，このように多くの人の助言が必要となる。外部校閲者は英語の変種や専門語について専門的な知識を述べるが，それだけではなく，編集スタッフの１人が，発音・語源・文法・語法など，辞書に盛り込まれる情報のうちの１分野を専門的に担当することになるだろう。定義・用例選定・人名項目の調査と執筆などを専門に担当する人も必要になるであろう。最も難しくかつ重要な部分は定義であるとよく言われる。ランドウはすぐれた定義の書き手には次の資質が求められると述べている。

> 定義執筆者は，何よりもまず，上手にそして平易に書けなければならない。定義執筆者は事物を細分化しようとする分析的精神がなければならない……必ずしも深くなくてもよいが，幅広い知識が必要である……それに，すぐれた言語感覚，表現の適切さを見抜く感覚，ニュアンスや文体や成句に対する識別力がなければならない。　　　　　　　　　　(Landau 2001: 354)

　しかし，フィリップ・ゴウブ(Philip Gove)がWebster 3で「単一句による定義文体」を課した(Morton 1994)ように，辞書編集者は執筆者に統一された特定の文体で定義を書くよう求めるかもしれない。Webster 1の漫然としたarson(放火)の定義と，第3版におけるきびきびした単一句による定義を比べて見よう。

> The malicious burning of a dwelling house or outhouse of another man, which by common law is felony.　The definition of this crime is varied by statutes in different jurisdictions, and generally it has been widened to include the similar burning of other property, as of churches, factories, ships, or of one's own house.　　　　　　　　　　(Webster 1)
> 他人の住居または付属の建物を故意に燃やすこと，これは慣習法により重罪である。司法制度が異なるとこの罪の定義も異なるが，一般に教会・工場・船舶など，他人の所有物および自分自身の家を燃やすことも含むように広げられてきた。

> the wilful and malicious burning of or attempt to burn any building, structure, or property of another (as a house, a church, or a boat) or of one's own usu. with criminal or fraudulent intent　　　　(Webster 3)
> (家・教会・船舶など)他人または自分自身の建造物，構築物，所有物を，

通例犯罪または詐取を意図して，故意にかつ悪意をもって燃やすこと，または燃やそうとすること

　大勢の人が1つの著作に寄稿しているとき，大きな関心事の1つは書き方と提示法を均一に保つことである。それゆえ，辞書を計画するときは，内容と様式に関して決まった事柄を執筆要領集あるいはマニュアルに書きとめておいて，執筆者または途中から参加するスタッフにも当該出版物に関する社内規則がわかるようにしておく。マニュアルは辞書のマクロ構造・ミクロ構造に関する取り決めだけではなく，項目内での略語の使い方や句読法というような細部までも規定するものとなろう。

　情報収集におけるコンピュータ・コーパスの使用に加えて，今日では辞書は通常，コンピュータ・データベースを使って作られる。この種の商業的データベースは多数が利用可能であるが，大きな出版社は社内用のデータベース・システムを持っている。そうしたデータベースのおかげで，数人の執筆者または専門家が，例えば発音，語源などの複数の項目について同時進行で作業することが可能となり，互いに他人の作業を見ることもできる。また，フリーランスの執筆者が辞書編集部から離れた場所で働くことも可能である。データベースのおかげで編集と校正過程が容易となり，書籍版だけでなく，**CD-ROM** 版やオンライン版などの電子版も比較的容易に提供できるようになった。それだけではなく，いったん辞書のデータベースができあがると，コンサイス版，ポケット版などの他の大きさの辞書や，子供用，学生用などの他の使用者層向けの資料を作り出すことができる。また，新版の製作に向けて，いっそう容易に情報更新や改訂を行なう基礎を提供する。コンピュータは辞書の編集と製作の方法を変えたが，辞書の項目を書き，それをまとめる技術や技能を持った熟練執筆者が不要になったわけではない。多くの他の仕事と同様に，辞書編集は「コンピュータ自動処理型」（computer-automated）の仕事ではなく，「コンピュータ支援型」（computer-aided）の仕事なのである。

13.4　結果

　あらゆる努力と技術と専門知識が辞書編集という仕事に傾注され，その結果として書物が生まれる。多様な字体を使って印刷された一定の大きさと体裁の本が，辞書購入者に提供されるのである。辞書の内容とは無関係に，手で触ったと

きの辞書の感じ，ページレイアウト，情報の並べ方は，売れ行きを決める大事な要素である。近づきやすいという印象も大切である。ページの段組は視線を移動させやすいものでなければならない。見出し語・異綴り・複合語・派生語・動詞句・成句は，語義番号と同じく，通例太字が使われて目立つようになっている。見出し語は1字分左へはみ出している。斜字体はふつう語類・語法ラベル・用例・語源解説内に引用された外国語に使われる。相互参照にはふつうスモール・キャピタルが使われる。ある語が2つ以上の語類に属しており，同一見出しで扱われる場合，2つ目以降の語類の始まりははっきりわかるようにする。例えば，CED4では太字のダイヤ印（◆），COD10では大きな黒丸（●）を使っている。NODEとCOD10では，派生語や語源に関する情報は，同一見出し語項目の中で改行して示されている。慎重にレイアウトを考えたり，字体を使い分けたりすれば，ユーザーが求める語についての正確な情報を容易に見つけられるようになる。

　辞書編集の過程を経て生み出されるもう1つの結果はCD-ROM版である。CD-ROM版は外見からは書籍版とは別物で，ここには手触りの問題はない。しかし，画面上で情報がどのように提示されるか，どのような特殊検索機能が利用可能であるか，（未熟な）使用者にとっていかに直観的な操作が可能か，といった大事な問題がある。CD-ROM版辞書の画面には，通例，見出し語リストを表示するウインドウと，見出し語項目表示をするウインドウの2つがある。リストウインドウには，見出し語がアルファベット順に並んでおり，そのほかに使用者が検索語を入力するボックスがある。検索語を打ち込むと，見出し語リストの中から該当箇所が選択され，自動的に，もしくはマウスのクリックやエンターキーを押すといった操作を加えることで，もう1つのウインドウに項目内容が表示される。通例，見出し語リストはスクロールすることができる。リストと見出し語項目が自動リンクしておれば，リストをスクロールすることで，見出し語項目もスクロールされる。見出し語項目表示ウインドウには，選択された見出し語1語だけの記載事項が表示されるものと，画面の大きさに応じて隣接する見出し語とその記載事項も表示されるものとがある。後者の場合は，辞書のページに目を走らせるのと同じように，見出し語項目のウインドウをスクロールできるものが多い。画面の記載事項については，可能なかぎり書籍版のレイアウトと字体が再現されるが，2段や3段の段組にはなっていない。したがって，画面上で記載事項をスクロールすることと，書籍版辞書に目を走らせることはまったく同じではないが，単一の項目だけを見れば違いはほとんどない。

CD-ROM 版辞書が書籍版辞書よりもすぐれていることの1つに全文検索機能がある。こうしたことに興味を抱くのは，一般の使用者よりも辞書学者や言語研究者であるかもしれない。母語話者用の CD-ROM 版辞書については6.7で，学習者用 CD-ROM 版辞書については11.5ですでに触れたが，検索機能の性能は辞書により異なる。おそらく，検索機能の重要性は，学習者用 CD-ROM 版辞書の方がより高いであろう。我々は，CD-ROM 版辞書で提供される機能の評価には精通しているが，個々の使用者がその目的を達成するために CD-ROM 版辞書の機能をどのように活用しているかについてはあまり知らない (Creswell 1996; Nesi 1999; Holderbaum 1999; Heuberger 2000; Jehle 1999)。

ひとたび辞書が出版されて市場に出ると，新聞記者から研究者にいたるまで，あらゆる批評家による吟味の対象となる。批評家がどのようにその仕事を行なうか，あるいは行なうべきかが最終章の論題である。

13.5　関連文献紹介

多数の辞書計画に参加した経験をもつシドニー・ランドウが著した Landau (2001) の7章「辞書編集」から読み始めるのが最もよい。同書の6章「辞書編集におけるコーパス」も本章13.2の議論に関係がある。Svensén (1993) と，少し古い本だが Zgusta (1971) は，共に辞書編集に際して編集者が直面する理論的および現実的決定のいくつかを概観している。サミュエル・ジョンソン (Samuel Johnson) の「計画」(Plan) と「前書き」(Preface)（共に Wilson 1957 に再録）は，共に先見的な洞察を持つものであり，現在でも一読の価値がある。また，OED1 の第1巻に収録された「前書き」(Preface) と，「総説」(General Explanations) は研究の価値がある。

個々の辞書の編集の記録については，すでに13.1でいくらか述べた。ジョンソンの辞書については Reddick (1990), OED については Murray (1977), Webster 3 については Morton (1994), コウビルド辞典については Sinclair (1987) を参照のこと。

第14章　辞書批評

　大学の英語・言語学系の学部学科で研究される「学術的辞書学」（academic lexicography），すなわち「メタ辞書学」（metalexicography）は，第一義的には辞書編集に関わるものではない。顧問などとして研究者が辞書編集に参加することはあるにせよ，それはむしろ，辞書の歴史・分類・構造・使用者など，辞書編集の仕事の全体についての研究・指導に関わるものである（Hartmann 2001）。学術的辞書学には，商業的辞書編集の産物である辞書を調べ，厳格な批評をするという一面がある。通例，その結果は書評（review）という形をとる。もっとも，辞書の批評をするのは研究者だけではないことを付け加えておく必要があろう。ともかく，辞書を批評し，評論する過程を「辞書批評」（dictionary criticism）という。

　辞書批評の重要事項の1つは，批評の拠り所になる適正で厳密な土台と，個々の批評に適用可能な基準を確立することである。

> 辞書書評を読んだ（または書いた）ことのある人なら誰でも，辞書の質とできばえを評価する上で，一般的に認められた基準や標準というものなど，仮に存在すると言えるにしても，きわめてまれであることがわかるだろう。
> (Hartmann 2001:49)

　本章は辞書批評の本質について論じ，辞書批評を行なうための方法と辞書評価のガイドラインを提案する。

14.1　批評作業

　ラインハート・ハートマン（Reinhard Hartmann）は *Solving Language Problems*（1996）の辞書学の章で，辞書批評について簡単に触れ，辞書批評を「辞書編集の産物である辞書を評価・査定する伝統のある」活動であると規定している（p. 241）。これは長い歴史のある活動である。主な辞書は新版が出るたびに，日刊・週刊の新聞から学術誌にいたるまで，あらゆる出版物に書評が出

る。しかし，ハートマンも述べているように，辞書批評は「客観的な基準が適用されることで知られるものではなく，むしろ個人的な偏見に満ちた」活動である（1996：241）。この懸念は，ハウスマン他（Hausmann et al.）編集の *International Encyclopedia of Lexicography*（『辞書学国際百科事典』）（1989）に収められているノエル・オセルトン（Noel Osselton）の論文——これは同書の中で「辞書批評」という字句を題に含む唯一の論文である——でも繰り返されている。すなわち，「一般的な原則には驚くほど関心がなく，実際的な調査の代わりに，瑣末なあら探しが行なわれている」のである（Osselton 1989: 229）。

　辞書の書評は，たとえ同じ出版物の中に現れたものであっても，その手法と対象範囲の点で大きく異なる。書評は辞書についての情報を広める重要な手段であるにもかかわらず，辞書批評という仕事の根底にある方法と基準にはほとんど注意が払われてこなかった。エクセター大学辞書研究センター（Dictionary Research Centre at the University of Exeter）の K.D. 氏による「辞書批評覚え書き」（公表年不明）には，「一般辞書に関しては，妥当性と信頼性を欠く批評が多い。（中略）必要なのは辞書評価の基準についての幅広い議論である」と書かれている。さらに「覚え書き」は，より客観的な評価が行なわれ，評価基準がもっと明確になることを求め，次のように結ばれている。「辞書批評にはまだ確固とした理論が成立していない。それは辞書学研究の一分野としてもっと精密なものに高められるべきである。多くのことが手付かずのままなのである。」

　辞書批評の基準をめぐる議論に貢献してきたものとしては，主として2種類があげられる。1つは書評のための指針または基準の提案である。ロジャー・スタイナー（Roger Steiner）の 'Guidelines for Reviewers of Bilingual Dictionaries'（「2言語辞書の書評者のための指針」）（Steiner 1984）がこの好例であろう。また，アンリ・ベジョワン（Henri Béjoint）が OALD，COD，LDOCE を比較した時に用いた英語学習者用1言語辞書のための7つの基準（Béjoint 1978），ロバート・チャップマン（Robert Chapman）の辞書書評の方法に関する4つの提案（Chapman 1977），さらにヘルベルト・エルンスト・ヴィーガント（Herbert Ernst Wiegand）がしゃれっ気を効かせて名づけた 'Ten Commandments for Dictionary Reviewers'（「辞書書評者のための十戒」）（Wiegand 1994）もここに含めることができる。

　もう1つの貢献は最近のもので，いくつかの辞書書評を取り上げて分析し，辞書書評者が長年にわたって関心を持ってきたことを見つけ出そうとするものである。イェジィ・トマシュチック（Jerzy Tomaszczyk）は，一般用2言語辞書に

ついて書かれた120種類の批評を取り上げ，等価値（equivalent）［訳注：対象となる第2言語（L2）の単語に対して，第1言語（L1）の訳語がどのぐらい一致したものであるか］，方向性（directionality）［訳注：L1とL2の双方向性・単方向性］，逆方向検索可能性（reversibility）［訳注：L1→L2とL2→L1における記述の対称性］，アルファベット順配列（alphabetisation），検索容易性（retrievability），重複性（redundancy）［訳注：派生語を主見出しに追い込むか，独立見出しにして語義を付けるか］，収録範囲（coverage），現用性（currency）［訳注：現用法をカバーしているかどうか］，信頼性（reliability）という項目をあげて，批評者の関心を探り出している（Tomaszczyk 1988）。マーサ・リプフェル（Martha Ripfel）は，5冊のドイツ語1言語辞典について，新聞・雑誌の書評と学術的書評を検討・比較し，両書評における評価，焦点および書評の範囲の違いを明らかにした（Ripfel 1989）。ギュンター・イェーレ（Günther Jehle）は，テクストタイプとしての辞書書評の本質に焦点を当てて，英語とフランス語の学習者用1言語辞書について，「一般的」書評と「学術的」書評を調査した（Jehle 1990）。彼の論文の最後は，「残念なことであるが，英語およびフランス語の学習者用1言語辞書の書評を見てゆくと，多くの場合，書評者は自分の判断と批判的評価が正当性を持ちうる範囲をあらかじめ設定しようとは考えていないように思える」（p. 300，私訳）という言葉で締めくくられている。以下では，辞書批評の方法論的原則と指針の提案を試みる。

14.2 方法

　辞書の批評は他の大部分の書籍の批評とは異なる。通常の本の場合，批評者は全体を通読し，おそらく，そのうちのいくつかの部分は2度以上読もうとするだろう。しかし，辞書の批評者は辞書のすべてを読もうとはしない。そもそも辞書はそのような読み方をするものではないし，ふつうは量が多すぎて通読は不可能である。例えば，**NODE**は本文が400万語であるとうたっており，**CED4**は360万語であるとしている。

　また，辞書を書評するのに誰が適切かという問題もある。一般的に，本・劇・映画・音楽の評者について言えば，当該の分野・技能に精通した専門家が選ばれる。辞書書評者についても，辞書学に詳しい人であることが期待されるだろう。しかし，特に新聞や雑誌の書評については，常にこうであるとは限らない。出版社は，小説や詩集であれば，ただの読者に書評を依頼しようとは考えないのに，

辞書であれば，ただ辞書を使っているというだけで書評資格があるとみなす場合もある。

　ロジャー・スタイナーが，ドルザル他（Dolezal et al. 1994）編集の書物への寄稿論文で指摘しているように，書評者は辞書学に精通していなければならない。また，書評者は辞書を批判的に書評するための正しい方法論を持っている必要がある。何を書評する場合でも，その対象に親しむのが第一歩である。辞書についていえば，注意を向けられることが少ない「序文」「使用の手引き」「編集スタッフ・顧問リスト」などの前付け（front-matter）を，なによりもまず読むことである。このことにより，辞書の規模，想定使用者，収録をうたっている語彙（およびその他の）情報の種類について概要を知ることができる。書評する辞書をあちこち拾い読みしたり，さまざまな収録項目を読んだりして，その辞書の特色を感じ取ることも対象に親しむ方法である。最後に，辞書によっては，付録（appendix）などの後付け（back-matter）が付いていて，（英国・米国の州名などの）追加の情報や（接辞・連結形などの）有益な語彙情報が得られるものもある。

　辞書の内容を詳しく評価するため，ロバート・チャップマンは，「20ページごとにそのページの10番目の見出し語を抽出する」などの方法で，見出し語項目を無作為に抽出する必要があると示唆している（Chapman 1977）。これにより，検討可能な量の見出し語項目が一そろい（例えば50項目）得られる。そして彼は，見出し語項目ごとに「正確性・完全性・明快性・簡潔性・現代性」（McMillan 1949 における尺度）を綿密に調べるよう提案している。無作為標本抽出により，書評者は，前もって決めておいたお気に入りの項目を調査するというようなことはなくなるのである。だが，書評者は標本抽出に当たって，すべての品詞が少なくとも1つ入り，代表的な多義語が入り，一般語と特殊語が偏りなく含まれるよう，標本を代表的な（representative）ものにする必要がある。無作為の標本は書評者のチェックリストによって補足される必要があるかもしれない。同様に，LDEL2 の同義語解説，NODE および ECED 他の語法注記など，その辞書独自の特色があるなら，それも考慮されなければならない。

　チャップマンはまた，辞書の書評は複数の評者がチームで行なうべきだと提案している。語彙関連の各分野の専門家である評者が，自分の「専門分野から見た定義」の扱いを評価するということをチャップマンは考えているようである（Chapman 1977: 158）。最近の複数分担書評（例として，日本人による組織的で包括的な COD8 の書評（Higashi et al. 1992）や LDEL2 の書評（Masuda *et al.* 1994）がある）では，それぞれの評者が特定分野の語彙を担当するのではなく，発音・定義・語法・語源など，言語記述の異なる分野を担当している。この方がより合理的な労力の分担であろう。複数分担書評では，より広い標本調査が可能になり，評者が専門家としての関心を生かせるので，辞書の語彙記述の各領域をより徹底して扱うことができる。

14.3 内的基準・外的基準

辞書の評価基準としては内的基準と外的基準の2種類がありうる。内的基準は，辞書が辞書について語ったこと，つまり編者がその辞書について主張していることが出発点となる。外的基準は辞書学（辞書の学術的研究）を基盤とするもので，辞書構想と出版に関わる考察のみならず，語彙記述に必要とされる言語学的事項を考慮に入れた基準である。

すべての辞書は序文や宣伝文で，旧版と異なる当該版の特色を述べたり，競合する辞書よりすぐれていることを例示したりする。評者はこの主張を書評の土台として，辞書が主張通りになっているかどうかを調査することができる。これが内的基準である。例えば NODE には，「この新らしい取り組みの背後にある思想のいくつかを説明する」（p. ix）ことを主な目的とする長い前書きがある。序文では次のことを述べている。

> それぞれの語には少なくとも1つの中核的意味（core meaning）があり，そこにいくつかの下位的意味（subsense）が付属することがある。（中略）中核的意味は現代標準英語におけるその語の典型的で中心的な用法を表している。（中略）中核的意味は普通の現代用法でその語がもつ最も基本的な意味である。　　　　　　　　　　　　　　　　　　　　　　　　（p. ix）

これは検証可能な言葉である。そしてこれはランドウによる NODE の書評（Landau 1999）の中で検証され，彼は「NODE の定義方針はあいまいで，常に成功しているわけではない。（中略）それでも，多くの場合その定義方針はうまく機能している」（p. 252）と結論づけた。

より短い書評では，その多くが，辞書の主張を評価の土台とまではしなくても，少なくとも評価の出発点にしている。新聞・雑誌に掲載される書評は，編者または出版社が辞書について述べていることを常に信用しており，時として大げさに述べられることもある主張をほとんど検証しようとはしない。この意味で，

内的基準にのみ頼った書評は，辞書の主張に本質的に批判的な立場をとらない限り，一方に偏ってしまって辞書に好意的に過ぎる場合がある。

　外的基準を使う場合，書評者は異なった観点から始める。その基準とは学界で蓄積されてきた識見（Hudson 1988, Ilson 1991 など）から生まれたもので，書評をする前にすでに決まっている。とはいえ，辞書は言語の語彙的資源の言語学的記述であるとともに，特定の使用者層向けの参照図書である点を学界は考慮すべきであり，評価の基準が過度に学術的である必要はない。ランデルは，学習辞書の発展過程で加えられたさまざまな改良点を評価するために2つの基準を提案している（Rundell 1998: 316）。

> （学習）辞書が提供する言語記述の内容は，その言語の実際の用法に関する検証可能な信頼性の高い証拠とより精確に一致していなければならない。また，言語記述の提示方法は，知られている限りの対象使用者の検索ニーズと検索能力により精確に一致していなければならない。

したがって，辞書評価のための外的基準は2組必要である。1つは辞書の検索機能と使用者の視点に関するもので，主に情報の提示とその検索容易性に関わる。もう1つは辞書の記録機能に関するもので，主に内容に関わる。提示と内容は重なる部分があり，相互に影響を及ぼす（例えば，NODE における中核的意味と下位意味の分割）ので，あまり正確ではない二分法である。しかしこれは辞書書評の基準を立てるのに有益な枠組みを提供するであろう。

14.4　提示

　辞書が素材をどう提示するかは，想定使用者にとって，情報の検索容易性に大きく影響する。COD1（1911）のはしがきで，ファウラー（Fowler）兄弟は「表現を極限まで切り詰め，電報的文体を採用したので，読者の寛容を期待したい」（p. iv）と解説している［訳注：7.3参照］。彼らが読者の許容程度をどのようにして決めたかは記されていないが，明らかに今日の読者の許容程度とはかなり異なる。提示に関して，辞書の書評者が考慮すべき項目には少なくとも次のものがある。

ページレイアウト
　ページのサイズは辞書サイズ（机上版，コンサイス版，ポケット版など。3.2

参照）によって異なる。例えば NODE や ECED など，いくつかの辞書では3段組のものもみられるが，普通は2段組である。重要な特徴は余白の量である。これは，マージンの大きさ，項目と項目の間の隙間，本文に割り込ませる挿入物（例えば語法注記・図・挿絵など）によって決まる。これらすべてが辞書のページの見かけを左右する。魅力的なページレイアウトは検索容易性を高める。

見出し語項目のレイアウト

辞書はスペースを節約するために，伝統的に，1つの見出し語に関するすべての情報を1つの段落に詰め込む傾向があったが，最近の辞書は1段落に詰め込まず，新しい情報は新しい行から始めるようになった。例えば，NODE は異なる品詞・派生語・成句・語源を新しい行から始めている。いくつかの学習辞典（LDOCE3, CIDE）では，ユーザーが多義語の意味を容易に探せるようなレイアウトが用いられている。

見出し語項目の長さ

派生語・複合語・成句などを元の語（root word）の項目に統合する入れ子式（nesting）を採用するかどうかによって，項目の長さが決まる。Chambers は入れ子式の記載方法を大規模に使い，COD も第7版（1982）まではそうであった。複合語と派生語を別の見出し語として個々に定義をすると，短い項目が増え，余白部分が増えるのでページレイアウトはよくなる。同様に略語・接辞・連結形を（巻末付録に回すのではなく）見出し語とすると，短い項目が増加して検索容易性が高まる。

略語

入れ子方式と同じく，略語（abbreviation）を使うとスペースの節約ができる。略語の使用は辞書作成の際に考慮すべき重要なことである。ファウラー兄弟はこれを COD1 の特徴としている。彼らは，COD の使用者なら，非常に短縮された略語であっても理解して対処するであろうとみなしていた。現在ではもはやこうしたことは行なわれない。最近の辞書は，多くの場合（例えば CED や NODE），品詞や語源欄の言語名などの事項を略さずに記している［訳注：7.3, 10.5参照］。略語は少ないほど検索容易性が高くなる。

学術的な書評者は辞書の内容に目を向けがちであるが，提示と検索容易性も無視するべきでない。なぜなら使用者が辞書から情報を引き出すときに，それらが

果たす役割はとても大きいからである。

14.5 内容

Hudson（1988: 310-12）の言う「さまざまなタイプの語彙事実のチェックリスト」が，辞書の内容についての基準を考える出発点となる。あるいは Ilson（1991）がより帰納的な立場から導き出した一連の項目がこの目的にかなう。内容についての基準は少なくとも次の項目をすべて含むことになろう。

語彙の範囲

現代の辞書は，英国以外の多様な諸国の英語（アメリカ英語，オーストラリア英語など）や，新語が現れやすい諸分野（ビジネス・情報工学・環境・医学など）の最新用語を収録していることを熱心に主張する。書評者は，辞書がその大きさと範囲に応じて，最新用語・専門用語・国際的に使われる用語，さらに適当と思われる場合は，特定地域の用語を適切に収録しているかどうか判断する必要がある。辞書が地名と人名を収録しているなら，それらも対象になるだろう。

語形成

語形成については，一方において，接辞と連結形を見出し語にするか，付録としてまとめるか，あるいはまったく収録しないか，という判断が関係する（Prčic 1999参照）。他方において，派生語と複合語の扱い方，すなわち主見出し語と追込み見出し語とを区別する基準が何であるかという判断が関係する。さらに，church（教会）－ecclesiastical（教会の），law（法律）－legal（法律の），mind（精神）－mental（精神の），lung（肺）－pulmonary（肺の）など，同族でない名詞・形容詞の対語の扱いも関係する。辞書使用者が，語と語の間の形式（形態）的関係を確かめることができるように，語形成が記述されているかどうかが判断されるべきである。

同綴異義語

同一の綴りの語を2つ以上の見出し語にする理由は，通例，語源が異なるからである。辞書によっては，1つの語彙素に属しているが語類が異なる場合は，新しい見出し語にするものもある（LDEL など）。COBUILD1 は1つの綴りに1つの見出し語としたが，より新しい学習者用1言語辞書（LDOCE3, CIDE）

は意味に基づいて複数の見出し語を立てている。どれを見出し語にするかを決める基準は，語彙記述と検索容易性に大きな影響を及ぼす。

語義区分

複数の語義（意味）を持つ語に関して，どのようにしてそれぞれの語義を立て（「大きくまとめるタイプ」(lumper) と「細かく区分するタイプ」(splitter) の区分に関しては Allen 1999, 本書8.2を参照のこと），どうしてそのような順序で配列したのか，という点を辞書は常に明示しているわけではない。CED や Chambers のように，以前は語義を過度に細かく区別することが行なわれたが，NODE や COD10 のように，今ではそうした傾向は見られない。これは語彙記述の妥当性と，辞書使用者が求める語義をいかに容易に見つけ出すことができるかに関わる問題である。

定義

通例，これは辞書執筆者のきわめて重要な仕事とされており，すでにいくつかの定義方法が定着している。よく知られているのは分析的方法である（Kipfer 1984: 66-8参照）。しかし最近は，特に学習者用辞書において定義方法が多様化してきた（例えば文形式の定義なども見られる）。特に動植物に関する語では，定義中に一定の百科事典的情報を入れる辞書もある。書評者は定義の妥当性だけではなく，想定される使用者から見て定義文体が適切かどうかを評価する必要がある。

明示的意味を超える要素

これには，語の明示的意味（denotation）を超えた語彙的ふるまいの諸相が含まれる。語彙的関係性（例えば，COBUILD1 で体系的に表示された同義性（synonymy）・反義性（antonymy）・下位性（hyponymy）など），典型的コロケーション，共有された暗示的意味（connotation）などである。この情報は時に定義に組み込まれていることもあるが，体系的に記述されるのはまれである。もっとも，LDEL2 と ECED の「同義語解説」はめずらしい例外である。この情報もまた，語の意味理解に貢献する。

発音

発音については2つの論点がある。発音表記法（英国の辞書は今ではほとんど

が国際音標文字（IPA）を用いている）とアクセント表記である。今日では多くの辞書にアメリカ英語発音が併記されている。だが一方で，例えば大部分のイギリス人話者は，"but" を [bʌt] ではなく [bʊt] と発音するとか，"grass"（芝生）を [grɑːs] ではなく [græs] と発音するといった事実は述べられていない。母語話者用辞書（例えばNODE）の中には問題となる語にだけ発音を表示するものがあるが，どれが問題となる発音かの判断は難しい（Allen 2000）。

文法

辞書は伝統的に品詞ラベルを付けており，動詞には他動詞（transitive）と自動詞（intransitive）の区別を表示している。NODE は現代の辞書使用者にとってこの用語はわかりにくいのではないかと考え，「目的語を伴って」（with obj），「目的語なしで」（no obj）という表示に変えた。母語話者用辞書ではこれ以上の文法情報が記されることはまれであり，CED と NODE は例外である。これとは対照的に，学習者用辞書では内容をもれなく記述することを目指しているので，文法情報をいかに探しやすく表示するかという問題が出てくる。書評者は，想定される使用者に対して不必要な情報を過度に与える必要はないことを勘案して，辞書が記録機能を果たすために，語の文法機能についての情報がどれだけ必要かを見極める必要がある。

用法

辞書は慣例として語や語義に「制限的な」ラベルをつけて，それが特定の文脈においてのみ使用されることを表示する。ラベルには，時代性に関するもの（「廃語」(obsolete)，「古語」(archaic)），方言に関するもの（「北米英語」，「オーストラリア英語」，「スコットランド英語」），正式度（formality）に関するもの（「略式の」(informal)，「口語的」(colloquial)），価値評価に関するもの（「軽蔑的」(derogatory)，「侮蔑的」(pejorative)，「婉曲的」(euphemistic)），地位に関するもの（「俗語」(slang)，「禁句」(taboo)），専門分野・話題に関するもの（「天文学」，「音楽」，「テレコミュニケーション」）などがある。用法ラベルの使用範囲とその適用に一貫性があるかどうかを書評者は判定する。いくつかの辞書は「語法注記」（usage note）を付けて，different の後にくる前置詞，disinterested と uninterested の違いなど，特に論争語法について用法指針を示している。このような事項について，辞書の姿勢がいかに「保守的」であるか「進歩的」であるかに書評者は言及することになろう。

用例

すべての辞書は語の意味・文法・用法を示すために，文や句による用例を掲載している。学習者用辞書では，用例は特に数が多く，きわだっている。用例はきわめて重要な役割を果たしていると考えられているからである。書評者は，用例使用の程度，例示のなかで用例が果たす役割，用例の出典（コーパスから取った用例か作例か），用例についての方針の一貫性などについて，いくつかの問いかけをする必要がある。

語源

18世紀の語源辞書以来，母語話者用辞書では語源情報を載せるのが慣例となっている。もっとも，学習辞書ではそうではない（10章参照）。Hudson (1988) は「語彙事実」についてのチェックリストに語源を入れたが，語源情報は現代英語の辞書にはふさわしくないので，(OEDやSOEDなどの)「歴史的」辞書に限って収録するべきだと主張されるかもしれない。一般辞書の語源に関する記述はそれぞれ異なる。直接の語源となった言語だけを記す辞書もあれば，可能な限り起源へさかのぼり，関連する言語での同源の語まで記載するものもある。書評しようとする辞書の大きさ，目的，想定される使用者に照らして，その情報が適切かどうか評価されなければならない。

特色

辞書は特色を掲げて，競合する辞書と差別化をはかることがよくある。例えば，LDEL2の同義語解説と囲み記事，NODEの語法その他の注記，COD10の語形成の囲み記事，ECEDの誤綴り情報，COBUILDとLDOCE3における頻度情報などである。これらによって，辞書が提供する情報の質が本当に高められることもあるが，客寄せ道具としての要素が強い場合もある。そのほかの特色は，例えばCEDに収められている世界語としての英語についての小論，CODの第8版・第9版の句読法案内などであり，それらは前付けや付録の中に入っていることもある。問題は，それらが辞書の語彙記述・収録範囲・有用性をよりよいものにしているかどうかである。

14.6 観点

辞書の書評者は適切な方法に従い，明示されている基準に対して判定を下すわ

けであるが，それに加えて，いくつかの観点から辞書書評をすることも可能である。ここまでの議論は，おおむね，辞書書評が語彙論・辞書学の理論と知見を適用して，言語学者または辞書学者の観点から行なわれることを前提にしていた。当然予想されるように，*International Journal of Lexicography* に掲載された書評はこの観点からのものが圧倒的に多い。しかし，それがいつも適切であるとは限らない。例えば，ドワイト・ボリンジャー（Dwight Bolinger）によるOALD4の書評がある（Bolinger 1990）。ボリンジャーは，OALD4では動詞の細かな統語的特殊性が正確に記述されていないと非難しているのだが，もしそのように記述されておれば，おそらく大部分の辞書使用者は当惑したであろう。ランデルが言うように，「より実用的な辞書学」（Rundell 1998: 337）が必要であり，使用者のニーズと語彙記述の厳密性の間で妥協を図るべきであるが，ボリンジャーは彼にしてはめずらしく，この必要性を重視していなかった。

　理論辞書学者の観点に代わるものとしては，例えば対象使用者という観点がある。ここでは辞書は定められた方法と基準に基づいて，対象使用者のニーズ・期待・予備知識・検索技術の観点から判定される。例えば，LDOCE2とドイツ語の学習辞典 *Langenscheidts Großwörterbuch Deutsch als Fremdsprache* を比較したJackson（1995）を参照されたい。

　第3の観点は語学教師の観点，特に学習者用辞書に関わる観点である。彼らは母語を教える場合でも第2言語を教える場合でも，その辞書が語学教師の仕事に適したものか，そして教えている生徒に適合しているかを判断しようとする。東他（Higashi *et al.* 1992）は，日本という環境の中で，この観点に基づいて，COD8を書評している。日本ではCODは学習用として広く使用されているようであるが，COD8は学習用に作られたものではないので，ことによるとこれは不適当であったかもしれない。

　特に1つの書評の中ですべてを扱うことは難しいので，書評者の観点は，批評において辞書の提示と内容に関する諸相に注意を向ける際の1つの焦点となりうる。

14.7　目的

　最後に，辞書の書評を行なう目的を考えてみよう。特に新聞や雑誌に掲載される書評の主たる目的は，一般の人々に対して，通例，有名な辞書の新版の存在を知らせることにある。したがって，書評の内容は出版社の新刊案内や辞書の宣伝

文を反映したものとなる。他の辞書書評は，一般の書評と同様に，関心のある人々（教師・学生・クロスワード愛好家）に向けて行なわれるもので，辞書の内容を案内し，読者のニーズに適合するかどうかを知らせることが目的である。*International Journal of Lexicography* のような学術誌に掲載される辞書書評は，辞書の存在と内容を読者に知らせるとともに，多くの場合，学術的辞書学に貢献することを目的としている。このような書評はしばしばより詳細で，より厳格な方法論を追求し，辞書学界に蓄積された知見と専門知識を援用している。学術的書評にはさらにもう1つの目的があるかもしれない。学術的書評は，辞書・辞書製作・辞書使用についての専門知識を生かして行なわれるもので，辞書を改善していく方策を提唱することが多い。学術的書評は，現場の辞書執筆者と辞書出版社に助言を与え，実践辞書学・学術的辞書学の両方の発展に貢献しているのである。

もし辞書の書評がこの機能を果たすのであれば，すなわち辞書書評が学術的辞書学に大きく貢献しようとするのであれば，明快な方法論と明確な基準を持って，適正な土台に基づいて行なわれることが重要である。

本書および，特に本章の目的の1つは，より多くの知識に基づいて，歴史的辞書・現代辞書の両方を洞察できるようになるための背景を提供することである。読者の方々も，自らの研究に基づいて辞書の書評を試みられたい。

14.8 関連文献紹介

辞書批評のみを扱った本格的な研究書はない。Hartmann（2001）から読み始めるのが良いであろう。同書4章の3節と4節はこの話題を取り上げ，関連する他の論文や研究書を紹介している。

さらに，*International Journal of Lexicography* などに出た批評をいくつか読むのが有益であろう。前述した，COD8の書評（Higashi *et al.* 1992），LDEL2の書評（Masuda *et al.* 1994）は特に推薦できる。同誌では，長さや包括性は異なるが，ほとんど毎号，辞書の書評が掲載されている。辞書が定期的に書評されているその他の専門誌としては *English Today* がある。

参考文献

Allen, R. (1999) 'Lumping and splitting', *English Today*, 16(4), 61-3.
Allen, R. (2000) 'Size matters', review of *Collins English Dictionary, The New Oxford Dictionary of English* and *Encarta World English Dictionary, English Today*, 16(2), 57-61.
Atkins, B.T.S. (ed.) (1998) *Using Dictionaries: Studies of Dictionary Use by Language Learners and Translators*, Lexicographica Series Maior, no. 88, Max Niemeyer Verlag, Tübingen.
Ayto, J. (1989) *The Longman Register of New Words*, Longman.
Ayto, J. (1990) *The Longman Register of New Words, Volume Two*, Longman.
Ayto, J. (1999) *Twentieth Century Words*, Oxford University Press. [邦訳：江藤秀一・隈元貞広（訳）『20世紀クロノペディア』ゆまに書房, 1999]
Bailey, R.W. (ed.) (1987) *Dictionaries of English: Prospects for the Record of Our Language*, Cambridge University Press.
Béjoint, H. (1978) 'Trois dictionnaires anglais récents: lequel choisir?', *Les Langues modernes*, 5, 465-74.
Béjoint, H. (1981) 'The foreign student's use of monolingual English dictionaries: a study of language needs and reference skills', *Applied Linguistics*, 2(3), 207-22.
Béjoint, H. (1994) *Tradition and Innovation in Modern English Dictionaries*, Clarendon Press, Oxford.
Béjoint, H. (2000) *Modern Lexicography: An Introduction*, republication of Béjoint (1994), Oxford University Press.
Benson, M., Benson, E. and Ilson, R. (1986) *Lexicographic Description of English*, John Benjamins.
Berg, D.L. (1993) *A Guide to the Oxford English Dictionary*, Oxford University Press.
Bogaards, P. and van der Kloot, W.A. (2001) 'The use of grammatical information in learners' dictionaries', *International Journal of Lexicography*, 14(2), 97-121.
Bolinger, D. (1990) 'Review of the *Oxford Advanced Learner's Dictionary*, Fourth Edition', *International Journal of Lexicography*, 3(2), 133-45.
Burton, T.H. and Burton, J. (eds) (1988) *Lexicographical and Linguistic Studies: Essays in Honour of G.W. Turner*, D.S. Brewer, Cambridge/St Edmundsbury Press, Suffolk.
Chapman, R.L. (1977) 'Dictionary reviews and reviewing: 1900-1975' in J.C. Raymond and I.W. Russell (eds) *James B. McMillan: Essays in Linguistics by His Friends and Colleagues*, University of Alabama Press, 143-61.
Clear, J. (1996) '"Grammar and nonsense": or syntax and word senses' in J. Svartvik (ed.), 213-41.
Cowie, A.P. (1999) *English Dictionaries for Foreign Learners: a History*, Clarendon Press, Oxford. [邦訳：赤須薫・浦田和幸（訳）『学習英英辞書の歴史』研究社, 2003]
Creswell, T.J. (1996) 'American English dictionaries on CD-ROM', *Journal of English Linguistics*, 24(4), 358-68.
Cruse, D.A. (1996) *Lexical Semantics*, Cambridge University Press.
Crystal, D. (1995) *The Cambridge Encyclopedia of the English Language*, Cambridge University Press.
Dolezal, F.F.M. *et al.* (eds) (1994) *Lexicographica 9/1993: Wörterbuchkritik: Dictionary Criticism*, Max Niemeyer Verlag, Tubingen.
Duden (2000) *Die deutsche Rechtschreibung, Duden Band 1*, twenty-second edition, Dudenverlag.
Ellegård, A. (1978) 'On dictionaries for language learners', *Moderna Språk*, LXXII, 225

-44.
Fernando, C. and Flavell, R. (1981) *On Idiom: Critical Views and Perspectives*, Exeter Linguistic Studies 5, University of Exeter Press.
Friend, J.H. (1967) *The Development of American Lexicography 1798-1864*, Mouton.
Godman, A. and Payne, E.M.F. (1979) *Longman Dictionary of Scientific Usage*, Longman.
Green, J. (1996) *Chasing the Sun: Dictionary Makers and the Dictionaries They Made*, Jonathan Cape. [邦訳：三川基好（訳）『辞書の世界史』朝日出版社, 1999]
Hartmann, R.R.K. (1989) 'Sociology of the dictionary user: hypotheses and empirical studies' in F.J. Hausmann *et al.*(eds), 102-11.
Hartmann, R.R.K. (1996) 'Lexicography' in R.R.K. Hartmann (ed.) *Solving Language Problems*, University of Exeter Press, 230-44.
Hartmann, R.R.K. (2001) *Teaching and Researching Lexicography*, Pearson Education.
Hartmann, R.R.K. and James, G. (1998) *Dictionary of Lexicography*, Routledge. [邦訳：竹林滋，小島義郎，東信行（訳監修）『辞書学辞典』研究社, 2003]
Hatherall, G. (1984) 'Studying dictionary use: some findings and proposals' in R.R.K. Hartmann (ed.) *LEXeter '83 Proceedings*, Lexicographica Series Maior, no. 1, Max Niemeyer Verlag, Tübingen, 183-9.
Hausmann, F.J., Reichmann, O., Wiegand, H.E. and Zgusta, L. (eds) (1989-91) *Wörterbücher, Dictionaries, Dictionnaires: ein internationales Handbuch zur Lexikographie* vols 1-3, Walter de Gruyter.
Hebert, H. (1974) 'Lingua frankly', review of OALD3, *The Guardian*, 25 March 1974.
Herbst, T. and Popp, K. (eds) (1999) *The Perfect Learners' Dictionary(?)*, Lexicographica Series Maior, no. 95, Max Niemeyer Verlag, Tübingen.
Heuberger, R. (2000) *Monolingual Dictionaries for Foreign Learners of English: A Constructive Evaluation of the State-of-the-Art Reference Works in Book Form and on CD-ROM*, Austrian Studies in English 87, Braumüller, Vienna.
Higashi, N. *et al.* (1992) 'Review of the *Concise Oxford Dictionary of Current English*, Eighth Edition', *International Journal of Lexicography*, 5(2), 129-60.
Historical Thesaurus of English website ⟨http://ww2.arts.gla.ac.uk/SESLL/EngLang/thesaur/thes.htm⟩.
Holderbaum, A. (1999) *Kriterien der Evaluation elektronischer Wörterbücher*, Annual Report on English and American Studies 17, Wissenschaftlicher Verlag, Trier.
Hornby, A.S. (1954) *A Guide to Patterns and Usage in English*, Oxford University Press.
Hornby, A.S., Gatenby, E.V. and Wakefield, H. (1942) *Idiomatic and Syntactic English Dictionary*, Kaitakusha, Tokyo.
Hudson, R. (1988) 'The linguistic foundations for lexical research and dictionary design', *International Journal of Lexicography*, 1(4), 287-312.
Hüllen, W. (1989) 'In the beginning was the gloss', in G. James (ed.) 100-16.
Hüllen, W. (1999) *English Dictionaries 800-1700: The Topical Tradition*, Clarendon Press, Oxford.
Ilson, R. (1983) 'Etymological information: can it help our students?', *ELT Journal*, 37(1), 76-82.
Ilson, R.F. (1991) 'Lexicography', in K. Malmkjaer (ed.) *The Linguistics Encyclopedia*, Routledge, 291-8.
Ilson, R. (2001) 'Review of Atkins (1998)', *International Journal of Lexicography*, 14(1), 80-3.
Jackson, H. (1988) *Words and their Meaning*, Longman.
Jackson, H. (1995) 'Learners' dictionaries in contrast: Langenscheidt and Longman', *Fremdsprachen Lehren und Lernen*, 24, 58-74.
Jackson, H. (1998) 'How many words in YOUR dictionary?', *English Today*, 14(3), 27-8.
Jackson, H. (2002) *Grammar and Vocabulary*, Routledge English Language Introductions, Routledge.

Jackson, H. and Zé Amvela, E. (2000) *Words, Meaning and Vocabulary: An Introduction to Modern English Lexicology*, Cassell.
James, G. (ed.) (1989) *Lexicographers and Their Works*, University of Exeter Press.
Jehle, G. (1990) *Das englische und französische Lernwörterbuch in der Rezension. Theorie und Praxis der Wörterbuchkritik*, Lexicographica Series Maior, no. 30, Max Niemeyer Verlag, Tübingen.
Jehle, G. (1999) 'Learner's dictionaries on CD-ROM—mere gadgetry?' in W. Falkner and H.-J. Schmid (eds) *Words, Lexemes, Concepts: Approaches to the Lexicon. Studies in Honour of Leonhard Lipka*, Gunter Narr Verlag, Tübingen, 353-63.
Jones, D. (1997) *English Pronouncing Dictionary*, fifteenth edition, (eds) Peter Roach and James Hartmann, Cambridge University Press.
Katamba, F. (1994) *English Words*, Routledge.
Kipfer, B.A. (1984) *Workbook on Lexicography*, Exeter Linguistic Studies 8, University of Exeter Press.
Kipfer, B.A. (1986) 'Investigating an onomasiological approach to dictionary material', *Dictionaries, Journal of the DSNA*, 8, 55-64.
Kirkpatrick, B. (1995) *The Original Roget's Thesaurus*, Longman.
Knowles, E. and Elliott, J. (eds) (1997) *The Oxford Dictionary of New Words*, Oxford University Press.
Kurath, H. and Kuhn, S.M. (1954) *Middle English Dictionary*, University of Michigan Press.
Landau, S.I. (1984) *Dictionaries: The Art and Craft of Lexicography*, Cambridge University Press. [(初版) 邦訳：小島義郎, 増田秀夫, 高野嘉明 (訳)『辞書学のすべて』研究社出版, 1988]
Landau, S.I. (1999) 'Review of *The New Oxford Dictionary of English*', *International Journal of Lexicography*, 12(3), 250-7.
Landau, S.I. (2001) *Dictionaries: The Art and Craft of Lexicography*, second edition, Cambridge University Press.
Lehrer, A. (1974) *Semantic Fields and Lexical Structure*, North Holland Publishing Co.
Lyons, J. (1977) *Semantics*, vols 1 and 2, Cambridge University Press.
McArthur, T. (1986) *Worlds of Reference*, Cambridge University Press. [邦訳：光延明洋 (訳)『辞書の世界史』三省堂, 1991]
McArthur, T. (ed.) (1992) *The Oxford Companion to the English Language*, Oxford University Press.
McArthur, T. (1998) *Living Words: Language, Lexicography and the Knowledge Revolution*, University of Exeter Press.
McLeod, I. (ed.) (1990) *The Scots Thesaurus*, Aberdeen University Press.
McMillan, J.B. (1949) 'Five College Dictionaries', *College English*, 10(4), 214-21.
Masuda, H. *et al.* (1994) 'Review of the *Longman Dictionary of the English Language* 1991 edition', *International Journal of Lexicography*, 7(1), 31-46.
Morton, H.C. (1994) *The Story of Webster's Third: Philip Gove's Controversial Dictionary and Its Critics*, Cambridge University Press. [邦訳：土肥一夫, 中本恭平, 東海林宏司 (訳)『ウェブスター大辞典物語』大修館書店, 1999]
Mugglestone, L (2000a) '"Pioneers in the untrodden forest": *The New English Dictionary*' in L. Mugglestone (ed.), 1-21.
Mugglestone, L. (ed.) (2000b) *Lexicography and the OED: Pioneers in the Untrodden Forest*, Oxford University Press.
Murray, K.M.E. (1977) *Caught in the Web of Words: James Murray and the Oxford English Dictionary*, Yale University Press. [邦訳：加藤知己 (訳)『ことばへの情熱：ジェイムズ・マレーとオックスフォード英語大辞典』三省堂, 1980]
Nesi, H. (1999) 'A user's guide to electronic dictionaries for language learners', *International Journal of Lexicography*, 12(1), 55-66.
Norri, J. (1996) 'Regional labels in some British and American dictionaries', *International Journal of Lexicography*, 9(1), 1-29.

Norri, J. (2000) 'Labelling of derogatory words in some British and American dictionaries', *International Journal of Lexicography*, 13(2), 71-106.
Nuccorini, S. (1992) 'Monitoring dictionary use' in H. Tommola *et al.* (eds) *Euralex '92 Proceedings*, University of Tampere, Finland, 89-102.
Osselton, N. (1989) 'The history of academic dictionary criticism with reference to major dictionaries', article 27 in F.J. Hausmann *et al.*, 225-30.
Palmer, H.E. (1938) *A Grammar of English Words*, Longmans Green.
Pearce, D.W. (1992) *Macmillan Dictionary of Modern Economics*, fourth edition, ELBS/Macmillan.
Paikeday, T.M. (1993) 'Who needs IPA?', *English Today*, 9(1), 38-42.
Prčic, T. (1999) 'The treatment of affixes in the "big four" EFL dictionaries', *International Journal of Lexicography* 12(4), 263-79.
Pruvost, J. (2000) 'Des dictionnaires papier aux dictionnaires électroniques', *International Journal of Lexicography* 13(3), 187-93.
Reddick, A. (1990) *The Making of Johnson's Dictionary 1746-1773*, Cambridge University Press.
Ripfel, M. (1989) *Wörterbuchkritik. eine empirische Analyse von Wörterbuchrezensionen*, Lexicographica Series Maior, no. 29, Max Niemeyer Verlag, Tübingen.
Le Robert Collège (1997) M.-H. Drivaud (ed.) Dictionnaires Le Robert, Paris.
Roberts, J., Kay, C. and Grundy, L. (1995) *A Thesaurus of Old English*, King's College London.
Rundell, M. (1998) 'Recent trends in English pedagogical lexicography', *International Journal of Lexicography*, 11(4), 315-42.
Rundell, M. and Stock, P. (1992) 'The corpus revolution', *English Today*, 8(2), 9-14., 8 (3), 21-31; 8(4), 45-51.
Scholfield, P. (1999) 'Dictionary use in reception', *International Journal of Lexicography*, 12(1), 13-34.
Simpson, J.A. (1989) 'Nathaniel Bailey and the search for a lexicographical style' in G. James (ed.), 181-91.
Sinclair, J.M. (ed.) (1987) *Looking Up: An Account of the COBUILD Project in Lexical Computing*, Collins ELT.
Skeat, W.W. (1961) *A Concise Etymological Dictionary of the English Language*, Clarendon Press, Oxford.
Sledd, J. and Ebbitt, W.R. (eds) (1962) *Dictionaries and THAT Dictionary*, Scott, Foresman and Company.
Starnes, DeW. T. and Noyes, G.E. (1991) *The English Dictionary from Cawdrey to Johnson 1604-1755*, new edition, G. Stein (ed.), John Benjamins.
Stein, G. (1985) *The English Dictionary before Cawdrey*, Lexicographica Series Maior, no. 9, Max Niemeyer Verlag, Tübingen.
Steiner, R.J. (1984) 'Guidelines for reviewers of bilingual dictionaries', *Dictionaries*, Journal of the Dictionary Society of North America, 11(4), 315-42.
Svartvik, J. (ed.) (1996) *Words: Proceedings of an International Symposium, Lund, 25 -26 August 1995*, Kungl. Vitterhets Historie och Antikvitets Akademien, *Konferenser 36*, Stockholm.
Svensén, B. (1993) *Practical Lexicography: Principles and Methods of Dictionary-Making*, translation of Swedish original published in 1987, Oxford University Press.
Tomaszczyk, J. (1988) 'The bilingual dictionary under review' in M. Snell-Hornby (ed.) *ZüriLEX '86 Proceedings*, Francke Verlag, 289-97.
Weekley, E. (1967) *An Etymological Dictionary of Modern English*, Dover, New York.
Wells, J.C. (2000) *Longman Pronunciation Dictionary*, second edition, revised, Longman.
West, M.P. (1953) *A General Service List of English Words*, Longmans Green.
West, M.P. (1964) *A Dictionary of Spelling: British and American*, Longman.
West, M.P. and Endicott, J.G. (1935) *The New Method English Dictionary*, Longmans Green.

Wiegand, H.E. (1994) 'Wörterbuchkritik. Zur Einführung' in F.F.M. Dolezal *et al.* (eds), 1-7.
Wilson, M. (ed.) (1957) *Johnson: Prose and Poetry,* Hart-Davis.
Winchester, S. (1999) *The Surgeon of Crowthorne: A Tale of Murder, Madness and the Oxford English Dictionary,* Penguin. [米国版：*The Professor and the Mad Man: A Tale of Murder, Insanity, and the Making of The Oxford English Dictionary,* Perennial] [(米国版) 邦訳：鈴木主税 (訳)『博士と狂人：世界最高の辞書 OED の誕生秘話』早川書房，1999]
Winchester, S. (2003) *The Meaning of Everything: The Story of the Oxford English Dictionary.* Oxford University Press. [邦訳：苅部恒徳 (訳)『オックスフォード英語大辞典物語』研究社，2004]
Zgusta, L. (1971) *Manual of Lexicography,* Academia, Prague/Mouton, The Hague.

[訳注]
 4〜5章で言及された文献のうち，下記については南雲堂「英語翻刻文献シリーズ」の各巻で入手可能である。
Daniel Defoe, *An Essay on Projects*—第11巻 (1967), pp. 132-38.
Jonathan Swift, *A Proposal for Correcting, Improving and Ascertaining the English Language*—第11巻 (1967), pp. 155-72.
Samuel Johnson, *The Plan of a Dictionary of the English Language*—第11巻 (1967), pp. 201-22.
Horne Tooke, *The Diversions of Purley* (1786, 1805)—第17〜18巻 (1969, 1982).

訳者あとがき

　ハワード・ジャクソン氏はセントラル・イングランド大学の英語・言語学の教授である。彼の著書には *Words and their Meaning*（Longman, 1988）, Zé Amvela と共著の *Words, Meaning and Vocabulary*（Cassell, 2000）, *Grammar and Vocabulary*（Routledge, 2002）, 本書 *Lexicography: An Introduction*（Routledge, 2002）がある。辞書学, 語彙論, 語彙意味論などに関するもので, どれも簡明な英語で書かれた親しみやすい書である。書評もおおむね好評で, 例えば, 英語学者のメーリングリスト *The Linguist List* の書評（27 Jun 2003）でも, 本書は「アマ・プロの言語学者が等しく楽しめる著書」と評されている。

　さて, 辞書に関心のある人なら誰でも自由に参加できる関西英語辞書学研究会（Kansai English Lexicography Circle; KELC）が2002年9月に発足した。そして, 輪読用のテキストとしてこの *Lexicography: An Introduction* を選び, 例会で2章ずつ読んだ。例会は隔月で, その間に電子辞書の研究発表などを開いたので, 14章からなる本書を読むのにおよそ1年以上かかった。ずいぶんゆっくりしたペースだが, その分, 理解の度合いも深くなった。そして, 本書は辞書学全般に目配りのきいたよい概論書であるというのが, 読み終えた後の感想であった。これは翻訳して辞書に関心のある人にできるだけ多く読んでもらう価値があるということになって, 翻訳にとりかかった。予定より大幅に遅れたが, 今回ようやく出版にこぎつけることができた。

　翻訳の動機にはもう一つある。それは辞書の多様化である。伝統的な紙の辞書に加えて, CD-ROM 辞書, オンライン辞書がある。日本にはそれに加えて, 携帯型の電子辞書がある。それぞれの辞書には長所と短所があるので, 各辞書をめぐって意見が分かれるのは当然である。しかし, どの辞書を選ぶか, あるいはどの辞書を薦めるかはきちんとした理由がなければならない。紙の辞書と電子辞書をめぐって, よく「苦労して引いた単語は記憶に残りやすい」「手軽に引いた単語は記憶に残りにくい」などというのが賛否の理由にあげられるが, 理由としてはあまり説得力がない。「記憶に残る」「残らない」はどちらかといえば辞書を引

く人の動機と意欲が問題であって，辞書そのもの問題とは言いがたい。きちんとした理由を述べるには，辞書学を勉強する必要がある。辞書についての正確な知識が今日ほど求められている時代はないのである。

　本書の刊行にあたっては，訳者以外に多くの人のお世話になった。まず，翻訳の機会を与えていただいた大修館書店の飯塚利昭氏にお礼を申しあげねばならない。飯塚氏はまた校正の段階でもいろいろアドバイスを惜しまれなかった。

　原著者のハワード・ジャクソン氏にもお礼申しあげねばならない。ジャクソン氏は「日本語版への序文」を快くお引き受けくださり，儀礼的なあいさつでなく，2002年以降の英国の英語辞書界の現状レポートを日本の読者に届けてくださった。彼は日本の英語辞書界に深い関心を持っている。この翻訳の刊行を機会に日本の英語辞書界に対するジャクソン氏の関心がさらに深まり，日本のレキシコグラファーとの交流が活発になることを願っている。

　　2004年7月

南出康世
石川慎一郎

英和術語対照表

abbreviation	略語
academic lexicography	学術的辞書学
accessibility	検索容易性
acronym	頭字語
adaptation	適合（OED 語源欄における）
adoption	借入（OED 語源欄における）
affix	接辞
alien	異国語
alien	外来語
alphabetical	アルファベット順配列
alternative spelling	異綴り
analytical definition	分析的定義
antonym	反義語
antonymy	反義性
archaic word	古語
ascertaining	確定（英語の）
attributive use	限定用法（形容詞の）
backformation	逆成
Bank of English	バンク・オブ・イングリッシュ
bilingual dictionary	2言語辞書
binominal	二項複合語
Boolean operator	ブール演算子
borrowing	借用
bound	拘束性（接辞の形態的な）
British National Corpus	ブリティッシュ・ナショナル・コーパス
Cambridge Language Survey Corpus	ケンブリッジ言語調査コーパス
Cambridge Learner Corpus	ケンブリッジ学習者コーパス
casual	外国語
Chaldee	カルデア語
circularity of definition	定義の循環
citation form	原形（見出し語記載の）

COBUILD	コリンズ社・バーミンガム大学国際言語データベース
cognate word	同族語
co-hyponym	共下位語
college [collegiate] (dictionary)	カレッジ版
collocation	コロケーション
colloquial vocabulary	口語
combination	結合語
combining form	連結形
common word	日常語
completeness	網羅性 →包括性も参照
compound	複合語
comprehensiveness	包括性
computer corpus	コンピュータ・コーパス
computer database	コンピュータ・データベース
concise (dictionary)	コンサイス版
concordance	コンコーダンス
connotation	暗示的意味
context	文脈
contraction	短縮形
conversion	転換
core [central] vocabulary	核語彙
core sense [meaning]	核語義
count [countable] noun	可算名詞
coverage	収録(語彙)範囲
Danelaw	デーン法地域
decoding	受信
definiendum	定義対象
defining vocabulary	定義語彙
definition	定義
denizen	帰化語
denotation	明示的意味
derivation	派生
derivational morphology	派生形態
derivative [derived word]	派生語
descriptive	記述的(編纂姿勢)
desk-size dictionary	机上版
determiner	限定詞
diacritic	発音区別符

dialect	方言
differentia specifica	固有差異
digraph	二重字
disputed usage	論争語法
Early English Text Society, The	初期英語文献協会
effect	感情的効果
encoding	発信
endocentric phrase	内心的定義句
English as a Foreign Language (EFL)	外国語としての英語
entry	見出し語項目
entry window	見出し語項目ウィンドウ
etymological fallacy	語源の誤謬
etymology	語源
EURALEX	ヨーロッパ辞書学会
exclamation	感嘆詞
extra column	欄外コラム（COBUILDの）
fixing	固定（英語の）
folk etymology	民間語源
form (word-form)	語形
form history	語形史
formality	正式度
free	自由性（語根の形態的な）
frequency of occurrence of words	出現頻度（単語の）
front matter	前付け
full search	全文検索
full sentence definition	完全文定義（COBUILDの）
general-purpose dictionary	一般用辞書
genus proximum	近接類
Germanic	ゲルマン語
grammatical designation	文法表示
grammatical word	文法語
hard word	難語
headword	見出し語
historical principle	歴史主義
homograph	異音同綴異義語
homonym	同音同綴異義語
homophone	同音異綴異義語
hypernym / superordinate word	上位語

hypertext search	ハイパーテキスト検索
hyphenated compound	ハイフン付き複合語
hyponym / subordinate word	下位語
hyponymy	下位性
identification	識別部（OEDの項目内の）
idiom	イディオム
inflection	屈折
inflectional suffix	屈折接尾辞
inflectional variant	屈折変化形
initialism	頭文字語
inkhorn controversy	衒学用語論争
interlinear gloss	行間注解
IPA	国際音標文字
ISV	国際科学用語
label	ラベル
lemma	レンマ
lexeme	語彙素
lexical fact	語彙事実
lexical field	語彙領域
lexical information	語彙情報
lexicographer	辞書編集者
loanword	借用語
lumping	大きくまとめる
macro structure	マクロ構造
main word	主要語
mass noun	質量名詞
meronym	部分語
meronymy	部分性
metalexicography	メタ辞書学
micro structure	ミクロ構造
modifier	修飾語
monolingual dictionary	1言語辞書
monolingual learners' dictionary	学習者用1言語辞書
morpheme	形態素
morphology	形態論・形態部（OEDの）
multi-word lexeme	複数項複合語彙素
native word	固有語
natural	在来語

neo-classical compound	新古典複合語
nested	入れ子式
Norman Conquest	ノルマン人の征服
obsolete word	廃語
Old English	古英語
Old Norse	古ノルド語
onomasiological approach	概念別語義論的アプローチ
open compound	分離複合語
orthoepia	正音法
orthographic word	綴り語
orthography	正字法
paradigmatic	範列的関係
particle	小辞
parts of speech	品詞
Philological Society, The	歴史言語学協会
philosophical philology	哲学的歴史言語学
phonological word	音韻語
phrasal lexeme	句語彙素
phrasal verb	句動詞
phraseology	慣用連語
pocket (dictionary)	ポケット版
polysemy	多義性
postpositive use	後置用法（形容詞の）
predicative use	叙述用法（形容詞の）
prefix	接頭辞
prenominal	前置用法（形容詞の）
primary noun [verb]	本源的名詞［動詞］
primitive word	本源語
protocol	実験記録
rare word	まれな語
reading programme	文献閲読計画
Received Pronunciation	容認発音
record	記録機能（辞書の）
reference	参照図書
reference	指示（関係）
referent	指示物
register	言語使用域
Renaissance	ルネサンス

reserved corpus	予備コーパス
respelling system	綴り替え方式
restriction (of selection)	選択制限
review	書評
root	語根
Royal Society, The	王立協会
run-on	追込み（語）
Scriptorium	写字室
semantic field	意味領域
semasiological approach	意味論的アプローチ
sense	語義
sense history	語義史
sense relation	意味関係
sentence adverb	文副詞
sentence connector	文連結詞
sentence substitute	文代用詞
simple search	単純検索
simple word	単純語
single-statement defining style	単一句定義（Webster 3 の）
slang vocabulary	俗語
social status	社会的地位
solid compound	ハイフンなし複合語
source of citation	出典（用例の）
specialist dictionary	専門辞書
spelling reform	綴り字改革
splitting	細かく区分する
square brackets	角括弧（語源記載を示す）
standard accent	標準的発音
stress	強勢
submodifier adverb	下位修飾副詞
subordinate word	従属語
subsense	下位語義
suffix	接尾辞
supplement	補遺（OED の）
swear word	ののしり語
syllabic acronym	音節的頭字語
syllable	音節
synonym	類義語

synonym definition	類義語定義
synonymy	類義性
syntagmatic	連辞的関係
taboo word	タブー語
technical word	専門用語
telegraphese	電報的文体（COD1の）
thematic organisation	テーマ別配列
thesaurus	シソーラス
topical organisation	話題別配列
trinominal	三項複合語
typifying definition	典型性定義
unabridged (dictionary)	完全版
uncountable noun	不可算名詞
Unregistered Words Committee	未登録語収集委員会
usage note	語法注記
verb pattern	動詞型（Hornbyの）
vocabulary control	語彙統制運動
volunteer reader	文献閲読者［ボランティア］
vulgar word	卑語
wildcard search	ワイルドカード検索
word class	語類
word division	分綴
word formation	語形成
Wordbank	ワードバンク
wordlist window	見出し語リストウィンドウ

索　引

五十音順。数字で始まるものは数の順，英字で始まるものはアルファベット順で，末尾に置いた。
英語の術語については，「英和術語対照表」も参照されたい。

アディソン，ジョーゼフ　58
後付け　249
アニオンズ，チャールズ・タルバット　70
アルファベット順配列　33,37,45,90,97,
　　143,207,209,210,214,215,217,222,
　　228,229,230,234,248
アルフリック　46,213
アングロ・サクソン語　16,19,26-27,31,
　　75,76,77,167,182
伊英辞典　47
異音同綴異義語　3,38,120,239,241
異綴り　143-144
一般用辞書　36,37
イディオム　9,113,140,183,199,252
意味関係　26,31,136,201
意味領域　205,210,221-223,224,225,230
意味論的アプローチ　211
入れ子式　119
ウィルキンス，ジョン　214,215
ウェスト，マイケル・フィリップ　183
ウェブスター，ノア　85-90,237
ウェブスター・マーン版　87,89
ウスター，ジョーゼフ　87-89
ウルガタ聖書　45
英語語法諮問委員会（ECED の）　242
英語史小史　16,17,166-167,169-170
エンティック，ジョン　86
追込み（語）　37,39,96,110,120,209,253
王立協会　57

大きくまとめる　122,254
オックスフォード新語データバンク　237
音韻語　2
音節　145
音節的頭字語　22

カージー，ジョン　53
下位語　27
下位語義　124,250
外国語　75
外国語としての英語　96
下位修飾副詞　152
下位性　26,138,201,254
概念別語義論的アプローチ　211
外来語　61,75
角かっこ（語源記載を示す）　39,76,113,
　　167
核語彙　37,224,233
核語義　124,129,250,251
学習者用1言語辞書　36,96,183,187,188,
　　189,194,199,201,203,247,248,253
学術的辞書学　246,258
確定（英語の）　57
雅語　→古語
可算名詞　152,153,194
頭文字語　119
カルデア語　87
カレッジ版　93-94
感情的効果　160

完全版　93
完全文定義（COBUILDの）　191, 198, 254
感嘆詞　152
慣用連語　62
帰化語　75
記述的（編纂姿勢）　72, 91, 92, 151
机上版　35, 36, 41, 94, 133, 156, 232, 233, 251
逆成　21
共下位語　138
行間注解　45
強勢　145, 234
ギリシア語　18, 23, 168
記録機能（辞書の）　34, 114, 147, 251, 255
近接類　131
クイック語義見出し　112
クート，エドマンド　47
句語彙素　7
屈折（変化形）　5-6, 76, 149-151
屈折接尾辞　13, 145
屈折変化形　5, 13, 30, 89
句動詞　9
グリム，ヤーコプ／ヴィルヘルム　67
クレーギー，ウィリアム・アレキサンダー　70
ケイ，クリスチャン　220
形態素　12, 29
形態論・形態部（OEDの）　75, 76
形容詞（比較）変化形　6, 151
結合語　74
ゲルマン語　168, 170
権威（用例の）　57
言外の意味　→　共示的意味
衒学用語論争　56
原形（見出し語記載の）　37
言語使用域　83, 239
検索機能（辞書の）　34, 251
検索容易性　105, 110-113, 251, 252, 254
限定詞　151

限定用法（形容詞の）　30, 154, 194
ケンブリッジ学習者コーパス　189
ケンブリッジ言語調査コーパス　189, 239
語彙事実　29, 181, 253, 256
語彙情報　149
語彙素　2
語彙統制運動　183
語彙領域　28, 97, 205, 206, 210
口語　37, 72, 76, 80, 92, 158, 255
拘束性（接辞の形態的な）　14
後置用法（形容詞の）　30, 154
コウビルド計画　187, 241
ゴウブ，フィリップ　B.　90, 103, 231, 242
古英語　16, 45, 77, 113, 166, 168, 169, 210, 213, 217
コードリー，ロバート　47, 104
コールズ，エリシャ　52
コールリッジ，ハーバート　67
コカラム，ヘンリー　49
語義　77, 131
語義区分（多義語等の）　43, 62, 121, 122, 126, 127, 241, 254
語義史　128
国際音標文字　75, 81, 145, 255
国際科学用語　169
語形　5, 29, 76
語形史　76
語形成　166, 253
語源　52, 54, 59, 111, 113, 120, 121, 244, 252
語源の誤謬　168, 180
古語　31, 76, 90, 180, 255
語根　12, 18, 29, 96, 209
コットグレーブ，R.　47
固定（英語の）　56, 57, 63
古ノルド語　16, 168, 170
語法注記　164, 201, 249, 252, 256
細かく区分する　122, 254
コメニウス　214, 224
固有語　75
固有差異　131

索引　275

コリンズ社・バーミンガム大学国際言語データベース　187
語類　10, 30, 121, 151, 210, 222, 244, 252, 255
コロケーション　28, 30, 116, 127, 139, 140, 183, 185, 192, 199, 200, 210
コンコーダンス　42, 187, 239, 241
コンサイス版　35, 36, 232, 233, 243
コンピュータ・コーパス　29, 41, 140, 187, 188, 202, 236, 238, 239, 243, 256
コンピュータ・データベース　241, 243
コンピュータ編集→コンピュータ・データベース　43
語苑　46

在来語　75
サミュエルズ, M.L.　220
三項複合語　9, 120, 140
参照図書　32, 33, 113, 209, 217, 251
識別部（OEDの項目内の）　75
指示（関係）　24, 25, 30, 135
指示物　131
辞書使用者　44, 104, 105, 232, 233, 243, 251
辞書使用状況調査　106-107
辞書戦争　87
辞書批評　43, 246
辞書編集者　33, 41, 231, 245
シソーラス　207, 216
実験記録　107
質量名詞　152, 153
社会的地位　159, 161
借入（OED語源欄における）　177
借入　18, 22, 46, 167, 182
借用語　18, 22, 31, 46, 48, 75, 77, 120, 172, 173, 174, 175
写字室　68
修飾語　153
自由性（語根の形態的な）　14
従属語　74
収録（語彙）範囲　104, 105, 233, 248, 256

収録語数→見出し語数
受信　116, 189, 193
出現頻度（単語の）　202
出典（用例の）　52
主要語　74
上位語　27
小辞　9
初期英語文献協会　68
叙述用法（形容詞の）　30, 154, 194
書評　43, 246, 248, 257, 257
ジョンソン, サミュエル　45, 55, 60, 86, 104, 231, 236, 237, 241, 245
新OED計画　80
シンクレア, ジョン　187, 231
新古典複合語　14, 18, 173
シンプソン, ジョン　80, 82
スウィフト, ジョナサン　57
スキナー, スティーブン　53
西英羅辞典　47
正音法　55, 59
正式度　31, 99, 104, 158, 255
正字法　29, 59, 61, 86, 145
世界文献閲読計画（Oxfordの）　237
接辞　12, 29, 38, 186, 234, 253
接頭辞　19-20, 29, 209
接尾辞　12, 20, 29, 209
選択制限　139
前置用法（形容詞の）　154
全文検索　99, 100, 245
専門辞書　36, 114
専門用語　37, 41, 73, 83, 173, 233
ソーンダイク, エドワード　233, 234-239
俗語　31, 37, 41, 72, 92, 104, 120, 158-159, 201, 233, 255

多義性　24, 121, 122, 128
タブー語　159
単一句定義（Webster 3の）　90, 131
短剣マーク　75, 77
短縮形　92, 119

単純検索　99
単純語　12,19,37,61,111,119,131
注解集　45
直示的意味　→明示的意味
綴り替え方式　111,145,146
綴り語　2
綴り字改革　85,86
定義　24,131,242,249,254
定義語彙　186,191
定義対象　131
定義の循環　131
テーマ別配列　33,46,217,223,224,227,229,230
デーン法地域　16,170
適合（OED語源欄における）　177
哲学的歴史言語学　66
デフォー，ダニエル　56
転換　20,153
典型性定義　134
電子版　→CD-ROM版
電報的文体（COD1の）　113,251
同音異綴異義語　4,115
同音同綴異義語　3,38,120
同義性［語］→類義性［語］
動詞型（Hornbyの）　185,186,192,196
頭字語　21,119
動詞（時制）変化形　150
同族語　168,169,177
トゥック，ホルン　66
トーマス，トーマス　47
トレンチ，リチャード・シュヌビックス　67

内心的定義句　131
難語　47,48,52,104,114,181
ニールソン，ウィリアム・アラン　89
二項複合語　8,119,140
二重字　146
日常語　61,73,74
ののしり語　159

ノルマン人の征服　17,22,171,219
パーシバル，リチャード　47
バーチフィールド，ロバート　79
ハートマン，ラインハート　246
パーマー，ハロルド・エドワード　116,183
廃語　31,75,80,162,237,255
ハイパーテキスト検索　99
ハイフン付き複合語　7,119,120
ハイフンなし複合語　7,37,119,120
派生　13,166,209,234
派生形態　151,253
派生語　19,37,38,113,119,252,253
発音区別符　146
発信　116,189,193
反義語　188,201,201,206,211,212
反義性　26,137,138,254
バンク・オブ・イングリッシュ　41,187,203,205,238
範列的関係　210
ピアソル，ジュディ　94
卑語　31,72,80,160,201,233
百科事典　32,36,94,95,233,254
標準的発音　148
品詞　10,255
ファーニバル，フレデリック　67,68
ファウラー兄弟　94,113,237,241,251,252
ファンク・アンド・ワグナルズ　89
フィリップス，エドワード　52
ブール演算子　99,205
フーレット，リチャード　47
不可算名詞　194
複合語　7,18,29,37,61,119,166,234,253
複数項複合語彙素　7
複数変化形　→名詞変化形
仏英辞典　47
部分語　28
部分性　26,138
ブラウント，トーマス　51

索　引　277

ブラッドレー, ヘンリー　69
フランス学士院　56
ブリティッシュ・ナショナル・コーパス　41,238
ブルームムズベリー世界英語コーパス　238
ブロカー, ジョン　49
プロクター, ポール　185,188
フロリオ, ジョン　47
文献閲読計画　64,66,69,79,82,90,237,238
文献閲読者［ボランティア］　66,68,237,238,239
分析的定義　134,254
文代用詞　152
分綴　185
文副詞　152
文法語　34,134
文法書　34
文法表示　76
文脈　10,26,43,122,126,238
分離複合語　7,119,120
文連結詞　152
ベイリー, ナサニエル　54,55,64,237
ページレイアウト　233,244,251
補遺（OEDの）　79
包括性　58,91,104,105
方言　27,31,37,41,73,76,104,233,255
ポーター, ノア　89
ポープ, アレクサンダー　58
ポールズグレイブ, ジョン　47
ホーンビー, アルバート・シドニー　96,116,183,186,194
ポケット版　35,93,167,233,243,251
ホランド, フィリーマン　47
本源語　61
本源的名詞［動詞］　66
本物の英語（COBUILDの）　188

マーティン, ベンジャミン　58

マーン, カール　89
マイナー, W.C.　69
前付け　37,44,117,249
マクロ構造　37,109,234,243
マッカーサー, トム　97,224
マレー, K.M. エリザベス　84,231
マレー, ジェームズ　68-71,79,145,231,236,237
まれな語　73,76,147,162
ミクロ構造　40,109,110,234,243
見出し語　1,2,37,38,55,110,111,112,118,120,244
見出し語項目　37,38,112,118,120,234
見出し語項目ウィンドウ　115,244
見出し語数　41,89
見出し語リストウィンドウ　115,244
未登録語収集委員会　66,67
民間語源　169
無学・無教養な読者　47-48,55
明示的意味　25,29,135,254
名詞（複数）変化形　6,30,149-150
メタ辞書学　43,246
網羅性　→包括性も参照　53,56
モートン, ハーバート　231

容認発音　147
用例スリップ記載法（OEDの）　238
ヨーロッパ辞書学会　44
予備コーパス　187

羅英［英羅］辞書　46
ラテン語　17,18,19,23,26-27,30,31,45,46,171,172,173,214
ラベル　76,80,83,135,142,156,163,201,222,234,244,255
欄外コラム（COBUILDの）　139,188,194,201,201,212
リチャードソン, チャールズ　66
略語　38,111,113,119,169,234,252
類義語　188,201,201,206,254

類義語定義　134
類義性　136
ルーニー，キャシー　107
ルネサンス　17,22,26,46,56,171,214
歴史言語学協会　66,84
歴史主義　67,72
歴史主義に基づく新英語辞典　71,84
連結形　14,18,38,234,253
連辞的関係　210
レンマ　119
ロジェ，サミュエル・ロミリー　216
ロジェ，ジョン・ルイス　216
ロジェ，ピーター・マーク　215,216,223,224
論争語法　164

ワードウォッチ（Longmanの）　237
ワードバンク　205
ワイナー，エドマンド　80,82
ワイルドカード検索　99,102,204
話題別配列　211,213,214

1言語辞書　35,52,104,183,214,248
2言語辞書　35,214
3-D検索　205
4大（主要）語類　10,18,25

Activator　97,227
ain't（見出し語）　92,164
CALD　97,98,189
CCD　36,124,124,127,133,209,232,247
CD-ROM版辞書　41,98,98-101,115,203-207,227,229,230,234,243,244,245
CED　35,36,38,41,44,94,95,98,104,105,118,120,121,122,124,126,127,129,129,132,132,136,138,144,147,153,154,157,158,159,162,164,167,168,169,174,178,179,210,233,244,254,255,256
Chambers　94,96,105,109,111,132,144,145,146,160,232,233,252
CIDE　97,98,188,190,191,191,192,193,199,201,206,227,252,253
COBUILD　41,98,139,186,188,191,191,192,193,194,198,201,201,202,203,205,212,231,253,256
COD　1,2,33,38,39,41,94,95,99,100,101,110,111,124,126,132,133,135,137,139,140,140,143,145,147,148,152,156,157,159,160,161,162,167,170,172,174,175,234,236,237,244,250,252,254,256,257,258
COED　94
CPED　36,133
ECED　37,107,112,114,115,137,145,211,232,233,238,241,249,252,255,256
International Journal of Lexicography　43,257,258,258
ISED　116,183
KWIC検索　42
LDEL　25,38,94,95,109,110,121,126,129,137,140,141,144,145,146,147,157,158,160,162,211,249,250,253,254
LDOCE　97,186,188,190,191,191,192,193,200,201,203,204,225,226,247,252,256,257
LOBコーパス　239
NODE　37,38,41,44,94,95,98,104,105,122,124,131,132,135,136,137,139,144,145,147,148,152,153,154,156,157,159,162,164,166,167,168,171,172,173,174,178,180,233,244,250,251,252,254,255,256
OALD　96,98,116,184,186,188,190,191,192,194,195,196,200,201,203,204,247,257
ODE　94
OED　35,41,63,71,90,98,102,113,128,

索引　279

145,162,166,167,176,178,179,182,
231,236,237,238,241,245,256
OED（CD-ROM 版）　81,98,115
OED（オンライン版）　82,115
POD　145

Roget's　215,217,227,229
SOED　128,162,167,176,177,179,256
Webster　37,89,90,102,103,104,167,
169,231,242

監訳者
　南出　康世　　大阪女子大学教授
　石川　慎一郎　神戸大学助教授

訳者
　小原　金平　　金沢学院大学教授
　鈴木　三千代　大阪女子大学非常勤講師
　関山　健治　　沖縄大学講師
　中根　貞幸　　福井大学教授
　西川　真由美　大阪女子大学非常勤講師
　畠山　利一　　大阪国際大学教授
　森口　稔　　　広島国際大学助教授

（所属は2004年7月現在）

英語辞書学への招待
©MINAMIDE Kosei and ISHIKAWA Shin'ichiro, 2004

NDC 801　296p　22cm

初版第1刷——2004年9月10日

著者————ハワード・ジャクソン
監訳者————南出康世／石川慎一郎
発行者————鈴木一行
発行所————株式会社大修館書店
　　　　　〒101-8466　東京都千代田区神田錦町3-24
　　　　　電話03-3295-6231（販売部）　03-3294-2357（編集部）
　　　　　振替00190-7-40504
　　　　　［出版情報］http://www.taishukan.co.jp

装丁者————下川雅敏
印刷所————文唱堂印刷
製本所————三水舎

ISBN4-469-24495-3　Printed in Japan

Ⓡ本書の全部または一部を無断で複写複製（コピー）することは，著作権法上での例外を除き禁じられています。

南出康世 著
英語の辞書と辞書学

A5判　248pp　本体2500円

辞書学の成立と動向を概観し，英和辞典の歴史と現状，今後の方向を，ユーザーの視点と編纂者の視点で考える。

ハーバート C. モートン 著
土肥一夫・東海林宏司・中本恭平 訳
ウエブスター大辞典物語

A5判　426pp　本体3800円

1961年のWebster3の編集と，刊行後の大論争，そして編集主幹フィリップ・ゴーブの足取りを生き生きと描く。

磐崎弘貞 著
こんなこともできる　英英辞典活用マニュアル

四六判　184pp　本体1300円

ここまでできる　続・英英辞典活用マニュアル

四六判　256pp　本体1500円

発想の転換により，英語の表現力を大きく伸ばす英英辞典の活用法を提案する。

――――― 大修館書店 ―――――

定価は本体価格＋税5％（2004年8月現在）